Meios de Obtenção de Prova no Âmbito das Medidas Cautelares e de Polícia

Meios de Obtenção de Prova no Âmbito das Medidas Cautelares e de Polícia

2017 · 2ª Edição

Paulo Alexandre Fernandes Soares
Profissional da Polícia de Segurança Pública
Mestre em Ciências Jurídico-Forenses

ALMEDINA

MEIOS DE OBTENÇÃO DE PROVA
NO ÂMBITO DAS MEDIDAS CAUTELARES E DE POLÍCIA
1ª Edição: Setembro, 2014
AUTOR
Paulo Alexandre Fernandes Soares
EDITOR
EDIÇÕES ALMEDINA, S.A.
Rua Fernandes Tomás, nºs 76, 78, 80
3000-167 Coimbra
Tel.: 239 851 904 · Fax: 239 851 901
www.almedina.net · editora@almedina.net
DESIGN DE CAPA
FBA.
PRÉ-IMPRESSÃO
EDIÇÕES ALMEDINA, S.A.
IMPRESSÃO E ACABAMENTO
Vasp - DPS
Julho, 2017
DEPÓSITO LEGAL
428681/17

ALMEDINA | GRUPOALMEDINA

BIBLIOTECA NACIONAL DE PORTUGAL – CATALOGAÇÃO NA PUBLICAÇÃO
SOARES, Paulo Alexandre Fernandes
Meios de obtenção de prova no âmbito das
medidas cautelares e de polícia. - 2ª ed. – (Monografias)
ISBN 978-972-40-7068-1
CDU 347

– Faça favor.

– Ó senhores, pelo amor de Deus! Deve haver algum engano.

– Se houver engano depois se verá.

– Sim, mas eu é que não estou disposto...

– Ande! Ande, e não faça barulho.

– Não! Santa paciência!

– Mau!

– Está bem, vou. Mas quero saber primeiro o motivo desta violência.

– O motivo a seu tempo saberá. (...)

– Estar um homem sujeito a uma humilhação destas!

– E que temos nós com isso?

– Se são os senhores que me prendem!...

– Nós cumprimos ordens.

[Extracto da obra "Pedras Lavradas"
de MIGUEL TORGA]

À minha esposa, Sandra,
pelo apoio, paciência e compreensão!

Aos meus pais, António e Eduarda,
pelo incentivo, apesar da distância!

Ao meu orientador,
Juiz Conselheiro Quirino Soares,
pela disponibilidade e partilha de conhecimento.

NOTA À 2ª EDIÇÃO

Foi com enorme gosto que acedi ao honroso convite que me foi endereçado pela editora Almedina para proceder à elaboração de uma nova edição da presente obra literária.

Embora o texto, na sua essência, seja o da versão originariamente publicada, o mesmo foi revisto integralmente, aproveitando-se o ensejo para aprimorar ou esclarecer alguns trechos e para corrigir um ou outro *lapsus calami*.

Houve o cuidado de proceder também à sua actualização, atendendo às intervenções legislativas entretanto ocorridas e à mais importante e pertinente jurisprudência proferida.

Embora consciente da inalcançável completude desta obra, espero que as alterações produzidas possam contribuir para a pretensa aproximação, tornando-a melhor.

Em 23 de Junho de 2017
PAULO SOARES

PREFÁCIO

Foi com grande prazer e alegria que acedi ao convite do Autor para prefaciar o seu primeiro livro.

Sublinho "primeiro livro" porque, conhecendo eu, que fui seu professor, as qualidades intelectuais e a capacidade de trabalho do Dr. Paulo Soares, não tenho grandes dúvidas de que a esta obra, de inegável qualidade, outras se seguirão.

O Dr. Paulo Soares, que é profissional das forças de polícia e segurança do Estado, foi um distinto aluno da Universidade Lusófona de Humanidades e Tecnologias, de Lisboa, onde se licenciou, no ano de 2009, e concluiu o segundo ciclo de estudos (mestrado), no ano de 2013, com a classificação final de 16 valores.

A palavra "distinto" que atrás utilizei não é, na circunstância, pois, um mero adorno de linguagem ou uma simples amabilidade, antes, pelo contrário, tem a precisão semântica que qualquer bom dicionário da língua portuguesa lhe atribui.

Os méritos que exibiu durante o seu percurso discente tornavam o Dr. Paulo Soares credor de reconhecimento elevado em qualquer instituição universitária que frequentasse.

A obra que, agora, é dada à estampa corresponde, na essência, à dissertação de mestrado apresentada para a obtenção do grau de mestre em Ciências Jurídico – Forenses, no Curso de mestrado em Direito, dissertação aquela que o Dr. Paulo Soares defendeu com grande segurança e brilho, perante o arguente, uma ilustre personalidade do nosso meio jurídico.

O tema da obra é a actividade policial no domínio da prevenção e da obtenção de prova com finalidades de investigação criminal, incidindo, especialmente, sobre as denominadas "medidas cautelares e de polícia", e sua projecção no processo penal.

Trata-se de um "nicho" da dogmática jurídico – processual penal com escasso tratamento doutrinário, na confluência da prevenção criminal com o processo penal, onde, por isso mesmo, surgem frequentemente áreas problemáticas de relevante interesse prático, cujo estudo e resolução não têm merecido a atenção devida.

Atenção devida, dizia, porque é nessa zona de confluência que começa, desde logo, a conformação ou estruturação de um processo penal digno de um Estado de Direito democrático.

As funções profissionais do Autor e a sua sólida formação jurídica dão-lhe uma privilegiada visão prática desses problemas, que aborda esgotantemente e com sólida argumentação.

O seu pensamento radica, em substância, nas doutrinas nacional e alemã, e a escolha desta última tem o inegável mérito, que se lhe reconhece, do reconhecimento da primacial importância que a jurisprudência, a doutrina e a legislação tudesca assumem no contexto dos países que se revêem no sistema jurídico romano – germânico.

A obra divide-se em 4 capítulos, através dos quais se desenvolve um percurso que começa no estudo da (1) *Polícia*, seu conceito, suas modalidades, suas funções no âmbito da prevenção e da repressão criminal, se continua pelas (2) *Medidas Cautelares e de Polícia*, quer de natureza estritamente policial, quer de natureza, já, processual penal, depois aborda a (3) *Prova Penal*, sua noção, os métodos proibidos de prova e seus efeitos, nomeadamente o tele-efeito, terminando este capítulo por uma breve alusão ao conceito de *meios de obtenção de prova*, e preparando, assim, o último capítulo consagrado, precisamente, aos (4) *Meios de Obtenção de Prova no Âmbito das Medidas Cautelares e de Polícia*, sendo este, naturalmente, o capítulo mais extenso, em que são minuciosamente abordados temas como a *comunicação da notícia do crime*, as *providências cautelares*, a *identificação e solicitação de informações*, as *revistas e buscas cautelares*, e, finalmente, o tema candente da *localização celular*.

A obra termina por uma proficiente e abrangente *Conclusão* na qual o autor resume o essencial do seu pensamento sobre a matéria tratada, que, consiste, ao fim e ao cabo, numa convicta e bem fundamentada afirmação do princípio da legalidade enquanto referencial de toda actividade policial, quer na área da prevenção e segurança, quer na da investigação criminal.

É precisamente esse o sentido da espécie de exortação contida nas suas palavras finais, especialmente dirigida aos profissionais de polícia.

O tema, o modo como foi abordado, a extensão dos problemas suscitados e as propostas de solução apresentadas tornam o primeiro livro do Dr. Paulo Soares merecedor de atenta leitura e reflexão, quer dos operadores policiais quer dos profissionais do foro em geral.

Em 4 de Fevereiro de 2014

QUIRINO SOARES

Juiz Conselheiro do Supremo Tribunal de Justiça, jubilado

Docente da Universidade Lusófona de Humanidades e Tecnologias

RESUMO

Esta dissertação tem como tema a actividade policial especialmente vocacionada para a obtenção de prova, no âmbito das denominadas medidas cautelares e de polícia. Para melhor compreendermos essa actividade, necessitamos de conhecer quem a desenvolve. Como tal, é analisada a polícia, quer numa vertente conceitual evolutiva, quer teleológica e funcional. Nessa análise funcional é feita a distinção entre função de prevenção e de investigação criminal, traçando-se uma fronteira entre ambas, de modo a evitar a denominada "*troca de etiquetas*". Estando a actividade policial, de âmbito cautelar, especialmente vocacionada para a obtenção de prova, é, de seguida, analisada a forma como ela se compatibiliza com os rigorosos princípios que dirigem o processo penal, o regime da obtenção da prova em particular, traçando-se um quadro geral da sua amplitude e respectivos limites, e definindo-se as consequências processuais e substantivas para a sua transposição. Por último, são expostas e analisadas as questões actuais mais controversas, ao nível da comunicação da notícia do crime, das providências cautelares relativas aos meios de prova, da identificação e solicitação de informações, das revistas e buscas e da recentemente introduzida localização celular.

PALAVRAS-CHAVE:

Polícia, obtenção, prova, cautelar;

ABSTRACT

The theme of this dissertation is the police activity especially guided towards obtaining evidence within the scope of the so-called precautionary and police measures. To understand this activity better, we need to know who develops it. As such, the police is analysed both in an evolutionary conceptual aspect and in a teleological and functional aspect. In that functional analysis, a distinction is made between the function of prevention and the criminal investigation, drawing a line between the two in order to avoid the so-called "exchange of labels". Since the police activity of precautionary nature is especially aimed at obtaining evidence, we then analyse the way it reconciles with the strict principles guiding the criminal proceedings, the system of obtaining evidence, in particular tracing a general framework of its extent and limits and defining the procedural and substantive consequences for its transposition. Finally, we present and analyse the most controversial current issues at the level of the communication of crime news, injunctions on evidence, identification and request for information, body searches and searches of premises and the recently introduced cellular localization.

KEYWORDS:

Police, obtaining, evidence, precautionary;

RELAÇÃO DE SIGLAS E ABREVIATURAS

Ac. – Acórdão
Ac. TC – Acórdão do Tribunal Constitucional
Art. – Artigo
ASAE – Autoridade de Segurança Alimentar e Económica
BMJ – Boletim do Ministério da Justiça
CEDH – Convenção Europeia dos Direitos do Homem, de 04 de Novembro de 1950, aprovada para ratificação pela Lei nº 65/78, de 13 de Outubro, publicada no Diário da República, I Série, nº 236/ /78 (em vigor na ordem jurídica nacional em 09 de Novembro de 1978.
CMVM – Comissão do Mercado de Valores Mobiliários
CPP – Código de Processo Penal – aprovado pelo Decreto-Lei nº 78/87 de 17 de Fevereiro, alterado pelos Decretos-Leis nºs 387-E/87, de 29 de Dezembro e 212/89, de 30 de Junho, pela Lei nº 57/91, de 13 de Agosto, pelos Decretos-Leis nºs 423/91, de 30 de Outubro, 343/93, de 01 de Outubro, 317/95, de 28 de Novembro, pelas Leis nºs 59/98, de 25 de Agosto, 3/99, de 13 de Janeiro, e 7/2000, de 27 de Maio, pelo Decreto-Lei nº 320-C/2000, de 15 de Dezembro, pelas Leis nºs 30-E/2000, de 20 de Dezembro, e 52/2003, de 22 de Agosto, e pelo Decreto-Lei nº 324/2003, de 27 de Dezembro, pela Lei nº 48/2007, de 29 de Agosto, pelo Decreto-Lei nº 34/2008, de 26 de Fevereiro, e pelas Leis nºs 52/ /2008, de 28 de Agosto, 115/2009, de 12 de Outubro, 26/2010, de 30 de Agosto e 20/2013, de 21 de Fevereiro, Rectificação

nº 21/2013, de 19 de Abril, Lei Orgânica nº 2/2014, de 06 de Agosto, Leis nºs 27/2015, de 14 de Abril, 58/2015, de 23 de Junho, 130/2015, de 04/09, 1/2016, de 25 de Fevereiro e 40-A//2016, de 22 de Dezembro.

CPPF – Code de Procédure Pénale Française (Código de Processo Penal Francês).

CRP – Constituição da República Portuguesa de 02 de Abril de 1976 – Alterações introduzidas pelas Leis Constitucionais nºs 1/82, de 30 de Setembro, 1/89, de 08 de Julho, 1/92, de 25 de Novembro, 1/97, de 20 de Setembro, 1/2001, de 12 de Dezembro, 1/2004, de 24 de Julho e 1/2005, de 12 de Agosto.

DR – Diário da República

DGSI – Direcção-Geral dos Serviços de Informática

DUDH – Declaração Universal dos Direitos do Homem, adoptada e proclamada pela Assembleia-geral, Resolução 217A (III), de 10 de Dezembro de 1948, texto oficial português, publicado no DR, I Série, nº 57, de 9 de Março de 1978.

GNR – Guarda Nacional Republicana

IGAE – Inspecção-Geral das Actividades Económicas

JIC – Juiz de Instrução Criminal

LOIC – Lei de Organização da Investigação Criminal. Lei nº 49/2008, de 27 de Agosto, alterada pelas Leis nºs 49/2008, de 27 de Agosto, 34/2013, de 16 de Maio, 38/2015, de 11 de Maio e 57//2015, de 23 de Junho.

LSI – Lei de Segurança Interna. Lei nº 53/2008, de 04 de Setembro (com a Declaração de Rectificação nº 66-A/2008, de 28 de Outubro), alterada pela Lei nº 59/2015, de 24 de Junho.

MP – Ministério Público

OPC – Órgão de Polícia Criminal

Pág. – Página

PGR – Procuradoria-Geral da República

PIDCP – Pacto Internacional sobre os Direitos Civis e Políticos. Adoptado e aberto à assinatura, ratificação e adesão pela resolução 2200A (XXI) da Assembleia-geral das Nações Unidas, de 16 de Dezembro de 1966.

PJ – Polícia Judiciária
PJM – Polícia Judiciária Militar
PSP – Polícia de Segurança Pública
RGCO – Regime Geral das Contra-ordenações. Decreto-Lei nº 433/82, de 27 de Outubro, alterado pelos Decretos-Leis nºs 356/89, de 17 de Outubro, 244/95, de 14 de Setembro, 323/2001, de 17 de Dezembro, e pela Lei nº 109/2001, de 24 de Dezembro.
RJAM – Regime Jurídico das Armas e suas Munições. Lei nº 5/2006, de 23 de Fevereiro, alterada pela Lei nº 59/2007, de 4 de Setembro, alterada e republicada pela Lei nº 17/2009, de 6 de Maio, alterada pela Lei nº 26/2010, de 30 de Agosto, alterada e republicada pela Lei nº 12/2011, de 27 de Abril e alterada pela Lei nº 50/2013, de 24 de Julho.
RGIT – Regime Geral das Infracções Tributárias
SEF – Serviço de Estrangeiros e Fronteiras
Sgts. – Seguintes
SIS – Serviço de Informações de Segurança
STJ – Supremo Tribunal de Justiça
StGB – *Strafgesetzbuch* (Código Penal Alemão)
StPO – *Strafprozessordnung* (Código de Processo Penal Alemão)
TC – Tribunal Constitucional
TRC – Tribunal da Relação de Coimbra
TRE – Tribunal da Relação de Évora
TRG – Tribunal da Relação de Guimarães
TRL – Tribunal da Relação de Lisboa
TRP – Tribunal da Relação do Porto

INTRODUÇÃO

O presente estudo tem como tema a actividade policial especialmente vocacionada para a obtenção de prova. De entre essa vasta e complexa actividade, interessa-nos aquela que é levada a cabo no âmbito das denominadas medidas cautelares e de polícia.

Esta obtenção de prova pelas entidades policiais, tendo subjacente interesses de descoberta da verdade material, de perseguição penal dos culpados e de realização da justiça, deve encontrar limites na "*dignidade da pessoa humana*" (art. 1º da CRP) e no respeito e garantia dos direitos e liberdades fundamentais dos cidadãos, elementos constitutivos do Estado de Direito Democrático (art. 2º da CRP). É esse equilíbrio entre os interesses em confronto que nos propormos alcançar com a presente investigação, o qual permitirá dotar a actuação policial de legitimidade e, consequentemente, da tão almejada credibilidade.

Para melhor compreendermos essa actividade policial de âmbito cautelar, necessitamos conhecer, de um modo geral, quem a desenvolve. Neste sentido, incumbe-nos analisar a polícia, quer numa vertente conceitual evolutiva, quer teleológica e funcional. Nessa análise funcional, iremos distinguir as funções de prevenção criminal das funções de investigação, procurando arquitectar uma fronteira entre ambas, de modo a evitar a realização, pela polícia, de investigação criminal no âmbito da função preventiva.

Iremos, posteriormente, verificar como toda esta actividade policial, restritiva de direitos, liberdades e garantias dos cidadãos, se compatibiliza com os apertados e não menos rigorosos princípios fundamentais que dirigem o processo penal, especialmente no que concerne à obtenção de prova.

Sendo a prova o objecto essencial do nosso estudo e para o qual a actividade policial de âmbito cautelar se encontra vocacionada, incumbe-nos traçar um quadro geral da sua amplitude e respectivos limites, sobretudo no que respeita à sua obtenção. Porque esses limites são materialmente transponíveis, iremos verificar qual a consequência, em termos formais, para a prova obtida com transposição dessas barreiras legais.

Após analisarmos estas questões preliminares essenciais, iremos finalmente debruçar-nos sobre a actuação policial destinada à obtenção cautelar de provas, estabelecendo os seus pressupostos e formalidades. Neste âmbito, irão ser expostas e analisadas as questões actuais mais problemáticas, ao nível da comunicação da notícia do crime, das providências cautelares relativas aos meios de prova, da identificação e solicitação de informações, das revistas e buscas e da recentemente introduzida localização celular.

Entre essas questões mais controversas, iremos, *v.g.*, analisar em que medida o prazo de 10 dias, que poderá mediar entre a aquisição da notícia do crime e a sua comunicação ao Ministério Público (arts. 243º nº 3, 245º e 248º nº 1 do CPP, e art. 2º nº 3 da LOIC), é compatível com o art. 219º nº 1 da CRP.

Enquanto providências cautelares relativas aos meios de prova, iremos verificar se as informações obtidas junto do agente do crime, a título informal, nos termos do art. 249º nº 2 al. b) do CPP, sem que se saiba dessa sua qualidade, poderão ser de alguma forma invocadas aquando da produção de prova em sede de audiência de julgamento; e, em sede de apreensões cautelares [art. 249º nº 2 al. c) do CPP], analisar qual a consequência jurídica para a omissão da sua validação pela autoridade judiciária competente e de que forma ela se deve processar.

No âmbito da identificação de suspeitos (art. 250º do CPP), iremos analisar qual a consequência jurídica para as recusas de identificação, procurando responder a uma questão de muitas aporias, causadora de múltiplos processos criminais e disciplinares a diversos elementos policiais; a de saber qual o procedimento a adoptar perante um suspeito da prática de uma contra-ordenação que não seja possuidor de documento de identificação ou equivalente legal, ou, na pior das hipóteses, que se recuse a identificar. Ainda neste âmbito, vamos tentar demarcar a identificação repressiva do art. 250º do CPP, da identificação com finalidades meramente preventivas do art. 28º nº 1 al. a) da Lei de Segurança Interna.

No que concerne às revistas e buscas, entre outras questões problemáticas que serão discutidas, será pertinente analisar, naquelas que são realizadas de forma excepcional pelos órgãos de polícia criminal, o alcance prático do art. 174º nº 5 al. a) do CPP, face à possibilidade de realização de revistas e buscas conferida pela sua alínea c). No que diz respeito ao consentimento, art. 174º nº 5 al. b) do CPP, incumbe-nos ainda perceber quem pode consentir, como e quando, sendo ainda importante analisar se esse consentimento pode ser revogado durante a realização da diligência consentida. Relativamente às buscas domiciliárias, será pertinente distingui-las de outras figuras semelhantes, que com elas se não devem confundir (*v.g.*, as meras entradas no domicílio ou as buscas "online").

Embora a valoração de conhecimentos fortuitos, quando obtidos no âmbito das revistas, das buscas e das apreensões, não cause discórdia entre a doutrina e jurisprudência, dada a sua admissibilidade como meios de obtenção de prova na investigação de qualquer crime, iremos, após chegarmos a esta fase, verificar se essa valoração é sempre admissível, mesmo quando aquelas diligências extravasam a finalidade específica e excepcional para que foram criadas.

Por último e no que concerne à mais recente medida cautelar e de polícia, a localização celular, iremos indagar quais os direitos fundamentais que restringe, cotejando-a com o regime geral previsto no art. 189º nº 2 do CPP e com a Lei nº 32/2008, de 17 de Julho, relativa à conservação e transmissão de dados gerados pelas comunicações electrónicas.

Lançado o repto, partamos para a investigação.

Capítulo 1
A Polícia

1.1. Evolução do Conceito de Polícia

Uma análise sintética à procedência e evolução da instituição "*polícia*" levar-nos-á a concluir que ela sempre existiu, desde a mais remota antiguidade civilizada, transformando-se, ao longo dos tempos, de acordo com a própria transformação da civilização.

Já no antigo Egipto, berço da civilização ocidental, o faraó acumulava funções políticas, militares e judiciais, sendo auxiliado por um seu subalterno na tarefa de executar as suas ordens e manter a tranquilidade pública.[1]

Do ponto de vista etimológico, os termos "*polícia*" e "*política*" derivam do grego «*politeia*». A partir de Platão e Aristóteles, aquele termo reúne duas realidades distintas: de um lado a cidade (*polis*), enquanto "*arte de reger os Estados*", através de todo um conjunto de regras ou "*máximas*" destinadas à sua administração geral, e, do outro, o conjunto de mecanismos predispostos a fazer cumprir essas mesmas regras, se necessário através do uso da força.

Mais tarde, os romanos, pegando naquele conceito originário, deram-lhe uma nova designação, a «*politia*», caracterizada pela pro-

[1] *Cfr.* Marcel le Clere (1947), págs. 5 e sgts.

dução de normas e consequente capacidade de assegurar o seu cumprimento, por parte de órgãos específicos, ainda que através do poder coercitivo.

É somente em finais do século XV, nomeadamente com a recepção do direito romano na Europa Ocidental, que o termo «*politia*» reaparece, agora como sinónimo de um Estado bem governado, com regulamentação eficaz e com capacidade de fomentar a sua aplicação.

Nas monarquias absolutas, de onde destacamos a França de Luís XIV ou a Prússia de Frederico o Grande, a promoção do equilíbrio social e da "*felicidade pública*" incumbia ao Estado, ou seja, ao próprio rei, nas suas consabidas formulações, respectivamente: "*L'État c'est moi*", ou "*o rei é o primeiro servidor do Estado*"; detendo ele próprio os meios, ainda que coactivos, «*Zwangsgewalt*», para atingir essa finalidade, coadjuvado por agentes públicos, actuando sob a sua a autoridade. Estamos perante o conceito de «*Polizeistaat*», «*id est*», de "*Estado de Polícia*".

No seguimento das revoluções liberais, designadamente a Grande Revolução na Inglaterra, em 1688, bem como a Revolução Francesa, em 1789, e com o início da era do iluminismo, torna-se intolerável a concepção de um Estado "*todo-poderoso*", onde os súbditos fossem desprovidos de direitos.

Consequentemente o «*Polizeistaat*» dá origem ao «*Rechtsstaat*», Estado de Direito, onde o próprio Estado é submetido às leis por si criadas. Neste contexto, afirmava o escritor JOSÉ BOA MORTE: "*Feliz Estado onde a lei é mais poderosa do que o mesmo rei*", sendo que "*boas leis estabelecerá o Príncipe, se é o primeiro que a elas se sujeitar*".[2] Incumbe agora ao Estado, enquanto função de polícia, assegurar a manutenção da paz pública, da ordem e da segurança de todos cidadãos, agora livres e iguais perante a lei.[3]

[2] *In*, J. P. BARBOSA BOA MORTE (1841), págs. 86/87.
[3] «*Vide*» DIOGO FREITAS DO AMARAL (1994), pág. 93.

Em pleno século XIX, a *"polícia"* alarga os seus horizontes de especialização, quer no que tange à manutenção da ordem pública, quer como coadjuvantes da justiça penal. No capítulo da manutenção da ordem pública, perante as revoluções e tumultos populares que assolaram as principais capitais europeias, surge a necessidade de criar forças policiais bem equipadas e organizadas, de forma a controlar as multidões, não obstante a inferioridade numérica. Quanto à justiça penal, face à evolução do direito criminal e do aparelho judiciário, existe uma especialização da polícia como sua auxiliar, quer prevenindo, quer reprimindo infracções dessa natureza.

No século XX, com o desencadear da crise de 1929, a desconfiança nos modelos liberais de governação fez emergir movimentos fascistas um pouco por toda a Europa, dando origem a ditaduras, donde se destacam: a de Salazar (em Portugal); de Mussolini (na Itália); de Franco (em Espanha); e de Hitler (na Alemanha). Com estes regimes surgem as polícias secretas[4], que, actuando à margem da legalidade, tentavam manter o poder político do Estado, sobretudo através da intimidação e repressão exercidas. Na investigação, todos os meios de obtenção de informação eram admissíveis, ainda que violadores de direitos fundamentais (*v.g.*, aberturas de correspondência ou tortura). As detenções efectuadas pelas polícias secretas ocorriam sem qualquer controlo judiciário da sua legalidade, podendo os detidos vir a ser condenados por tribunais, também eles secretos, à margem de um processo penal justo e equitativo.[5]

[4] Entre essas polícias secretas, destacamos: em Portugal, a Polícia Internacional e de Defesa do Estado (PIDE); na Alemanha, a «Geheime Staatspolizei» (GESTAPO); e na Itália, a «Organizzazione per la Vigilanza e la Repressione dell'Antifascismo» (OVRA).

[5] Este autoritarismo estadual leva-nos a sugerir "*O Processo*" de FRANZ KAFKA, tendo como personagem principal Josef K., preso no seu quarto por motivos que nunca veio a conhecer, submetido a um processo que nunca teve acesso, condenado com uma pena inadmissível, a morte.

Hodiernamente, a polícia tende a assumir-se como polícia cívica interactiva[6], destinada não só a investigar a criminalidade[7], cada vez mais complexa, organizada e transnacional, mas a preveni-la na sua génese, em articulação com os próprios membros que compõem a sociedade. Esta moderna forma de actuação consiste na adopção de policiamentos específicos ou direccionados (*v.g.*, a escola segura ou o comércio seguro)[8], tendo por base o estudo do meio social em que a polícia se insere, dos seus factores criminógenos, dos locais e grupos sociais mais vulneráveis, das estatísticas da criminalidade, entre outros elementos. Aumenta-se, dessa forma, o sentimento de segurança dos cidadãos. Incumbe, ainda, à polícia, promover o devido apoio e acompanhamento das vítimas do crime, que muitas vezes ficavam esquecidas por detrás da sombra dos seus autores.

1.2. Conceito de Polícia no nosso Ordenamento Jurídico

Vimos anteriormente que, face às constantes transformações da civilização, encontrar um conceito de "*polícia*" tem necessariamente, como condicionantes, factores espácio-temporais e civilizacionais que moldam o seu conteúdo e forma.

Antes de tentarmos erigir uma definição actualizada do conceito de polícia, iremos, de modo a auxiliar essa tarefa, recorrer à fonte essencial, qual seja o conhecimento partilhado por aqueles que, antes de nós, se debruçaram sobre esta temática.

No nosso país, merece destaque uma das primeiras definições da função policial, da autoria do jurisconsulto José Ferreira Borges, como "*tudo o que interessa à ordem pública, à liberdade, à segurança e à tranquilidade*

[6] Embora em Portugal exista uma força de segurança com organização e disciplina tipo militar, a Guarda Nacional Republicana (GNR).

[7] Através de técnicas cada vez mais eficazes de descoberta, recolha, conservação, exame e interpretação da prova, observando sempre, claro está, o princípio da legalidade e da proporcionalidade em sentido amplo.

[8] «*Vide*», "*programas especiais*" adoptados pela Polícia de Segurança Pública, em *www.psp.pt/Pages/defaultPSP.aspx*, acedido e consultado em 11 de Fevereiro de 2011.

dos habitantes." O autor refere ainda a necessidade de "*banir para sempre a ideia d'inquisição e despotismo, que esta palavra importa na accepção commum, e rectificá-la pela definição dada.*"[9]

Na definição oferecida pelo autor mencionado, teve alguma influência o Código dos Delitos e das Penas, em França, de 3 "*Brumaire*"[10], ano IV (1795), onde se referia que: "*A Polícia é instituída para manter a ordem pública, a liberdade, a propriedade, a segurança individual. O seu carácter principal é a vigilância. A sociedade considerada em massa é o objectivo da sua solicitude.*"[11]

Mais tarde, SOUSA DUARTE[12] definia polícia como o "*cuidado incessante da autoridade e seus agentes pela execução fiel das leis, da propriedade e da tranquilidade de todos os cidadãos*". Comparava, este autor, a polícia a um pára-raios, afastando os perigos dos governos e dos povos, assegurando-lhes uma "*pública segurança por modo insensível e permanente*".

Actualmente, a "*polícia*" assume-se, no nosso ordenamento jurídico, como parte integrante da Administração Pública. Deste modo, a sua noção poderá ser encarada, quer numa perspectiva funcional ou material, como actividade tendo em vista um certo fim, quer numa perspectiva orgânica ou institucional, enquanto serviço administrativo, apto a desempenhar aquelas tarefas materiais.[13]

[9] *In*, JOSÉ FERREIRA BORGES (1856), pág. 307.

[10] Em modo de curiosidade, refira-se que o Brumário ou "*Brumaire*" no calendário Republicano Francês correspondia ao mês de Outubro no nosso calendário gregoriano. Aquele calendário, instituído por Convenção em 24 de Outubro de 1793, após a Revolução Francesa, viria novamente a ser substituído por este em 01 de Janeiro de 1806. Ficaria convencionado que o ano I da República teria a sua génese em 22 de Setembro "*Vendemiário*", de 1792. Seguindo a disposição gregoriana actual, os meses designavam-se: *Vendemiário, Brumário, Frimário, Nivoso, Pluvioso, Ventoso, Germinal, Floreal, Prairial, Messidor, Termidor, Frutidor*. «*Vide*», C. A. BANDEIRA DE MELLO (2007), págs. 39 e sgts.

[11] *In*, JOSÉ FERREIRA BORGES (1856), pág. 308.

[12] *In*, Código de Polícia Municipal e Administração, 1881, «*apud*» MARCELLO CAETANO (2008), págs. 1148 e sgts.

[13] Neste sentido «*vide, inter alia*», CATARINA SARMENTO E CASTRO (1999), pág. 16.

1.2.1. Sentido Material e Institucional de Polícia

1.2.1.1. Sentido Material

Arrogando-se a polícia como parte integrante da Administração Pública e tomando como referência que o direito policial moderno é direito administrativo, poderemos encarar a sua noção, quer numa perspectiva material ou funcional, quer numa perspectiva institucional ou orgânica.

Na esteira do professor MARCELLO CAETANO[14], em sentido material ou funcional, a polícia é um modo de actividade administrativa "*que consiste em intervir no exercício das actividades individuais susceptíveis de fazer perigar interesses gerais*", tendo como objecto a prevenção de danos sociais, constantes da lei.

Hodiernamente, o conceito apresentado por este douto professor revela-se insuficiente no que concerne à definição dos agentes da periculosidade, visto que, para além das "*actividades individuais susceptíveis de fazer perigar interesses gerais*", existem actividades desenvolvidas por pessoas colectivas ou grupos organizados, passíveis de colocar em perigo aqueles interesses. Destacamos, *v.g.*, as condutas subsumíveis num dos tipos legais de crime de perigo comum plasmados no Título IV, Capítulo III do Código Penal em vigor.[15]

Também nos parece que a actividade policial não se deverá restringir à prevenção de condutas lesivas de interesses gerais, devendo alargar-se às condutas lesivas de interesses meramente individuais, onde destacamos, *v.g.*, a tutela da honra ou da reserva da vida privada.

Os elementos que constituem a definição fornecida por MARCELLO CAETANO estão outrossim na definição de polícia administrativa, em sentido material, dada por SÉRVULO CORREIA. Este professor catedrático considera a polícia como a actividade desenvolvida pela Administração, que consiste:

[14] *Cfr.* MARCELLO CAETANO (2008), pág. 1150.

[15] Condutas lesivas, tais como, *v.g.*, danos contra a natureza (art. 278º), poluição (art. 279º), ou poluição com perigo comum (art. 280º), quando praticadas por pessoas colectivas, são puníveis, nos termos do art. 11º nº 2 daquele diploma legal.

"Na emissão de regulamentos e na prática de actos administrativos e materiais que controlam condutas perigosas dos particulares com o fim de evitar que estas venham a ou continuem a lesar bens sociais cuja defesa preventiva através de actos de autoridade seja consentida pela Ordem Jurídica."[16]

Pegando nesta última noção, vejamos, na prática, qual o âmbito desta actividade policial. Em primeiro lugar, o regulamento administrativo é, na definição do professor João Caupers, um "*conjunto de normas jurídicas editadas por uma autoridade administrativa (...) no exercício do poder administrativo (ao abrigo de uma faculdade jurídico-pública atribuída por uma norma legal)*"; assumindo a designação de "*regulamentos de polícia*" quando, no intuito de prevenir danos sociais, "*operam restrições às liberdades individuais*". Como exemplo, os regulamentos de trânsito.[17]

Por sua vez, os "*actos administrativos e materiais*" referidos por Sérvulo Correia, em particular os actos de polícia, diferem dos regulamentos, precedentemente aclarados, pelo seu carácter individual e concreto (contrariamente àqueles, que apresentam carácter normativo, quer pela pluralidade de destinatários, quer pela abstracção das situações abrangidas).

Tais actos têm natureza unilateral, já que, para a sua perfeição, basta uma declaração de vontade (a da própria Administração Pública), sendo "*desnecessária a contribuição de qualquer outra*"; e são imperativos, dada a «*auctoritas*», apanágio daquele poder de decisão unilateral, cuja garantia é assegurada, se necessário, por intermédio de meios coercivos. Destacamos, de entre actos de polícia, *v.g.*: actos impositivos, como os comandos, sejam eles positivos (ordens) ou ne-

[16] J. M. Sérvulo Correia (1994), pág. 394; Noção também citada por Jorge Miranda e Rui Medeiros (2007), pág. 657, anot. IV.

[17] Sobre os regulamentos administrativos, *cfr.* Diogo Freitas do Amaral (2001), págs. 162 e sgts. Também, J. M. Sérvulo Correia (1982), pág. 112. Ainda, João Caupers (2005), págs. 223 e sgts.

gativos (proibições); bem como, actos permissivos, de onde ressalvamos as autorizações.[18]

São de relevar aqueles actos materiais de teor mais hostil, ou seja, com maior susceptibilidade de atingir a esfera jurídica dos cidadãos, entre os quais as denominadas "*medidas de polícia*", cujo desenvolvimento irá ser aprofundado em momento ulterior.

De entre estas medidas de polícia, é de destacar o uso de meios coercivos, pela sua susceptibilidade de causar lesões na integridade física dos particulares, de limitar a sua liberdade de locomoção, ou de danificar ou ofender outros bens jurídicos, materiais ou pessoais.[19]

Ainda no âmbito dos actos materiais de polícia, temos a considerar todas aquelas actividades que, não tendo um destinatário específico, não interferem com os bens jurídicos dos particulares (*v.g.*, acções de vigilância, advertências, avisos, recomendações).

Estas últimas actividades vêm reflectindo, cada vez mais, uma nova perspectiva da actividade policial, que acompanha as vicissitudes da própria sociedade. É neste sentido que a polícia, mais do que proibir ou ordenar, na sua tarefa de prevenção de danos sociais, vem adoptando actos materiais de carácter construtivo e informativo para os cidadãos. Esta tarefa contributiva para a formação e informação, no que concerne à segurança dos cidadãos, vem expressamente prevista nas leis orgânicas das forças de segurança.[20]

Neste âmbito, realçam-se, desde logo, as mais diversas campanhas de aconselhamento levadas a cabo pelas forças de segurança, entre as quais as "*Operações Férias*", destinadas a proteger as residências contra assaltos, devido à sua vulnerabilidade no período de ausência dos moradores. Também as campanhas de aconselhamento aos pais, destinadas à diminuição dos mais diversos riscos a que estão expostas as crianças e jovens (*v.g.*, dos comportamentos a adoptar para com desconhecidos

[18] Neste sentido, *cfr.* João Caupers (2005), págs. 178 e sgts.

[19] «*Vide*» secção 2.1.2, alusiva à relação entre medidas de polícia e meios coercivos.

[20] «*Vide*», no que concerne à PSP, o art. 3º nº 2 al. p) da Lei nº 53/2007, de 31 de Agosto; ou, para a GNR, o art. 3º nº 1 al. p) da Lei nº 63/2007, de 6 de Novembro.

ou em caso de catástrofes naturais). Campanhas de aconselhamento às crianças e jovens, no que concerne a problemas actuais, tais como o «*bullying*»[21], a posse de armas, o transporte e consumo de drogas ou o uso da internet. Também são de relevar as campanhas de aconselhamento às vítimas de crimes, bem como as campanhas de sensibilização, destinadas a diminuir a sinistralidade rodoviária.[22]

Destacam-se, ainda, os mais diversos programas especiais levados a cabo pelas forças de segurança (*v.g.*, comércio seguro ou idosos em segurança), visando, através de um "policiamento de proximidade", reduzir os riscos de criminalidade e, por intermédio de um relacionamento próximo e visível com os cidadãos, aumentar o seu sentimento de segurança.[23]

Estas acções policiais seguem a máxima popular, "*a ocasião faz o ladrão*", ou seja, existe uma forte possibilidade de o crime acontecer

[21] O «*bullying*» é uma forma de violência física (*v.g.*, murros, pontapés) ou psicológica (*v.g.*, ameaças, humilhações), exercida por uma ou mais pessoas, de forma contínua, visando exercer um controlo sobre uma pessoa ou grupo, vistos como frágeis pelo(s) agressor(es). Esta é uma realidade em voga no ambiente escolar, que afecta emocionalmente as crianças visadas, prejudicando o seu rendimento escolar, levando mesmo, nos casos mais graves, a comportamentos auto-agressivos, ou até ao suicídio. A este propósito, ainda presente o mediático caso do menino (Leandro), de 12 anos, aluno da Escola Luciano Cordeiro, em Mirandela, que se atirou no dia 02 de Março de 2010, ao rio Tua, morrendo afogado. De acordo com testemunhos então obtidos, Leandro era frequentemente agredido, tanto verbal como fisicamente, por colegas mais velhos, tendo mesmo, um ano antes da sua morte, sido hospitalizado no Hospital de Mirandela, em consequência dessas agressões.

[22] Sobre estas campanhas de aconselhamento por parte das forças de segurança, «*vide*» *www.psp.pt* ou *www.gnr.pt*, acedidos e consultados em 07 de Março de 2011.

[23] Estabelece a Lei nº 72/2015, de 20 de Julho – diploma que veio definir os objetivos, prioridades e orientações de política criminal para o biénio de 2015-2017, em cumprimento da Lei nº 17/2006, de 23 de Maio (Lei-Quadro da Política Criminal) –, mais precisamente no seu art. 6º, que: "*Na prevenção da criminalidade, as forças e os serviços de segurança desenvolvem programas de segurança comunitária e planos de policiamento de proximidade destinados a proteger vítimas especialmente vulneráveis e a controlar as fontes de perigo (...)*".

caso o potencial criminoso se depare com uma situação propícia (*v.g.*, uma residência temporariamente abandonada) ou com um alvo vulnerável (*v.g.*, um idoso ou uma criança), estando o espaço envolvente desprovido de qualquer protecção policial. É através das campanhas de sensibilização, aconselhamento ou policiamento de visibilidade e proximidade que a polícia vai procurar diminuir as "ocasiões", quer diminuindo as situações propícias, tornando menos vulneráveis os alvos, quer dotando os locais propícios à criminalidade de meios visíveis e dissuasores de protecção policial.

Face ao exposto, podemos entender a polícia, em sentido material ou funcional, como uma actividade pública, estadual ou municipal, destinada a prevenir actuações danosas, de pessoas singulares ou colectivas, passíveis de se projectarem na "*vida pública*" ou privada, com recurso, se necessário, a meios coercivos.[24] Obviamente que, num Estado de direito democrático, esta intervenção administrativa para protecção de direitos, liberdades e garantias tem que estar vinculada, «*id est*», deve a lei conferir essa competência, tendo em conta "*a realização de fins legalmente fixados*".

1.2.1.2. Sentido Institucional

Numa perspectiva institucional ou orgânica, podemos definir polícia como "*todo o serviço administrativo que, nos termos da lei, tenha como tarefa exclusiva ou predominante o exercício de uma actividade de polícia*".[25]

Esse "*conjunto de órgãos e institutos encarregados da actividade de polícia*" abrange autoridades e serviços de polícia. Autoridades de polícia "*são em geral os órgãos das pessoas colectivas públicas com competência para emanar regulamentos independentes em matéria de polícia administrativa geral e (ou) para determinar a aplicação de medidas de polícia*". Quanto aos ser-

[24] Nessa sua actividade preventiva de condutas danosas, como melhor veremos na secção subsequente, incumbe à polícia, nos termos do art. 272º nº 1 da CRP, "*defender a legalidade democrática e garantir a segurança interna e os direitos dos cidadãos*".

[25] Neste sentido, Sérvulo Correia (1994), pág. 406. Definição semelhante, a proporcionada por Catarina Sarmento e Castro (1999), pág. 16.

viços de polícia, dentro da actividade administrativa, são aqueles que desempenham tarefas de carácter exclusivamente policial, dependendo *"sempre de uma autoridade de polícia"*, podendo *"conter nas suas estruturas hierárquicas várias outras autoridades de polícia de grau sucessivamente menor"*.[26]

No que tange às autoridades de polícia, consultando a Lei de Segurança Interna[27], mais concretamente o seu art. 26º, constatamos que, para efeitos daquela lei, se consideram autoridades de polícia *"os funcionários superiores indicados como tais nos diplomas orgânicos das forças e dos serviços de segurança"*, a saber: a Guarda Nacional Republicana (GNR), a Polícia de Segurança Pública (PSP), a Polícia Judiciária (PJ), o Serviço de Estrangeiros e Fronteiras (SEF) e o Serviço de Informações de Segurança (SIS) – art. 25º nºs 1 e 2 daquele diploma legal. Segundo o seu nº 3, exercem ainda funções de segurança, nos termos da respectiva legislação, os órgãos da Autoridade Marítima Nacional, bem como do Sistema da Autoridade Aeronáutica.[28]

[26] *Cfr.* SÉRVULO CORREIA (1994), págs. 406/407.

[27] Lei nº 53/2008, de 04 de Setembro, publicada *in* DR, 1ª Série, nº 167 de 29 de Agosto de 2008.

[28] Neste sentido, são autoridades de polícia, nos termos daquele preceito, relativamente à ***GNR***, as entidades previstas no art. 11º nº 1 da Lei nº 63/2007, de 6 de Novembro; na ***PSP***, art. 10º nº 1 da Lei nº 53/2007, de 31 de Agosto; na ***PJ***, art. 11º nº 1 da Lei nº 37/ /2008, de 6 de Agosto; no ***SEF***, art. 3º nº 1 do Decreto-Lei nº 252/2000, de 16 de Outubro; no ***SIS***, «*vide*» Lei nº 9/2007, de 19 de Fevereiro. Relativamente à orgânica da PJ, existe somente uma referência às autoridades de polícia criminal, contrariamente ao que sucede relativamente à GNR e à PSP, em que existe uma distinção legal entre autoridades de polícia e autoridades de polícia criminal, para efeitos do disposto no Código de Processo Penal. No que tange à **Autoridade Marítima Nacional**, funciona no âmbito do Ministério da Defesa Nacional, *cfr.* arts. 7º al. a) e 22º do Decreto-Lei nº 183/2014, de 29 de Dezembro (Lei Orgânica do Ministério da Defesa Nacional). Nos termos do art. 2º do Decreto-Lei nº 44/2002, de 02 de Março (Autoridade Marítima Nacional), compete-lhe coordenar *"as atividades, de âmbito nacional, a executar pela Armada, pela Direção-Geral da Autoridade Marítima (DGAM) e pelo Comando-Geral da Polícia Marítima (CGPM) nos espaços de jurisdição e no quadro de atribuições definidas no Sistema de Autoridade Marítima (...)"*. Por último, a **Autoridade Aeronáutica Nacional**, que também funciona

Para além das autoridades de polícia daquelas forças e serviços de segurança enunciados na Lei de Segurança Interna, encontramos, esparsas pelo profuso ordenamento jurídico, outras entidades às quais a própria lei atribui a qualidade de autoridades de polícia e que melhor desenvolveremos «*infra*», em sede de autoridades de polícia criminal para efeitos do disposto no Código de Processo Penal.[29]

Relativamente aos serviços de polícia, a sua actividade substancialmente policial procede sempre do impulso de uma autoridade de polícia situada na sua estrutura hierárquica, cabendo-lhes acatar e executar materialmente os actos procedentes daquela autoridade.

1.3. Conceito Constitucional de Polícia

1.3.1. Fins da Actividade Policial

Conforme já referido precedentemente, para o professor MARCELLO CAETANO a polícia, enquanto modo de actividade administrativa, tem como objecto a prevenção de danos sociais, constantes da lei.[30]

Tendo em consideração que aquela prevenção de danos sociais limita a própria actividade da polícia, importante se torna perscrutar quais os danos sociais que podemos encontrar antevistos no nosso ordenamento jurídico, e cuja defesa necessita de ser acautelada.

Consultando a Constituição da República Portuguesa, mais precisamente o seu Título IX, alusivo à Administração Pública, encontramos

no âmbito do Ministério da Defesa Nacional, *cfr.* arts. 7º al. b) e 23º do Decreto-Lei nº 183/2014, de 29 de Dezembro (Lei Orgânica do Ministério da Defesa Nacional), é a "*estrutura responsável pela execução das atividades a desenvolver na regulação, inspeção e supervisão das atividades de âmbito aeronáutico na área da defesa nacional, bem como pelo exercício de poderes da autoridade do Estado no espaço estratégico de interesse nacional permanente, na observância das orientações definidas pelo Ministro da Defesa Nacional*". De destacar o Serviço de Policiamento Aéreo, enquanto serviço operacional da Autoridade Aeronáutica Nacional, cujas competências se encontram previstas no art. 11º da Lei nº 28/2013, de 12 de Abril (Diploma que define as competências, a estrutura e o funcionamento da Autoridade Aeronáutica Nacional).

[29] «*Vide*» a secção 1.5, intitulada "*a polícia no processo penal*".

[30] *Cfr.* MARCELLO CAETANO (2008), pág. 1150.

no art. 272º, epigrafado "*Polícia*", uma referência à actividade policial, enquanto actividade administrativa. Este art. 272º, no seu nº 1, através de um critério material ou funcional, estabelece que: "*A polícia tem por função defender a legalidade democrática e garantir a segurança interna e os direitos dos cidadãos*".

Iremos, doravante, dissecar o conteúdo do art. 272º nº 1 da Lei Fundamental, para, num segundo momento, tentar compreender, através de uma lógica de especialização, qual a natureza da polícia aí presente.

1.3.1.1. Defesa da Legalidade Democrática

Como primeira função de polícia estabelecida no art. 272º nº 1 da CRP, encontramos a defesa da legalidade democrática. Esta incumbência genérica de polícia traduz-se na garantia do "*respeito e cumprimento das leis em geral, naquilo que concerne à vida em colectividade*".[31]

Tal significa que, enquanto medida preventiva, impende sobre a polícia o dever de neutralizar comportamentos susceptíveis de lesar interesses legalmente protegidos. No entanto, esta medida preventiva não deve confundir-se com outras sancionatórias ou punitivas, estas a exigirem "*um procedimento justo, de acordo com as pertinentes regras constitucionais, e um juízo sancionatório que não cabe nas funções constitucionais da polícia*".[32]

1.3.1.2. Garantia da Segurança Interna

Na sua redacção originária, o nº 1 deste art. 272º omitia qualquer referência à garantia da segurança interna, enquanto função policial.[33] Com

[31] *In*, J. J. Gomes Canotilho e Vital Moreira (2010), pág. 859, anot. III ao art. 272º. Referem estes autores que, não obstante o conceito de "legalidade democrática" ser utilizado noutras disposições da constituição (arts. 3º nº 2, 199º al. f), 202º nº 2 e art. 219º nº 1), "*não são transparentes os seus contornos*".

[32] *Cfr.* J. J. Gomes Canotilho e Vital Moreira (2010), pág. 860, anot. VI ao art. 272º.

[33] Na redacção dada pelo Decreto de 10 de Abril de 1976, podia ler-se no nº 1 do art. 272º, que: "*A Polícia tem por função defender a legalidade democrática e os direitos dos cidadãos*".

a Revisão Constitucional de 1982, deu-se a sua autonomização naquele preceito, redacção que se manteve inalterada até à actualidade.[34]

Do ponto de vista funcional, a garantia da segurança interna deve ser complementada com o disposto no art. 1º nº 1 da Lei nº 53/2008, de 29 de Agosto, diploma que veio aprovar a "*Lei de Segurança Interna*", onde se define segurança interna como:

> "(A) actividade desenvolvida pelo Estado para garantir a ordem, a segurança e a tranquilidade públicas, proteger pessoas e bens, prevenir e reprimir a criminalidade e contribuir para assegurar o normal funcionamento das instituições democráticas, o regular exercício dos direitos, liberdades e garantias fundamentais dos cidadãos e o respeito pela legalidade democrática."

Deve, no entanto, a noção fornecida por este diploma legal, ter uma compreensão mais restrita, já que, comparativamente à norma constitucional (art. 272º nº 1), abrange, no seu conteúdo, quer a defesa da legalidade democrática, quer a garantia dos direitos dos cidadãos.[35] Tal restrição não significa, contudo, que o conceito de segurança interna seja um conceito vazio. Ele abrangerá toda aquela actividade prevista no art. 1º nº 1, da Lei de Segurança Interna (ainda que abarcando a defesa da legalidade democrática ou a garantia dos direitos dos cidadãos), desde que levada a cabo pelas forças de segurança, como tal previstas no seu art. 25º, nºs 2 e 3.[36-37]

[34] A Lei nº 1/82, de 30 de Setembro, veio, através do seu art. 203º nº 1, estabelecer que: "*No nº 1 do artigo 272º a expressão 'A Polícia tem por função' é substituída pela expressão 'A polícia tem por funções' e é aditada a expressão 'e garantir a segurança interna' a seguir a 'legalidade democrática'* ".

[35] Neste sentido, Catarina Sarmento e Castro, «*apud*» Jorge Miranda e Rui Medeiros (2007), pág. 662, anot. VIII ao art. 272º.

[36] Este elenco taxativo das forças de segurança resulta do princípio da reserva de lei contido no art. 272º nº 4 da CRP. Estabelece este artigo que: "*A lei fixa o regime das forças de segurança, sendo a organização de cada uma delas única para todo o território nacional*".

[37] Como melhor veremos na subsecção 1.3.2, podemos reconhecer a existência de 3 tipos de polícia: a polícia de segurança; a polícia administrativa «*stricto sensu*» ou especial; e a

Tal como referem J. J. GOMES CANOTILHO e VITAL MOREIRA, não se poderá deixar de conjugar o art. 272º nº 1 da CRP, com o seu art. 273º, cujo conteúdo tende a separar segurança interna e externa, incumbindo esta, não à polícia, mas à defesa nacional, «*rectius*» às Forças Armadas.[38]

1.3.1.3. Defesa dos Direitos dos Cidadãos

Por último, a defesa dos direitos dos cidadãos, consagrada no art. 9º al. b) da CRP, enquanto tarefa fundamental do Estado, em especial da Polícia (art. 272º nº 1 da CRP), tendo por dever garanti-los e fazê-los observar.

Esta referência torna evidente que as funções policiais não se limitam à protecção de bens colectivos, abrangendo também a esfera individual. O Estado obriga-se, pois, a proteger "*bens individuais indispensáveis ao convívio social, como a vida, a integridade física, a liberdade ou o património dos cidadãos.*"[39]

Na esteira dos professores J. J. GOMES CANOTILHO e VITAL MOREIRA, "*trata-se de uma das vertentes da obrigação de protecção pública dos direitos fundamentais*", devendo ser articulada com o direito à segurança previsto no art. 27º nº 1 da CRP. Conforme aludem aqueles autores, encontrando-se o Estado obrigado a proteger os seus cidadãos contra agressões aos seus direitos, esta protecção não só constitui um fim da actividade de polícia, mas também um verdadeiro limite dessa função policial.[40] Assim, na sua função de protecção dos direitos dos cidadãos, deve a polícia evitar violá-los. Este será o limite da sua actuação.

polícia judiciária. Neste sentido, *v.g.*, a ASAE (policia administrativa «*stricto sensu*»), ainda que actue na defesa da legalidade democrática e garantia dos direitos dos cidadãos, ela não participa nas funções de garantia da segurança interna. *Cfr.* o Acórdão do TC, nº 479/ /94, de 07 de Julho, rel. MONTEIRO DINIZ, *in www.tribunalconstitucional.pt/tc/acordaos*, acedido e consultado em 13 de Abril de 2011.

[38] *Cfr.* J. J. GOMES CANOTILHO e VITAL MOREIRA (2010), pág. 859, anot. IV ao art. 272º.

[39] Neste sentido, JORGE MIRANDA e RUI MEDEIROS (2007), pág. 665, anot. IX ao art. 272º.

[40] *Cfr.* J. J. GOMES CANOTILHO e VITAL MOREIRA (2010), pág. 859, anot. V.

Analisando as Leis Orgânicas das várias "Polícias", verificamos que, no âmbito da sua actividade, de forma expressa[41], lhes incumbe assumir tarefas tendentes a assegurar a legalidade democrática, garantir a segurança interna e os direitos dos cidadãos.

1.3.1.4. Manutenção da "ordem pública"

Quando nos reportamos à "ordem pública", ainda que desconheçamos o seu significado, desde logo estabelecemos uma ligação entre a sua manutenção (como sinónimo de ausência de desordem) e a actividade policial.

Não obstante esta estreita ligação, a nossa Constituição de 1976, à semelhança do que havia sucedido noutras ordens jurídicas, não empregou, no artigo «*supra*» mencionado, enquanto função da actividade de polícia, aquela noção tradicional. Esta ausência não impede, no entanto, que, por força do seu art. 16º nº 2, se justifiquem restrições de direitos e liberdades individuais, para satisfação de "*justas exigências da moral, da ordem pública e do bem-estar duma sociedade democrática*", conforme previsto no art. 29º nº 2 da Declaração Universal dos Direitos do Homem (DUDH).[42]

Apesar daquela limitação de direitos e liberdades individuais, manifesta na DUDH, visando, entre outras, a satisfação de "*justas exigências (...) da ordem pública*", a nossa Constituição da República, querendo romper com quaisquer sequelas do regime autoritário precedente, esquivou-se a consagrar, enquanto função de polícia, a manutenção da ordem pública, por causa do excessivo âmbito do conceito e, por isso, do seu eventual aproveitamento em actividades policiais susceptíveis de restringir direitos e liberdades dos cidadãos.

Tradicionalmente, a noção de ordem pública "*abrangia a defesa da tranquilidade (manutenção da ordem na rua, lugares públicos, etc.), da segu-*

[41] *Vide, v.g.*, art. 1º nº 2 da Lei nº 53/2007, de 31 de Agosto (PSP) e art. 1º nº 2 da Lei nº 63//2007, de 6 de Novembro (GNR); ou, de forma indirecta [*v.g.*, arts. 2º, 3º, 4º, 6º, 7º e 8º da Lei nº 37/2008, de 6 de Agosto (PJ)].

[42] De 10 de Dezembro de 1948. Texto oficial português publicado no DR, I Série, nº 57, de 9 de Março de 1978, pág. 489 e sgts.

rança (prevenção de acidentes, defesa contra catástrofes, prevenção de crimes) e da salubridade (águas, alimentos, etc.)."[43] Hodiernamente, consultando a legislação ordinária ulterior à Constituição da República de 1976[44], constatamos que a noção de ordem pública é recolhida nas noções de segurança interna e de polícia de segurança.[45]

Nesta sua função de defesa da ordem pública, enquanto forma de garantia da segurança interna, pode a polícia adoptar as medidas que entender por convenientes, desde que, dada a susceptibilidade de elas virem a restringir direitos e liberdades individuais, se encontrem "*previstas na lei*" e não sejam "*utilizadas para além do estritamente necessário*" (art. 272º nº 2 da CRP), isto é, como decorrência do art. 18º nº 2 da CRP, se encontrem delimitadas por critérios de proporcionalidade em sentido amplo.[46]

1.3.2. Modalidades de Polícia

Tendo em consideração os fins da actividade policial enunciados e perfilhando, na sua essência, a tipologia apresentada por MARCELLO CAETANO[47], podemos reconhecer a existência de uma polícia administrativa «*lato sensu*» (abrangendo a polícia de segurança e as polícias

[43] *Cfr.* J. J. GOMES CANOTILHO e VITAL MOREIRA (2010), pág. 859, nota III. Esta noção tradicional teve origem na doutrina francesa do séc. XIX, onde a polícia municipal comportava a segurança, a tranquilidade e a salubridade pública.

[44] Mais precisamente após a revisão de 1982 (Lei nº 1/82, de 30 de Setembro), momento em que o art. 272º nº 1 passou a consagrar, de forma autónoma, enquanto função de polícia, a garantia da segurança interna.

[45] *Cfr.*, neste sentido, a Lei nº 53/2008, de 29 de Agosto, diploma que aprovou a Lei de Segurança Interna, mais precisamente o seu art. 1º nº 1, onde é referido que: "*A segurança interna é a actividade desenvolvida pelo Estado* (mais precisamente pelas polícias de segurança) *para garantir a ordem, a segurança e a tranquilidade públicas...*" (parêntesis acrescentados por nós). «*Vide*», ainda, arts. 3º nº 1 al. b), 4º e 15º nº 1, da Lei Orgânica da GNR, Lei nº 63/2007, de 6 de Novembro; e arts. 3º nº 2 al. b), 4º e 13º nº 1, da Lei Orgânica da PSP, Lei nº 53/ /2007, de 31 de Agosto.

[46] Aprofundaremos estes requisitos essenciais das medidas de polícia na secção 2.1, intitulada de "*constitucionalidade das medidas de polícia*".

[47] *Cfr.* MARCELLO CAETANO (2008), págs. 1153 e sgts.

administrativas especiais) e de uma polícia judiciária, sendo aplicável a todas elas o art. 272º nº 1 da CRP.

Mas vejamos, de forma sintética, em que consiste cada uma das polícias apontadas.

No que concerne à polícia administrativa em sentido lato, configura-se como uma modalidade de polícia que, actuando sob a direcção da Administração Pública, visa, no caso da polícia de segurança, a "*observância e a defesa da ordem jurídica globalmente considerada, com particular ênfase no domínio da ordem e segurança públicas*" (*v.g.*, PSP e GNR), ou assegurar "*a protecção*" de determinados bens ou interesses sociais, definidos por lei, no caso da polícia administrativa especial (*v.g.*, Autoridade de Segurança Alimentar e Económica (ASAE) ou Comissão do Mercado de Valores Mobiliários (CMVM).[48]

A crescente criação das polícias especiais surge da necessidade de o Estado, na sua tarefa de protecção de interesses sociais, prevenir, fiscalizar e, se necessário, reprimir eventuais violação das leis e normas regulamentares por si criadas e aplicadas.[49]

Quanto à polícia judiciária, actuando sob a dependência funcional das autoridades judiciárias, "*tem por objecto a prevenção dos crimes e a investigação daqueles que, não obstante, forem cometidos, com vista à repressão da criminalidade*".[50]

Partindo da noção apontada, podemos, desde logo, verificar que, não obstante a repressão da criminalidade se arrogar como uma função distintiva deste tipo de polícia, no que tange à sua função de prevenção da criminalidade, não se verifica esse regime de exclusividade, reali-

[48] *Cfr.* Sérvulo Correia (1994), pág. 407.

[49] Função reguladora do Estado.

[50] «*Vide*» João Raposo (2006b), pág. 29. Consultando a Lei nº 37/2008, de 6 de Agosto, constatamos, logo no seu art. 1º, que a Polícia Judiciária é o "*corpo superior de policia criminal organizado hierarquicamente na dependência do Ministério da Justiça*", tendo "*por missão coadjuvar as autoridades judiciárias na investigação, desenvolver e promover as acções de prevenção, detecção e investigação da sua competência ou que lhe sejam cometidas pelas autoridades judiciárias competentes*" (art. 2º nº 1).

zando funções que se inserem no âmbito da polícia administrativa, mais precisamente na sua vertente de polícia de segurança.

1.4. Funções de polícia

1.4.1. Introdução

Constatamos, presentemente, o aumento de criminalidade em diversos domínios, cujo nível de organização e estrutura, e evoluídos meios técnicos, gera uma enorme dificuldade na obtenção de provas, mostrando-se limitados os meios de investigação tradicionais.

Objectivando-se uma sociedade equilibrada e desenvolvida, é essencial um sistema penal e judiciário com credibilidade. Surge, daqui, a necessidade de o Estado munir as entidades responsáveis pela prevenção e investigação de meios eficazes de combate àqueles tipos de criminalidade, capazes não só de os reprimir, mas, mais importante ainda, de os prevenir na sua génese, antecipando mesmo a "*investigação criminal*" à própria notícia do crime, como melhor veremos no nosso estudo.

Esta prevenção da criminalidade na sua fonte, relativamente à repressão do crime já consumado, para além de se revelar financeiramente mais rentável, face a escassos recursos, pontua pela sua eficácia e relevância, assumindo um maior relevo salvar a vida de alguém que a tem em perigo do que perseguir outrem por suspeita de homicídio.

Podemos, assim, descortinar, no âmbito da actividade policial, quer uma função de prevenção dos crimes, quer a de investigação daqueles que escapam às medidas preventivas, tendo como objectivo a repressão da criminalidade. Como veremos «*infra*» no nosso estudo, é, na prática, muito ténue a linha que separa a prevenção criminal, enquanto misto de medidas destinadas a evitar a prática de crimes, da repressão criminal, que vai muito além da mera acepção do termo, abrangendo, para além da proibição ou coibição do crime, uma reacção actual ao seu cometimento.[51]

[51] Esta ténue fronteira entre "*prevenção criminal*" e "*repressão criminal*" é também assinalada, «*et alii*», por DAMIÃO CUNHA (1993), pág. 103.

Deste modo, é frequente a notícia do crime ser adquirida no âmbito de acções de prevenção, envolvendo concomitantemente actos tradicionalmente tidos como de investigação criminal, levando a debater, desde logo, a linha de fronteira entre o que é prevenção criminal e o que já é investigação criminal.

Esta destrinça entre actos de prevenção e de investigação é relevante para determinar qual o regime legal aplicável, direito policial (prevenção) ou processual penal (repressão), as vias de recurso, tribunais administrativos ou judiciais[52] e, ainda, para determinar se a actuação policial está dependente funcionalmente e sob a direcção das autoridades judiciárias.

1.4.2. Prevenção Criminal

Quando nos referimos a actos de prevenção, significa que nos estamos a reportar a actos que visam evitar, acautelar ou impedir algo. No contexto que nos propomos alcançar, prevenir consiste em impedir que um determinado perigo para bens jurídicos se venha a materializar num dano.

Consultando a primeira parte do art. 272º nº 3 da CRP, podemos constatar que incumbe à Polícia a função de prevenir a criminalidade. Nessa sua principal tarefa de luta contra o crime, serão adoptadas as medidas mais adequadas a determinadas infracções criminais, designadamente "*medidas de protecção de pessoas e bens e vigilância de indivíduos e locais suspeitos*".[53]

Não obstante o prescrito naquele preceito constitucional, na prática, em matéria de prevenção criminal, dada a pouca regulamentação, é patente a dificuldade em demarcar os actos de prevenção criminal dos

[52] Estando em causa a tutela de direitos fundamentais, ou de outros direitos ou interesses legalmente protegidos dos cidadãos, fundados em normas administrativas, como é o caso do direito policial, são competentes os tribunais da jurisdição administrativa. «*Vide*» art. 4º do Estatuto dos Tribunais Administrativos e Fiscais, aprovado pela Lei nº 13/2002, de 19 de Fevereiro.

[53] «*Vide*» J. J. Gomes Canotilho e Vital Moreira (2010), pág. 861, anot. VIII.

de investigação, fazendo, estes últimos, já parte da repressão da criminalidade.

Visa a polícia, com esta sua função preventiva, impedir o cometimento de acções delituosas, "*reduzir os factores sócio-económicos gerais e as circunstâncias criminógenas*", precavendo que potenciais vítimas se coloquem em situações ou assumam condutas negligentes, facilitadoras de delitos.[54]

Nesta sua função preventiva, toda e qualquer actuação policial deve observar as regras gerais sobre polícia, variando, por razões de ordem técnica, táctica, estratégica, operacional ou organizativa, consoante o tipo de polícia que executa esses actos. Neste sentido, são de realçar, desde logo, as diversas acções de vigilância e fiscalização ou mera visibilidade dissuasora, levadas a cabo pela polícia, como as diversas acções de sensibilização de potenciais vítimas, persuadindo-as a adoptar medidas de auto-protecção.[55]

Mas, este carácter preventivo não tem necessariamente que se situar a montante da prática de acções delituosas, ou seja, virado para o pré-delito. A jusante da actividade delituosa, a actuação policial célere e eficaz sob o delinquente é uma forma de prevenir novos crimes,

[54] *Cfr.* M. A. Ferreira Antunes (1983, Fev), pág. 72. Entendemos que, no seguimento da máxima popular "*a ocasião faz o ladrão*", a diminuição da criminalidade é directamente proporcional à diminuição das ocasiões propícias à sua prática. Essa diminuição de ocasiões somente se consegue mediante uma constante actividade preventiva.

[55] Nesse âmbito preventivo, a polícia procede à "*fiscalização e vigilância de locais susceptíveis de propiciarem a prática de actos ilícitos criminais*" (art. 4º nº 2 da Lei nº 37/2008, de 06 de Agosto – PJ), onde destacamos, em modo de exemplo, as acções de vigilância em locais de tráfico ou consumo de estupefacientes ou outras substâncias proibidas, de modo a prevenir situações de tráfico e consumo [*cfr.* art. 3º nº 2 al. m) da Lei nº 53/2007, de 31 de Agosto – PSP; ou art. 3º nº 1 al. m) da Lei nº 63/2007, de 06 de Novembro – GNR]. Também as acções de visibilidade dissuasora da criminalidade e de proximidade com os cidadãos, aumentando o seu sentimento de segurança. São também de destacar as mais diversas campanhas de sensibilização e aconselhamento (*v.g.*, destinadas a diminuir a sinistralidade rodoviária ou a diminuir o risco de assalto a residências no caso de os seus residentes se encontrarem de férias – *cfr. www.psp.pt* ou *www.gnr.pt*).

demonstrando não só ao criminoso como à comunidade em geral essa proficiência, desincentivando a prática de novos crimes. O sentimento de impunidade, face à violação das normas essenciais que regem a vivência em sociedade, conduz à prática reiterada desses mesmos actos por parte de quem não receia consequências.[56]

Desde que justificadas pela necessidade de salvaguarda dos direitos, liberdades e garantias dos cidadãos (arts. 18º nº 2 e 272º nº 2 da CRP), as medidas preventivas poderão, ainda, consistir na colheita de informações (*v.g.*, através de vigilância), passíveis de preparar adequadamente uma futura perseguição penal, mesmo antes da concreta suspeita de crime. Esta actuação policial, porque desenvolvida fora do processo penal, não contende com o art. 219º nº 1 da CRP, mas os elementos que comprovem a suspeita da prática de crime devem, em todo o caso, ser de imediato comunicados ao Ministério Público, de modo a serem por aquela autoridade judiciária apreciados, desencadeando, ou não, a abertura formal de um processo penal.[57]

[56] Além da prevenção criminal que resulta de uma actividade policial eficaz, encontramos finalidades preventivas na própria pena aplicável ao agente do crime (teoria dos fins das penas). Na senda das lições do douto professor de Coimbra, FIGUEIREDO DIAS, "*toda a pena serve finalidades exclusivas de prevenção*", seja geral (negativa ou positiva) ou especial. Previne-se, mostrando à comunidade em geral que as normas são eficazes, sendo eficazes os mecanismos da sua aplicação, reforçando-se, assim, a confiança dos cidadãos no ordenamento jurídico-penal (prevenção geral positiva). Por outro lado, essa eficácia tem um efeito intimidatório – ou de desincentivo à prática de novos ilícitos criminais – quer em relação à comunidade em geral (prevenção geral negativa), quer ao próprio criminoso, evitando a sua reincidência e promovendo a ressocialização e reintegração (prevenção especial). *Cfr.* Acórdão do STJ, de 24 de Maio de 2011, proc. 329/08.0TAEVR.S1, rel. PIRES DA GRAÇA, *in www.dgsi.pt*, acedido e consultado em 10 de Outubro de 2011.

[57] Entendemos, no entanto, que, se numa acção de vigilância, a polícia, baseando-se na sua experiência, detecta um indivíduo que se prepara para roubar outro, não deve esperar que esse roubo se consume ou que sejam praticados actos de execução. Neste caso, entendemos que, por razões de prevenção de perigo para o visado, deve a actuação preventiva prevalecer sobre a repressiva, exigindo-se uma intervenção policial imediata. Neste caso, a ameaça ao bem jurídico vida ou integridade física torna decisiva a

Esta última actividade já se encontra mais perto da investigação criminal do que da prevenção, já que não visa, «*de per si*», evitar a prática de crimes, mas proceder à recolha de informações que permitam averiguar se esses crimes foram praticados ou se encontram na iminência de o ser. Tal actividade, que propende para a investigação criminal e contende com direitos, liberdades e garantias dos cidadãos, deve sujeitar-se, forçosamente, ao regime do Direito Processual Penal.

Como se retira da própria acepção do termo "*preventiva*", toda e qualquer acção deste género visará acautelar a prática futura de crimes, devendo incidir sobre perigos efectivos, susceptíveis de resultar posteriormente na prática desses crimes.[58]

Concluímos que a prevenção da criminalidade é uma das funções da polícia, através da qual se visa alcançar a defesa da legalidade democrática, a garantia da segurança interna e dos direitos dos cidadãos. Esta actuação preventiva também se circunscreve nas denominadas medidas de polícia, desenvolvidas «*infra*»[59], devendo, desse modo, obedecer aos princípios da legalidade e proporcionalidade em sentido lato, de maneira a evitar abusos.

1.4.2.1. O Princípio da Oportunidade na Prevenção do Perigo

Se, por um lado, as medidas repressivas devem obedecer ao princípio da legalidade, as medidas preventivas, embora também sujeitas a esse princípio, pautam-se por critérios de oportunidade, incumbindo à polícia a decisão de levar a cabo ou não, em determinado momento, uma acção preventiva. Esta preferência ou prevalência de determinadas acções preventivas, relativamente a outras, deve ser valorada de acordo

intervenção urgente, lançando para um segundo plano a perseguição criminal do culpado.

[58] Esta função é comummente designada por muitos autores como pró-activa. Temos, como exemplo, a vigilância exercida sobre uma manifestação legal e legítima (recolhendo, *v.g.*, informações), de modo a que ela não perca estas suas características de legalidade e legitimidade.

[59] *Cfr.* a nossa secção 2.1, denominada "*constitucionalidade das medidas de polícia*".

com prioridades de política criminal, «*rectius*», com os crimes de prevenção prioritária.[60]

Este princípio da oportunidade, por muitos autores designado por "*discricionariedade regrada*", apesar de não se encontrar positivado, é reconhecido, sobretudo pela doutrina, como um princípio geral da actividade policial, de carácter "instrumental", permitindo, face às circunstâncias do caso concreto, com total "objectividade" e "isenção", adaptar a lei às suas finalidades.[61]

É com base neste princípio da oportunidade que, *v.g.*, todas as pessoas que pretendam assistir a um espectáculo desportivo poderão ser submetidas a revista pessoal de prevenção e segurança, independentemente de qualquer suspeita, visando "*impedir a introdução no recinto desportivo de objectos ou substâncias proibidos, susceptíveis de possibilitar ou gerar actos de violência*"[62]; ou que, no âmbito das denominadas "*operações especiais de prevenção criminal*", previstas no art. 109º do RJAM[63], qualquer pessoa pode ser identificada, sujeita a revista pessoal ou a busca na sua viatura, independentemente da existência de indícios da prática dos crimes previstos no nº 1 do preceito legal mencionado.

[60] «*Vide*», a propósito dos crimes de prevenção prioritária, o art. 2º da Lei nº 72/2015, de 20 de Julho, diploma que veio definir os objetivos, prioridades e orientações de política criminal para o biénio de 2015-2017, em cumprimento da Lei nº 17/2006, de 23 de Maio (Lei-Quadro da Política Criminal).

[61] Para mais esclarecimentos sobre este princípio, *cfr.* M. M. Guedes Valente (2004), págs. 200/213.

[62] *Cfr.* art. 25º da Lei nº 39/2009, de 30 de Julho (*in* DR nº 146, 1ª série, de 30 de Julho de 2009, págs. 4876 e sgts.), diploma que veio estabelecer "*o regime jurídico do combate à violência, ao racismo, à xenofobia e à intolerância nos espectáculos desportivos, de forma a possibilitar a realização dos mesmos com segurança*".

[63] Regime Jurídico das Armas e suas Munições, diploma aprovado pela Lei nº 5/2006, de 23 de Fevereiro, com as alterações entretanto introduzidas pelas Leis nºs: 59/2007, de 4 de Setembro; 17/2009, de 6 de Maio; 26/2010, de 30 de Agosto; 12/2011, de 27 de Abril; e pela Lei nº 50/2013, de 24 de Julho.

1.4.2.2. As Acções de Prevenção Criminal no Ordenamento Jurídico Nacional

Embora as acções de prevenção da criminalidade se assumam como a principal função da polícia, não existe, no nosso ordenamento jurídico, nenhuma lei que regule, de forma geral, a sua utilização. Porque prévias a qualquer processo penal, as acções preventivas não obedecem aos princípios gerais que o regem.

No entanto, enquanto medidas de polícia, devem as acções preventivas estar consagradas na lei (art. 272º nº 2, 1ª parte, da CRP). Como veremos «*infra*»[64], é difícil, ou mesmo impossível, tipificar todas as acções preventivas, já que o perigo pode surgir num dado momento, de forma inesperada. Entendemos, pois, que, face a um perigo para o interesse público, deve ser adoptada uma medida preventiva, ainda que não tipificada, que se mostre necessária, adequada e proporcional (arts. 18º nº 2 e 272º nº 2, 2ª parte, da CRP). Só na observância dos princípios mencionados, se encontrará legitimada uma acção preventiva, limitativa de direitos, liberdades e garantias dos cidadãos (art. 272º nº 3 da CRP).

Não obstante a escassa regulamentação existente em matéria de prevenção criminal, o legislador nacional, retirando da experiência comunitária importantes indicações, adoptou uma Política Criminal, através da Lei nº 17/2006, de 23 de Maio, visando definir "*objectivos, prioridades e orientações*", a prosseguir pelo Ministério Público e pelas autoridades de polícia criminal, em matéria, quer de investigação, quer de prevenção da criminalidade. Esta Lei-Quadro da Política Criminal estabelece, no seu art. 7º, que, incumbe ao Governo apresentar, de 2 em 2 anos, "*proposta de lei sobre os objectivos, prioridades e orientações de política criminal*". Neste sentido, em cumprimento do disposto naquele art. 7º, encontra-se em vigor a Lei nº 72/2015, de 20 de Julho (vigente no biénio de 2015-2017).

[64] Mais precisamente na nossa secção 2.1, referente à constitucionalidade das medidas de polícia.

Esta, logo no seu art. 2º, define, de forma taxativa, um conjunto de crimes de prevenção prioritária, tendo em conta "*a dignidade dos bens jurídicos tutelados e a necessidade de proteger as potenciais vítimas*", bem como os meios utilizados. Neste âmbito, serão desenvolvidos "*programas de segurança comunitária*" e "*planos de policiamento de proximidade*", dirigidos à protecção de potenciais vítimas e ao controlo de fontes de perigo para bens jurídicos (art. 6º).

Os programas de segurança comunitária[65] consistem numa "*parceria*" entre a polícia e os cidadãos[66], visando, através de uma relação de proximidade, confiança, respeito e não discriminação, a resolução conjunta, na sua génese, de problemas que afectam a segurança pública e que, de outra forma, seriam de difícil resolução, tornando a polícia muito mais eficiente e, consequentemente, uma instituição com mais credibilidade e prestígio junto da população.[67]

A integração policial no seio da comunidade revela-se fundamental, sobretudo nas áreas urbanas mais problemáticas, onde um policiamento direccionado permite um conhecimento mais íntimo dos seus problemas e respectivas fontes, e, desta forma, conter de forma estratégica a criminalidade na sua origem.

Para além deste conhecimento mais profundo dos problemas que afectam a comunidade, esta cooperação visível entre a polícia e os cidadãos cria seguramente um maior desconforto junto dos sujeitos cri-

[65] Entre os programas que se inserem no patrulhamento comunitário, destacamos, a adoptar pela PSP: Escola Segura, Apoio 65-Idosos em Segurança, Violência Doméstica, Férias Seguras, Comércio Seguro, Verão Seguro, Abastecimento Seguro e Farmácia Segura.

[66] Esse trabalho em equipa envolve ainda outros parceiros, quer organizações públicas (*v.g.*, as Câmaras Municipais), quer organizações privadas (*v.g.*, empresas de segurança); visando, em conjunto, reduzir a criminalidade e aumentar o sentimento de segurança da população.

[67] Temos, como exemplo, o auxílio prestado na identificação de fontes de risco no interior de bairros problemáticos (*v.g.*, associações criminosas), visando, através da eficiência policial (quer preventiva quer investigatória), tornar melhor o dia-a-dia dessas comunidades.

minosos, que veem a sua actividade ameaçada pela possibilidade de denúncia daqueles que os rodeiam, estando, assim, o seu percurso criminoso cercado pela omnipresença policial/comunitária.

Nesta política cooperativa é necessário, no entanto, que todos os cidadãos consciencializem a importância da sua colaboração na persecução de um objectivo comum, a segurança da comunidade a que pertencem.

Através do recurso ao policiamento de proximidade, visa-se, ainda, por intermédio de campanhas de sensibilização e aconselhamento, diminuir a vulnerabilidade de certas pessoas (*v.g.*, jovens e idosos) a acções criminógenas, induzindo-as a adoptar medidas de auto-protecção.

Enquanto medidas de polícia, as medidas de prevenção têm assento também na Lei de Segurança Interna.[68] Assim, encontramos, ao longo dos seus arts. 28º e 29º, algumas medidas de polícia passíveis de ser realizadas, em sede de prevenção criminal, pelas forças e serviços de segurança previstos nas diversas alíneas do seu art. 25º nº 2.

Essas forças e serviços de segurança assumem e adoptam estas medidas de prevenção nas suas Leis Orgânicas, como é o caso da Polícia Judiciária. Na sua Lei Orgânica[69], mais precisamente no seu art. 4º, vem estabelecido todo um vasto conjunto de acções e diligências tendo como finalidade a prevenção da criminalidade. No âmbito dessas acções preventivas, os poderes conferidos àquela Polícia (vertidos no nº 3 daquele art. 4º) aproximam-se daqueles que lhe são conferidos em matéria de investigação criminal, pelo Código de Processo Penal.[70]

[68] Lei nº 53/2008, de 29 de Agosto.

[69] Lei nº 37/2008, de 6 de Agosto.

[70] No âmbito da prevenção da criminalidade, aquela polícia, para além de ter acesso "*à informação necessária à caracterização, identificação e localização das situações*", pode ainda "*proceder à identificação de pessoas e realizar vigilâncias, se necessário, com recurso a todos os meios e técnicas de registo de som e de imagem*" (em plena observância do art. 6º da Lei nº 5/2002, de 11 de Janeiro), "*bem como a revistas e buscas, nos termos do disposto no Código de Processo Penal e legislação complementar*".

Este facto não é de estranhar, face às especificidades da criminalidade moderna e dos escassos recursos ao dispor da investigação. Seguindo na esteira de ANABELA RODRIGUES[71], face a esta nova criminalidade, não deve o direito penal ser somente um "*ordenamento de liberdade*", limitando os poderes do Estado em prol dos direitos dos cidadãos, devendo ser outrossim um "*ordenamento de segurança*", em nome desses mesmos direitos.[72]

Nesta sua actuação preventiva, o Estado tem, pois, como limite, a esfera dos direitos, liberdades e garantias dos cidadãos, devendo qualquer restrição ser proporcional à segurança que proporciona.

Conforme referido «*supra*», não existe, no nosso ordenamento jurídico, nenhum regime geral das acções de prevenção criminal. Existe, no entanto, um regime jurídico que poderá partilhar alguns princípios com as restantes acções de prevenção da criminalidade, especialmente no que concerne à criminalidade grave: estamos a reportar-nos ao regime jurídico das acções encobertas para fins de prevenção e investigação criminal, aprovado pela Lei nº 101/2001, de 25 de Agosto.[73]

[71] *Cfr.* ANABELA MIRANDA RODRIGUES (2002, Out/Dez), pág. 550.

[72] A Lei Orgânica da Polícia Judiciária é, de entre as das restantes forças e serviços de segurança, aquela que dispõe claramente sobre os poderes a si atribuídos no âmbito das suas competências de prevenção da criminalidade. No que concerne à Lei Orgânica da PSP (Lei nº 53/2007, de 31 de Agosto), apesar das atribuições em matéria de prevenção da criminalidade, art. 3º nº 2 als. c), d), m) e n), não são demarcados os poderes no âmbito dessas atribuições. O mesmo se passa na orgânica da GNR (Lei nº 63/2007, de 6 de Novembro), nomeadamente no seu art. 3º nº 1 als. c), d) e m) e nº 2 als. a), d) e g); ou na orgânica do SEF (Decreto-Lei nº 252/2000, de 16 de Outubro), arts. 9º nº 3, 23º nº 1 e 25º (reforçada essa competência de prevenção no art. 188º nº 2 da Lei nº 23/2007, de 4 de Julho); e, por último, na orgânica do SIS (Lei nº 9/2007, de 19 de Fevereiro), arts. 3º nº 3 e 10º nº 3.

[73] As próprias legislações posteriores fazem referência ao regime anunciado, «*vide*», *v.g.*, a Lei nº 23/2007, de 4 de Julho, diploma que veio aprovar o regime jurídico de entrada, permanência, saída e afastamento de estrangeiros do território nacional, mais precisamente o seu art. 188º nº 2, que refere a possibilidade de o SEF, no âmbito da preven-

Este diploma legal obriga a que a acção seja adequada e proporcional aos fins de prevenção (art. 3º nº 1), tendo em consideração a gravidade dos crimes elencados no seu art. 2º. Face aos valores constitucionais que eventualmente poderão estar em causa com a acção de prevenção, sujeita-a ainda, o legislador, a autorização prévia do juiz de instrução criminal, após proposta do Ministério Público (art. 3º nº 4).[74]

Após analisarmos aquele regime jurídico na sua totalidade, concluímos que ele não prevê qualquer prazo limite para a realização da acção encoberta com finalidades preventivas, prazo esse que poderia, aliás, servir de padrão às restantes acções daquela natureza. Se, por um lado, para fins de investigação criminal, se depreende do art. 3º nº 3 que o prazo limite para a realização da acção encoberta coincide com o prazo limite do próprio inquérito[75], já relativamente às acções encobertas com fins de prevenção criminal a lei é omissa. Tal preterição leva a que certa doutrina considere aquele art. 3º nº 3 inconstitucional, por violação do art. 26º nº 1 da CRP (direito à reserva da intimidade da vida privada e familiar).[76]

ção de *"crimes relacionados com a imigração ilegal em que estejam envolvidas associações criminosas"*, poder recorrer às acções encobertas. Também a Lei do Cibercrime, Lei nº 109/2009, no seu art. 19º, refere essa possibilidade, mas somente no decurso do inquérito.

[74] Acções que se aparentam semelhantes às acções encobertas previstas na Lei nº 101/2001, de 25 de Agosto, são as *"acções encobertas"* levadas a cabo pelo SIS, nos termos do art. 12º da Lei nº 9/2007, de 19 de Fevereiro (orgânica do SIS). Essas acções, que poderão assumir carácter preventivo (art. 3º nº 3), ocorrem à margem de qualquer controlo por parte das autoridades judiciárias, podendo levar a eventuais excessos, com inerente prejuízo para os direitos e interesses legalmente protegidos dos cidadãos.

[75] Estabelece o art. 3º nº 3 da Lei nº 101/2001, de 25 de Agosto, que: *"A realização de uma acção encoberta no âmbito do inquérito depende de prévia autorização do competente magistrado do Ministério Público, sendo obrigatoriamente comunicada ao juiz de instrução e considerando-se a mesma validada se não for proferido despacho de recusa nas setenta e duas horas seguintes"* (sublinhado nosso).

[76] Entre essa doutrina, *cfr.* Paulo Pinto de Albuquerque (2008), § 29 da pág. 660.

Existem ainda outras normas, esparsas por diversos diplomas, que atribuem competência de prevenção à polícia, e às quais iremos fazer referência ao longo do presente estudo. Destacam-se, desde já, as operações especiais de prevenção criminal, levadas a cabo, periodicamente, pelas forças de segurança, nos termos do art. 109º e sgts. da Lei nº 5/2006, de 23 de Fevereiro (diploma que aprovou o novo regime jurídico das armas e suas munições).[77-78]

1.4.3. Investigação Criminal

Distinta da prevenção (mas muitas das vezes ténue a fronteira entre ambas) é a repressão, esta dirigida a um facto que já se suspeita ter acontecido. Após a notícia de determinado crime, segue-se uma actuação repressiva, visando a perseguição penal de quem o cometeu. A todo o conjunto de diligências levadas a cabo no âmbito do processo, tendo em conta aquelas finalidades, designamos de investigação criminal.

Apesar de o já citado art. 272º da CRP não lhe fazer expressa alusão, é também função de polícia, para além da prevenção, a investigação cri-

[77] No âmbito dessas acções especiais de prevenção criminal, poderão as forças de segurança, pelos poderes conferidos naquele art. 109º, proceder à identificação das pessoas (se necessário com condução ao posto policial), à sua revista e a buscas em viaturas, quando haja indícios da prática dos crimes previstos no nº 1 do art. 109º da Lei nº 5/2006. Sobre estes poderes conferidos em matéria de prevenção, iremos ao longo do nosso estudo, sempre que pertinente, compará-los com aqueles que são atribuídos em matéria de investigação criminal, «*rectius*», no âmbito das medidas cautelares e de polícia.

[78] Temos ainda, *v.g.*, as revistas pessoais de prevenção e segurança, levadas a cabo pelas forças de segurança, de modo a evitar a entrada nos recintos desportivos de objectos ou substâncias proibidas (art. 25º nº 3 da Lei nº 39/2009, de 30 de Julho) ou, ainda, as medidas preventivas e de vigilância, designadamente revistas pessoais a educandos internados em centro educativo, destinadas a evitar a introdução ou existência, naquele local, de substâncias ou objectos perigosos ou proibidos [art. 84º nº 1 al. b) do Regulamento Geral e Disciplinar dos Centros Educativos, em apenso ao Decreto-Lei nº 323-D/2000, de 20 de Dezembro e art. 170 al. b) da Lei Tutelar Educativa, Lei nº 166/99, de 14 de Setembro].

minal. É uma manifestação clara do «*Ius Imperii*» do Estado, «*rectius*» da polícia, pela susceptibilidade de contender directamente com os direitos dos cidadãos; justificando-se, no entanto, na garantia desses mesmos direitos, na defesa da legalidade democrática e na garantia da segurança interna (art. 272º nº 1 da CRP).

A investigação criminal inscreve-se nas funções de polícia judiciária e é, em regra, levada a cabo no âmbito do processo criminal, sob a direcção e dependência funcional de uma autoridade judiciária.

Podemos definir a investigação criminal, nos termos do art. 1º da Lei de Organização da Investigação Criminal (LOIC)[79], como o "*conjunto de diligências que, nos termos da lei processual penal, se destinam a averiguar a existência de um crime, determinar os seus agentes e a sua responsabilidade e descobrir e recolher as provas, no âmbito do processo.*"

Esta noção de investigação criminal coincide, quase na íntegra, com a de finalidade do inquérito prevista no art. 262º nº 1 do CPP.[80] Sendo coincidente, podemos afirmar que o inquérito é investigação criminal "*em ordem à decisão sobre a acusação*"; sendo a investigação criminal realizada no âmbito de todo o processo, com primazia na fase de inquérito.

Mas, contrariamente ao que nos sugere a noção proposta, será que não poderá haver investigação criminal fora do "*âmbito do processo*", ou seja, antes de existir um processo-crime?

Dispõe o art. 2º nº 3, da mesma Lei de Organização da Investigação Criminal, que:

> "Os órgãos de polícia criminal, logo que tomem conhecimento de qualquer crime, comunicam o facto ao Ministério Público no mais curto prazo, que não pode exceder 10 dias, sem prejuízo de, no âmbito do despacho de natureza genérica previsto no nº 4 do artigo 270º do Código de Processo Penal, deverem iniciar de imediato a investigação e, em

[79] Lei nº 49/2008, de 27 de Agosto.

[80] Estabelece o art. 262º nº 1 do CPP que: "*O inquérito compreende o conjunto de diligências que visam investigar a existência de um crime, determinar os seus agentes e a responsabilidade deles e descobrir e recolher as provas, em ordem à decisão sobre a acusação*".

todos os casos, praticar os actos cautelares necessários e urgentes para assegurar os meios de prova."

Se entendermos que, pela sistemática do Código de Processo Penal, o processo se inicia com o inquérito (art. 262º e sgts. do CPP), após o conhecimento pelo Ministério Público da notícia do crime (art. 262º nº 2 do CPP), então não será admissível a realização de investigação criminal naquele "*mais curto prazo, que não pode exceder 10 dias*", a que se refere os arts. 243º nº 3 e 245º do CPP, a não ser que exista despacho de competência genérica, ou necessidade e urgência de adoptar uma providência cautelar probatória.

Contudo, como melhor argumentaremos «*infra*»[81], o nosso entendimento propende no sentido de que, verdadeiramente, a primeira fase do processo coincide com a própria notícia do crime, não com a sua posterior aquisição pelo Ministério Público. Assim, mesmo a investigação realizada nesse "*mais curto prazo, que não pode exceder 10 dias*", é já investigação criminal no âmbito do processo, levada a cabo, no entanto, pelos órgãos de polícia criminal, à margem do controlo directo do Ministério Público [art. 219º nº 1, *in fine*, da CRP, arts. 48º e 53º nº 2 al. a) do CPP e art. 2º nº 1, da LOIC].[82]

Tal facto leva-nos a concluir que o prazo de 10 dias, previsto no art. 248º nº 1 do CPP (também nos arts. 243º nº 3 e 245º do CPP e art. 2º nº 3 da LOIC), que poderá mediar entre a notícia do crime e a respectiva comunicação ao titular do exercício da acção penal, «*rectius*», o Ministério Público, vem contra o previsto nos arts. 32º nº 1 e 219º nº 1 da CRP, sendo, pois, inconstitucional. Só uma comunicação imediata da notícia do crime ao Ministério Público legitima a realização posterior de actos de investigação criminal.[83]

[81] *Cfr.* a nossa subsecção 4.2.1, intitulada "*a notícia do crime*".

[82] Aprofundaremos esta questão, declarada como zona de semi-clandestinidade pelo professor PAULO PINTO DE ALBUQUERQUE, na subsecção 4.2.3.

[83] Também temos dúvidas sobre a constitucionalidade das "*averiguações preliminares*", previstas no art. 12º al. u) do Estatuto da Comissão do Mercado de Valores Mobiliários

1.4.4. A Fronteira entre Prevenção e Investigação Criminal

Apesar de constituírem realidades distintas, nem sempre é fácil, na prática, delimitar as medidas preventivas daquelas que já constituem repressão da criminalidade, já que, de um modo geral, as entidades policiais possuem concomitantemente competências, quer de prevenção, quer de repressão da criminalidade. Esse grau de dificuldade aumenta quando a mesma medida assume, como veremos «*infra*», uma dupla função: preventiva e repressiva. Importante se torna traçar um limite intransponível, entre estas duas distintas funções, de modo a evitar a aplicação de regras do Processo Penal à actividade preventiva e vice-versa.

Entendemos que o limite entre prevenção e investigação criminal deve assentar num grau de suspeita, relativamente à prática de um crime, susceptível de dar início a uma investigação ou, nas palavras de CLAUS ROXIN[84], "*uma suspeita justificativa do processo*".

Não é tarefa fácil, no entanto, ajuizar até que ponto uma suspeita será ou não justificativa de um processo. Actualmente, o surgimento de novos tipos de crimes e o aperfeiçoamento de outros leva a que a própria actuação policial saia reforçada, sobretudo no que concerne à actuação preventiva, que, em muitos casos, vai ela própria ao encontro dos primeiros indícios da prática desses crimes, de forma a criar uma «*noticia criminis*» com alguma sustentação.

Assim, não raras vezes, a polícia, no âmbito das suas funções, face à notícia de determinado facto, decide (ou não), com base no princípio

(CMVM) – aprovado pelo Decreto-Lei nº 5/2015, de 8 de Janeiro. Estas compreendem, nos termos do art. 383º nºs 1 e 2 do Código dos Valores Mobiliários (Decreto-Lei nº 486/99, de 13 de Novembro), o "*conjunto de diligências necessárias para apurar a possível existência da notícia de um crime contra o mercado de valores mobiliários ou outros instrumentos financeiros*", após obtido o conhecimento de factos que possam vir a ser qualificados como tal. Julgamos que estas "*averiguações preliminares*", após a notícia de factos susceptíveis de virem a ser qualificados como crime contra o mercado de valores mobiliários ou outros instrumentos financeiros, são já investigação criminal, realizada à margem do controlo directo do Ministério Público.

[84] «*Apud*» JUAN-LUIS GOMEZ COLOMER (1985), pág. 149.

da oportunidade, dar início a uma acção preventiva, de modo a alicerçar as suspeitas de perigo a si chegadas. Perante a evidência de condutas perigosas para bens jurídicos, deve a polícia adoptar as medidas necessárias para evitar que o perigo se materialize em dano efectivo. Diante de um perigo jurídico-penalmente relevante, resultante de uma conduta humana, e, como tal, susceptível de se subsumir num crime de perigo[85], deve ainda, a polícia, recolher informação susceptível de imputar a conduta geradora de perigo ao seu causador, comunicando-a ao Ministério Público para efeitos de instauração de procedimento criminal.[86]

Certo é, no entanto, que, desde a recolha dessa informação (susceptível de desencadear a instauração de procedimento criminal), até à sua comunicação ao Ministério Público, a polícia encontra-se desligada da "*dependência funcional*" das autoridades judiciárias (art. 56º do CPP), actuando no processo em modo de "*pré-inquérito*".[87]

[85] Nos crimes de perigo, diferentemente do que sucede nos denominados crimes de dano ou lesão, o tipo incriminador basta-se com uma actuação criadora de perigo para bens juridicamente protegidos, ainda que esse perigo não se venha a concretizar em lesão. Entre os crimes de perigo, temos que distinguir entre crimes de perigo concreto e abstracto. No que concerne aos primeiros, o legislador descreve a conduta perigosa, autonomizando o resultado típico dela adveniente, isto é, o próprio perigo para os bens jurídicos tutelados (*cfr.*, *v.g.*, o art. 291º do CP). Relativamente aos crimes de perigo abstracto, o legislador presume uma conduta como perigosa para diversos bens jurídicos, não exigindo o perigo como resultado do tipo (*v.g.*, o art. 292º do CP).

[86] Se a polícia adquire a notícia de que, no local X, um grupo de indivíduos se "*associa*" diariamente, por volta das 20h00, com o intuito de praticar crimes (crime de associação criminosa, art. 299º do CP), deve, conforme «*supra*» aludido, em primeiro lugar, evitar que o perigo (abstracto) se concretize num dano efectivo, devendo, ainda, proceder à recolha de informações susceptíveis de imputar aquela conduta típica, perigosa, àqueles associados.

[87] A propósito do pré-inquérito e da sua constitucionalidade, chama-se à colação o Acórdão do TC, nº 7/87, *in* DR, I Série, de 9 de Fevereiro de 1987, que admite essa fase, desde que salvaguardada a liberdade e a segurança dos cidadãos, bem como o respeito pelos direitos fundamentais na obtenção da prova (devendo ser respeitados os valores justificativos da intervenção do juiz).

Nos termos do art. 266º nº 1 da CRP, a polícia, enquanto parte integrante da Administração Pública, "*visa a prossecução do interesse público, no respeito pelos direitos e interesses legalmente protegidos dos cidadãos*", estando toda a sua actividade subordinada à Constituição, à lei e demais princípios orientadores (nº 2 do art. 266º da CRP). No entanto, uma actuação policial não dependente funcionalmente das autoridades judiciárias, desprendida da "*isenção*", "*objectividade*" e "*autonomia face ao poder político*", que caracterizam estas últimas, poderia comprometer todo um conjunto de garantias processuais, destinadas a assegurar os direitos dos cidadãos.

Mas até onde poderá ir a obtenção de informação no âmbito de uma acção de prevenção criminal?

Como já anteriormente referido, enquanto medidas de polícia, as medidas preventivas devem obedecer ao princípio da legalidade[88], devendo, ainda, face à sua finalidade (prevenir perigos para a ordem e a segurança públicas), mostrar-se como necessárias, adequadas e proporcionais (arts. 18º nº 2 e 272º nº 2 da CRP).[89] Perante dois interesses

[88] Estando em causa medidas de polícia restritivas de direitos, liberdades e garantias dos cidadãos, deve essa restrição encontrar previsão legal, desde que essa possibilidade se encontre expressa na Constituição (art. 18º nº 2 da CRP). Do ponto de vista das consequências práticas, não admitir a restrição de direitos, liberdades e garantias dos cidadãos, no âmbito das medidas preventivas, poderia levar a situações intoleráveis. Deste modo, tem entendido a doutrina e a jurisprudência, tendo por base, entre outros, o art. 29º da DUDH, que, ainda que a Constituição não preveja a restrição de direitos, liberdades e garantias, em determinados casos teremos que recorrer às «*autorizações "indirectas ou tácitas" de restrições, às ideias de "limites imanentes", de "limites constitucionais não escritos", de "limites intrínsecos", de "restrições implícitas", de "limites instrumentais"*». Neste sentido, o Acórdão do TC, nº 155/2007, de 2 de Março de 2007, proc. nº 695/06, rel. Gil Galvão, *in www.tribunalconstitucional.pt/tc/acordaos*, acedido e consultado em 30 de Abril de 2011.

[89] Estabelece, aquele art. 18º nº 2 da CRP, a possibilidade de a lei "*restringir os direitos, liberdades e garantias nos casos expressamente previstos na Constituição, devendo as restrições limitar-se ao necessário para salvaguardar outros direitos ou interesses constitucionalmente protegidos*", sendo que, "*(a) prevenção dos crimes, incluindo a dos crimes contra a segurança do Estado, só pode fazer-se com observância das regras gerais sobre polícia e com respeito pelos direitos, liberdades e garantias dos cidadãos*" (art. 272º nº 3 da CRP).

antagónicos, de um lado os fins de prevenção criminal e, do outro, os direitos fundamentais dos cidadãos, deve qualquer intervenção policial ser precedida de um juízo de ponderação, de modo a evitar que a restrição de direitos fundamentais transponha os limites necessários, tendo em consideração os fins por ela visados.

Actualmente, seria impensável, no entanto, face à evolução da sociedade e perante as múltiplas situações de perigo para bens jurídicos, exigir a tipificação de todas as medidas preventivas a adoptar pela polícia. Esta inexequibilidade conduz a uma inevitável margem de discricionariedade da sua parte – nesta matéria –, a exigir um maior controlo e fiscalização por parte das autoridades judiciárias. Este controlo e fiscalização é visível nas medidas cautelares e de polícia (arts. 55º nº 2 e 248º e sgts. do CPP), onde também existe um claro confronto entre interesses adversos, isto é, de um lado os direitos dos cidadãos e, do outro, a necessidade de acautelar meios de prova em risco de se perderem ou deteriorarem.

Assim, ainda que não tipificada na lei, deve toda a actuação policial preventiva encontrar justificação na necessidade e idoneidade para o afastamento de um perigo para determinados bens jurídicos, devendo ainda ser acompanhada de um juízo de ponderação meio-fim, «*id est*», devem os fins justificar os meios empregados.[90]

Neste sentido, a obtenção de informações no âmbito de uma acção de prevenção – realizada por iniciativa própria da polícia –, que comprove a suspeita de um crime por determinado agente, deve ser seguida de imediata comunicação ao Ministério Público. Contudo, nessa sua actividade de "*pré-inquérito*", devem ser garantidos os direitos dos cidadãos, submetendo-a ao controlo das autoridades judiciárias, de forma a obviar eventuais desvios aos critérios «*supra*» anunciados de ponderação e de proporcionalidade, ou, no pior dos cenários, a prática

[90] Ter em consideração que usar como critério a proporcionalidade é sempre um risco, pela susceptibilidade de apreciação subjectiva. Ainda a propósito do princípio da proporcionalidade «*lato sensu*» ou da proibição de excesso, «*vide infra*» a secção 2.1, afecta à constitucionalidade das medidas de polícia.

de factos penalmente relevantes por parte das entidades policiais envolvidas.

Tal garantia dos direitos dos cidadãos não obsta a que a polícia, na sua veste de órgão de polícia criminal, possa e deva, de forma prévia à comunicação, levar a cabo os actos urgentes e necessários destinados a assegurar os meios de prova (medidas cautelares e de polícia), de cuja validação posterior, pela autoridade judiciária competente, fica dependente a sua eventual integração no processo criminal.

O controlo por parte das autoridades judiciárias visará evitar situações como a considerada no Acórdão do TC, nº 334/94[91], entre as quais o crime de corrupção, "*em que o Governo seria ao mesmo tempo interessado, enquanto órgão supremo da Administração Pública, e fiscalizador, enquanto a Polícia Judiciária dele estaria funcionalmente dependente*", pondo em causa os direitos, liberdades e garantias dos cidadãos em prol de "*critérios de oportunidade política do Governo*".[92]

De um modo geral, as entidades policiais às quais são atribuídas funções de investigação criminal detêm, outrossim, funções de prevenção no que concerne às áreas da sua competência, gerando dificuldades de demarcação (dessas funções) e das regras a aplicar. Não poderão, no entanto, as entidades policiais utilizar como pretexto a difícil delimitação para actuar sob a designada "*fraude de etiquetas*", ou

[91] Acórdão Publicado no *Diário da República,* II Série, de 30 de Agosto de 1994, tendo como relator o Sr. Juiz Conselheiro Sousa e Brito (também em *www.tribunalconstitucional.pt/tc/acordaos,* acedido e consultado em 30 de Abril de 2011). Acórdão resultante da fiscalização preventiva da Lei nº 36/94, de 29 de Setembro (diploma sobre medidas de combate à corrupção e criminalidade económica e financeira). Na sua exposição de motivos, destaca-se a necessidade de promover as medidas e potenciar os instrumentos susceptíveis de garantir maior eficácia na prevenção e na repressão dos crimes de que é objecto. O Tribunal Constitucional pronunciou-se sobre a extensão das medidas preventivas alvitradas naquele diploma, visando o combate àquele tipo de criminalidade.

[92] Nos termos do disposto no art. 1º da sua Lei Orgânica (Lei nº 37/2008, de 6 de Agosto), a Polícia Judiciária é o "*corpo superior de polícia criminal organizado hierarquicamente na dependência do Ministro da Justiça e fiscalizado nos termos da lei (...)*"

seja, sob a aparência de estarem a actuar numa acção de prevenção, realizarem diligências de investigação criminal, destinadas a "*averiguar a existência de um crime, determinar os seus agentes e a sua responsabilidade e descobrir e recolher as provas*" (art. 1º da Lei nº 49/2008, de 27 de Agosto).

Estas diligências de investigação realizadas com "vestes" de acções preventivas constituem uma verdadeira "*alienação do fim*"[93], já que realizadas para fins diferentes (investigação criminal) daqueles para que foram concebidas (prevenção de perigos). Tal "*fraude de etiquetas*", enquanto adulteração de princípios e restrição dos direitos processuais do arguido, tem como consequência inevitável a não admissibilidade da prova, eventualmente obtida, no processo penal.

Assumida a importância das acções de prevenção, face aos elevados níveis de organização e tecnologia da criminalidade moderna, torna-se importante legitimar essa actividade policial. Cabe, no entanto, essa tarefa ao legislador, devendo, à semelhança do regime criado para a investigação criminal (Lei de Organização da Investigação Criminal), criar um regime unificado de actuação preventiva, no sentido de aclarar essa actividade, estabelecendo regras claras e limites, susceptíveis de ser conhecidos, quer pelas polícias, quer por todos os cidadãos interessados.

1.4.5. Medidas de Dupla Função

Vimos anteriormente que, apesar de constituírem realidades distintas, nem sempre é fácil delimitar as medidas preventivas daquelas que já constituem repressão da criminalidade. Mais difícil se torna essa distinção quando a própria medida adoptada pela polícia assume, ela própria, concomitantemente essas duas naturezas.

Ao longo do nosso estudo, iremos referir-nos a essas medidas que se assumem, ao mesmo tempo, como preventivas e repressivas. Desde já, para melhor compreendermos esta questão, que se aparenta con-

[93] Designação fornecida em Costa Andrade (2009), pág. 175.

fusa, avançamos com um exemplo que tem que ver com os controlos de identidade. Se, por um lado, a polícia, enquanto actuação preventiva tendente a evitar perigo para bens jurídicos, pode proceder à identificação de pessoas suspeitas, desde que elas se encontrem ou circulem "*em lugar público, aberto ao público ou sujeito a vigilância policial*"[94], pode, ainda, proceder repressivamente, detendo para identificação (art. 250º nº 6 do CPP), em caso de fundada suspeita de um crime já cometido.

Também, enquanto medida destinada a prevenir o perigo, pode a polícia proceder à realização de revistas e buscas (não domiciliárias), de modo a detectar a presença de armas ou outras substâncias perigosas[95]; podendo, ainda, de modo a reprimir a criminalidade, perseguindo o crime, proceder a revistas e buscas (não domiciliárias), havendo fundadas razões para supor que alguém, na iminência de fuga, oculta, na sua pessoa ou no local onde se encontra, objectos relacionados com um crime, aptos a servirem de prova e que de outra forma se poderiam perder [art. 251º nº 1 al. a) do CPP].

Como vimos, é difícil, na prática, a distinção entre medidas preventivas e repressivas, já que, de um modo geral, as entidades policiais detêm-nas concomitantemente no âmbito das suas competências. A dificuldade de demarcação aumenta quando a prevenção se assume como repressiva, com inerente prejuízo para os cidadãos, que, perante a "*troca de etiquetas*", se vêm privados dos direitos e garantias conferidos no processo penal, em concretização do art. 32º da CRP.

Entendemos, por isso, que qualquer medida, seja ela preventiva ou repressiva, tem que ter os seus contornos e finalidades claras, de modo a serem perceptíveis pelos seus destinatários.[96] Neste sentido, é dese-

[94] «*Vide*» art. 28º nº 1 al. a) da Lei nº 53/2008, de 29 de Agosto, diploma que aprovou a Lei de Segurança Interna (*in* DR nº 167, 1ª Série, de 29 de Agosto de 2008, pág. 6135).

[95] *Cfr.* o art. 29º al. a) da Lei nº 53/2008, de 29 de Agosto.

[96] Para uma melhor percepção do exposto, vejamos o seguinte exemplo: a polícia, após mandar parar um indivíduo e após tê-lo submetido a teste do álcool em analisador quali-

jável que o cidadão visado por uma medida policial, tendo em consideração o padrão do "homem médio" diligente, reconheça facilmente, nas circunstâncias em que foi realizada, a sua finalidade; isto é, se ela visa prevenir um dano, potenciado por uma conduta perigosa, ou a investigação de um crime já ocorrido.

1.5. A Polícia no Processo Penal

A análise anteriormente feita ao art. 272º da CRP permitiu-nos reconhecer a existência de uma polícia administrativa «*lato sensu*», abrangendo a polícia de segurança, as polícias administrativas especiais e a polícia judiciária.[97] Mas será que qualquer uma delas poderá agir no âmbito de um Processo Penal, actuando como órgão de polícia criminal?

Consultando o art. 1º do Código de Processo Penal, mais precisamente a sua alínea c), chega-se à conclusão de que são órgãos de polícia criminal: "*todas as entidades e agentes policiais a quem caiba levar a cabo quaisquer actos ordenados por uma autoridade judiciária ou determinados por este Código*".

tativo, determina a sua condução à esquadra sem qualquer esclarecimento adicional; ainda que as ordens orais não sejam, em regra, fundamentadas, o certo é que, perante tal atitude da polícia, fica o indivíduo sem saber se a medida tem natureza preventiva (levada a cabo no âmbito da fiscalização da condução sob influência do álcool – art. 2º nº 2 do Regulamento anexo à Lei nº 18/2007, de 17 de Maio) ou se, por outro lado, tem natureza repressiva (havendo indícios da prática do crime de condução de veículo em estado de embriaguez – art. 292º nº 1 do CP).

[97] *Cfr.* a nossa subsecção 1.3.2, denominada "*Modalidades de Policia*". Embora as polícias de segurança (*v.g.*, a PSP e a GNR) sejam também polícias administrativas, optou-se por separá-las das denominadas polícias administrativas especiais, cujas funções são sobretudo reguladoras [*v.g.*, a Comissão do Mercado de Valores Mobiliários (CMVM) ou a Autoridade de Segurança Alimentar e Económica (ASAE)]. Também a Polícia Judiciária, além da sua função repressiva por excelência, exerce funções de prevenção. Neste âmbito preventivo, exerce funções que se inserem no campo da polícia administrativa, ainda que organizada hierarquicamente na dependência do Ministro da Justiça (art. 1º da Lei nº 37/2008, de 6 de Agosto – diploma que aprovou a orgânica da Polícia Judiciária).

O legislador não manifestou preocupação em delimitar o tipo de polícia. Assim, desde que lhe compita levar a cabo aqueles actos e estejamos perante uma entidade ou agente dessa polícia, estaremos também perante um órgão de polícia criminal.

Para uma melhor compreensão do preceito em análise, consultemos a Lei de Organização da Investigação Criminal, Lei nº 49/2008, de 27 de Agosto. Este diploma, na sua tarefa de *"legalizar"* as diligências investigatórias levadas a cabo no âmbito do Processo Penal, esclarece quem são órgãos de polícia criminal, separando-os em função das suas competências.[98]

Assim, nos termos do art. 3º nº 1 daquele diploma legal, *"são órgãos de polícia criminal de competência genérica"*:

– A Polícia Judiciária (PJ);[99]
– A Guarda Nacional Republicana (GNR);[100]
– A Polícia de Segurança Pública (PSP).[101]

[98] De forma análoga, encontramos no ordenamento jurídico alemão a «*Polizeigesets*» (Lei de Polícia) – em *http://dejure.org/gesetze/PolG*, acedido e consultado em 15 de Maio de 2011 –, que prevê, no seu § 61 (1), quatro tipos de polícia de competência genérica, a saber: «die obersten Landespolizeibehörden» (Polícia federal); «*die Landespolizeibehörden*» (Polícia regional – dos «*Länder*»); «*die Kreispolizeibehörden*» (Polícia municipal); e «*die "Ortspolizeibehörden*» (Polícia local). No § 61 (2) encontram-se previstas outras polícias de competência específica, não abrangidas, no entanto, pelo preceituado naquela lei.

[99] Embora a sua lei Orgânica, Lei nº 37/2008, de 6 de Agosto, não refira expressamente esta qualidade, refere-a indirectamente, quer no art. 4º nº 2, «*in fine*»: "*sem prejuízo das atribuições dos restantes órgãos de polícia criminal*"; quer no art. 24º al. b): "*protocolos de cooperação recíproca e planos de actuação conjunta com os demais órgãos de polícia criminal*".

[100] Consultando a sua Lei Orgânica, Lei nº 63/2007, de 6 de Novembro, designadamente o seu art. 12º nº 1 al. b), podemos constatar que são órgãos de polícia criminal: "*os militares da Guarda incumbidos de realizar quaisquer actos ordenados por autoridade judiciária ou determinados por aquele Código.*"

[101] Estabelece a Lei nº 53/2007, de 31 de Agosto, diploma que aprovou a sua orgânica, no art. 11º nº 1 al. b), que são órgãos de polícia criminal: "*todos os elementos da PSP com funções policiais incumbidos de realizar quaisquer actos ordenados por autoridade judiciária ou determinados por aquele Código*".

Para além destes órgãos de polícia criminal de competência genérica, incluem-se outros, de competência específica, aos quais a lei confere esse estatuto. Teremos assim que considerar:

- Polícia Judiciária Militar (PJM);[102]
- Serviço de Estrangeiros e Fronteiras (SEF);[103]
- Funcionários de Justiça;[104]
- Polícia Marítima;[105]
- A Autoridade de Segurança Alimentar e Económica (ASAE);[106-107]

[102] Apesar de o seu estatuto, aprovado pela Lei nº 97-A/2009, de 3 de Setembro, não o dizer expressamente, na investigação de crimes estritamente militares, a PJM assume-se como órgão de polícia criminal. «*Vide*», *v.g.*, art. 3º nº 2 al. b) e art. 4º nº 3, daquele diploma estatutário.

[103] Nos termos do art. 1º nº 2 do Decreto-Lei nº 252/2000, de 16 de Outubro, "*enquanto órgão de polícia criminal, o SEF actua no processo, nos termos da lei processual penal, sob a direcção e em dependência funcional da autoridade judiciária competente, realizando as acções determinadas e os actos delegados pela referida autoridade.*"

[104] Consultando as alíneas i), j) e l), constantes no Mapa I do Decreto-Lei nº 343/99, de 26 de Agosto – diploma que aprovou o Estatuto dos Funcionários de Justiça –, podemos verificar que compete, quer ao técnico de justiça principal, "*provido em secção de processos dos serviços do Ministério Público*", quer aos técnicos de justiça-adjuntos e auxiliares, "*desempenhar, no âmbito do inquérito, as funções que competem aos órgãos de polícia criminal*".

[105] Estabelece o art. 2º nº 2 do Decreto-Lei nº 248/95, de 21 de Setembro (Estatuto do Pessoal da Polícia Marítima), que: "*O pessoal da PM é considerado órgão de polícia criminal para efeitos de aplicação da legislação processual penal, sendo os inspectores, subinspectores e chefes considerados, no âmbito das suas competências, autoridades de polícia criminal*". Nos termos do art. 15º nº 4 do Decreto-Lei nº 44/2002, de 02 de Março (Autoridade Marítima Nacional), "*os órgãos de comando da PM são autoridades policiais e de polícia criminal*".

[106] No âmbito das suas atribuições, estabelece o art. 15º nº 1 do Decreto-Lei nº 194/2012, de 23 de Agosto, que "*a ASAE detém poderes de autoridade e é órgão de polícia criminal.*" A propósito, não deste mas do art. 15º do revogado Decreto-Lei nº 274/2007, de 30 de Julho, *cfr.* o Acórdão do TRL, nº 358/08.3ECLSB.L1-9, de 25 de Junho de 2009, rel. FÁTIMA MATA-MOUROS (*in www.dgsi.pt*, acedido e consultado em 15 de Maio de 2011). Refere o aresto que o art. 15º, na parte em que confere "*poderes de órgão e autoridade de polícia criminal à ASAE, em conjugação com a atribuição que é feita pelo mesmo diploma de competência para prevenir e reprimir certos crimes, enferma de inconstitucionalidade orgânica*", por violação de reserva de lei da Assembleia da República, no que tange ao regime das forças de segurança [violação do art. 164º al. u) da CRP]. No seu recurso para o Tribunal Constitucional, tendo como

– Inspecção-Geral da Agricultura, do Mar, do Ambiente e do Ordenamento do Território;[108]
– Administração Tributária e a Administração da Segurança Social.[109]

Mas, a par dos órgãos de polícia criminal, o nosso Código de Processo Penal, no seu art. 1º al. d), consagra a existência de autoridades de polícia criminal, expondo, de forma taxativa, as entidades que preenchem a definição, nomeadamente: "*os directores, os oficiais, inspectores e subinspectores de polícia e todos os funcionários policiais a quem as leis respectivas reconhecerem aquela qualificação*".

Em regra, são autoridades de polícia criminal as entidades situadas nos lugares mais elevados das respectivas hierarquias, acrescidas aquelas a quem os estatutos admitem essa qualidade.[110] O legislador, par-

recorrente o Ministério Público, diferente conclusão foi adoptada. No seu Acórdão nº 84/ /2010, de 3 de Março de 2010, Proc. nº 656/09, preferiu aquele Tribunal não incluir a ASAE no regime geral das forças de segurança, mas sim num regime específico, afastando o vício de inconstitucionalidade orgânica das normas supra mencionadas, sustentado no acórdão do Tribunal da Relação de Lisboa.

107 Com a concentração de funções fiscalizadoras, pertencentes a outras direcções-gerais, a Inspecção-Geral das Actividades Económicas (IGAE) dá origem à ASAE (Autoridade de Segurança Alimentar e Económica). Também a IGAE era um órgão de polícia criminal, nos termos do Código de Processo Penal, conforme estabelecia o art. 1º nº 2 do Decreto-Lei nº 46/2004, de 3 de Março.

108 Nos termos dos arts. 2º nº 2 al. g) e 11º do Decreto-Lei nº 23/2012, de 01 de Fevereiro, compete-lhe "*exercer funções próprias de órgão de polícia criminal relativamente aos crimes que se relacionem com o cumprimento da sua missão em matérias de incidência ambiental, sem prejuízo das atribuições de outras entidades*".

109 Refere a Lei 15/2001, de 5 de Junho, diploma que aprovou o Regime Geral das Infracções Tributárias (RGIT), no seu art. 40º nº 2, que: "*aos órgãos da administração tributária e aos da administração da segurança social cabem, durante o inquérito, os poderes e as funções que o Código de Processo Penal atribui aos órgãos de polícia criminal, presumindo-se-lhes delegada a prática de actos que o Ministério Público pode atribuir àqueles órgãos.*

110 Neste sentido, são autoridades de polícia criminal, nos termos supra mencionados, relativamente à *PJ*, os funcionários mencionados no art. 11º nº 1 da Lei nº 37/2008, de 6 de Agosto; na *GNR*, arts. 11º nº 1 e 12º nº 1 al. a) da Lei nº 63/2007, de 6 de Novembro; na *PSP*, arts. 10º nº 1 e 11º nº 1 al. a) da Lei nº 53/2007, de 31 de Agosto; na *PJM*, art. 9º nº 1 da Lei nº 97-A/2009, de 3 de Setembro; no *SEF*, art. 3º nº 1 do Decreto-Lei nº 252/2000,

tindo do pressuposto de que as autoridades de polícia criminal são, dentro da hierarquia policial, elementos com elevados conhecimentos técnicos e jurídicos (o que poderá nem sempre verificar-se), atribui-lhes certas competências, vedadas aos restantes órgãos de polícia criminal, por implicarem uma maior restrição de direitos, liberdades e garantias dos cidadãos. Entre essas competências, destacamos a possibilidade de ordenar uma detenção fora de flagrante delito, por iniciativa própria (art. 257º nº 2 do CPP), ou de emitir mandado de comparência em acto de inquérito (art. 273º nº 1 do CPP).

Se, por um lado, no âmbito do processo penal, autoridades e órgãos de polícia criminal actuam sob a direcção e dependência funcional das autoridades judiciárias (art. 56º do CPP), preocupante se torna o facto de qualquer autoridade de polícia, como tal designada nas respectivas leis orgânicas, poder, como forma preventiva, determinar a aplicação de algumas medidas de polícia, sem qualquer controlo posterior da sua legalidade, por parte da autoridade judiciária competente.

No âmbito das finalidades de segurança interna, destaca-se, desde logo, a possibilidade de qualquer autoridade de polícia poder determinar que se proceda à "*identificação de pessoas suspeitas que se encontrem ou circulem em lugar público, aberto ao público ou sujeito a vigilância policial*", nos termos do disposto no art. 28º nº 1 al. a) da Lei nº 53/2008, de 29 de Agosto (Lei de Segurança Interna).[111]

de 16 de Outubro; na *Polícia Marítima*, art. 2º nº 2 do Decreto-Lei nº 248/95, de 21 de Setembro, e art. 15º nº 4 do Decreto-Lei nº 44/2002, de 02 de Março; na *ASAE*, art. 15º nº 2 do Decreto-Lei nº 194/2012, de 23 de Agosto; e na *Inspecção-Geral da Agricultura, do Mar, do Ambiente e do Ordenamento do Território*, art. 11º nº 2 do Decreto-Lei nº 23/2012, de 01 de Fevereiro; e na *Administração Tributária e Administração da Segurança Social*, art. 41º nºs 1 e 3 da Lei nº 15/2001, de 05 de Junho.

[111] Em regra, os agentes das forças e serviços de segurança só podem levar a cabo esta medida, após determinação da autoridade de polícia (art. 32º nº 1 da LSI). No entanto, "*em casos de urgência e de perigo de demora*", podem os próprios agentes determiná-la, devendo, contudo, comunicá-la de imediato à autoridade de polícia, em ordem à sua confirmação.

O legislador deixa a suspeição sob o critério da própria autoridade de polícia, já que não obriga a comunicação da medida ao juiz (para apreciação e validação), à semelhança do que faz no art. 33º nº 1 da Lei nº 53/2008, relativamente às medidas especiais de polícia, previstas no art. 29º do mesmo diploma legal[112]. Esta discricionariedade revela-se um pouco incompatível – estando em causa a restrição dos mesmos bens jurídicos – com o rigoroso procedimento de identificação de suspeitos da prática de crime, do art. 250º do CPP.[113]

1.5.1. A sua Competência no Código de Processo Penal

Após termos analisado o conceito de órgão de polícia criminal e a quem incumbe essa qualificação, cabe-nos agora perscrutar quais as suas competências no âmbito do processo penal. Neste sentido, estabelece o art. 55º nº 1 do CPP que compete aos órgãos de polícia criminal, de forma genérica, "*coadjuvar as autoridades judiciárias com vista à realização das finalidades do processo*".

Daqui se extrai, desde logo, que os órgãos de polícia criminal não são verdadeiros sujeitos processuais[114], mas "*coadjutores*" ou auxiliares

[112] Agora imagine-se, no que concerne, por exemplo, à PSP, um Sr. Subcomissário acabado de sair do Curso de Formação de Oficiais, ministrado pelo Instituto Superior de Ciências Policiais e de Segurança Interna, que assume, *v.g.*, funções de comando de esquadra numa unidade distrital («*vide*», anexo I, quadro I, do Decreto-Lei nº 243/2015, de 19 de Outubro – estatuto profissional do pessoal com funções policiais da PSP). No entanto, entendemos que o conteúdo funcional da sua categoria, desprovido de experiência profissional e de conhecimentos jurídicos adequados, poderá, aliado à vontade de apresentar serviço (acelerando uma eventual promoção a categoria superior) e mostrar «*auctoritas*» aos seus subalternos, lesar de forma irremediável direitos, liberdades e garantias dos cidadãos, que, sem saberem o porquê, são sujeitos às medidas por si determinadas, medidas estas sem qualquer controlo por parte da autoridade judiciária competente [*v.g.*, o «*supra*» aludido art. 28º nº 1 al. a) da Lei de Segurança Interna].

[113] Aprofundaremos melhor esta incompatibilidade na secção 4.4, intitulada: "*identificação e solicitação de informações*".

[114] Contrariamente ao que sucede com o tribunal, o Ministério Público, o arguido, o seu defensor e o assistente, os órgãos de polícia criminal são considerados sujeitos processuais acessórios. Neste sentido, «*vide*» Figueiredo Dias (1995), pág. 12. Não é correcta a iden-

das autoridades judiciárias [art. 1º al. b) do CPP], a saber, o juiz, o juiz de instrução (art. 288º nº 1 do CPP) e o Ministério Público (art. 263º nº 1 do CPP), salvo no que tange a medidas cautelares e de polícia, bem como de detenção, como teremos oportunidade de desenvolver «*infra*».[115]

Este auxílio às autoridades judiciárias, no seu papel de administradores da justiça penal, afigura-se como um verdadeiro dever que não incumbe somente aos órgãos de polícia criminal, sendo extensível às restantes autoridades estaduais (onde se incluem outras autoridades judiciárias) e prioritário sobre qualquer outro serviço (art. 9º nº 2 do CPP). Estamos perante um afloramento daquele que é um princípio geral de cooperação, art. 202º nº 3 da CRP.[116]

No âmbito desta actuação, como auxiliares das autoridades judiciárias, os órgãos de polícia criminal actuam no processo sob a sua orientação e dependência funcional (arts. 56º e 263º nº 2 do CPP)[117],

tificação dos órgãos de polícia criminal como verdadeiros sujeitos processuais, dado que a sua actividade não é de tal modo relevante que "*sem eles a representação da existência de um processo seria inexequível*". *Cfr.* Beling, «*apud*» M. L. Maia Gonçalves (1999), pág. 180. Considerando os órgãos de polícia criminal como verdadeiros sujeitos processuais, «*vide*» José da Costa Pimenta (1991), pág. 192.

[115] Esta coadjuvação dos OPC à autoridade judiciária, prevista no «*supra*» referido art. 55º nº 1 do CPP, encontra-se ainda prescrita, no que tange ao *MP*, nos arts. 263º nº 2, «*in fine*» e 270º nº 4, e relativamente ao JIC, nos arts. 288º nº 1, *in fine* e 290º nº 2, todos do CPP. Vem ainda mencionada no art. 2º nº 2 da LOIC (Lei de Organização da Investigação Criminal), bem como nas Leis Orgânicas das diversas polícias. Assim, relativamente à *PJ*, arts. 2º nº 1 e 3º da Lei nº 37/2008, de 6 de Agosto; *GNR*, arts. 3º nº 1 al. e) e 12º da Lei nº 63/2007, de 6 de Novembro; *PSP*, arts. 3º nº 2 al. e) e 11º da Lei nº 53/2007, de 31 de Agosto, *PJM*, art. 3º nºs 1 e 2 al. a) da Lei nº 97-A/2009, de 3 de Setembro; e *SEF*, art. 1º nº 2 do Decreto-Lei nº 252/2000, de 16 de Outubro.

[116] «*Opportuno tempore*» atente-se sobre o art. 381º do Código Penal, onde a recusa ou não prestação ilegítima de cooperação à administração da justiça é susceptível de punição com pena de prisão até 1 ano ou multa até 120 dias.

[117] De forma similar, encontramos no direito francês «*la direction du procureur de la République*» e «*la surveillance du procureur général*», respectivamente nos artigos 12 e 38 do «*Code*

sem afectar, no entanto, a organização hierárquica e disciplinar, definida nas leis estatutárias de cada um desses órgãos, nem a sua "*autonomia técnica e táctica*" indispensável ao eficaz exercício das suas atribuições.[118]

Relativamente à dependência funcional, deve ser conseguida através de uma "*rigorosa delimitação de competências entre autoridades judiciárias e as polícias, aquelas dirigindo, estas realizando as tarefas de investigação*", devendo essa relação funcional prosperar num clima de "*coordenação, confiança, desburocratização, simplificação e cooperação, essenciais ao funcionamento do sistema*".[119]

No que concerne à sua autonomia técnica, refere a Lei de Organização da Investigação Criminal, no seu art. 2º nº 6, que assenta na "*utilização de um conjunto de conhecimentos e métodos de agir adequados*" aos fins da investigação criminal. Quanto à autonomia táctica, funda-se "*na escolha do tempo, lugar e modo adequados*" ao cumprimento das suas atribuições legais, tendo em consideração a organização interna de cada polícia e as suas competências.

Mas, a competência dos órgãos de polícia criminal não se esgota na mera coadjuvação das autoridades judiciárias, conforme prevê o art. 55º nº 1 do CPP. Dito de outro modo, a competência dos órgãos de polícia criminal não se esgota na sua forma genérica, competindo-lhes, em especial, a prática de determinados actos que, por razões de necessi-

de Procedure Pénale Français, in www.legifrance.gouv.fr, acedido e consultado em 15 de Maio de 2011.

118 «*Vide*» art. 2º nºs 4, 5 e 6 da Lei nº 49/2008, de 27 de Agosto, diploma que aprovou a Lei de Organização da Investigação Criminal, bem como, relativamente à *PJ*, art. 3º nº 2 da Lei nº 37/2008, de 6 de Agosto; *GNR*, art. 12º nº 2 da Lei nº 63/2007, de 6 de Novembro; *PSP*, art. 11º nº 2 da Lei nº 53/2007, de 31 de Agosto; *PJM*, art. 3º nº 3 da Lei nº 97-A/2009, de 3 de Setembro; *SEF*, art. 1º nº 2 do Decreto-Lei nº 252/2000, de 16 de Outubro; na *Inspecção-Geral da Agricultura, do Mar, do Ambiente e do Ordenamento do Território*, art. 11º nº 1 do Decreto-Lei nº 23/2012, de 01 de Fevereiro.

119 Neste sentido, *cfr.* JORGE DE FIGUEIREDO DIAS (1998), pág. 13; e ANABELA MIRANDA RODRIGUES (2001), pág. 957.

dade e urgência, poderão partir da sua própria iniciativa, mesmo antes da abertura de qualquer inquérito (onde se destacam as medidas cautelares e de polícia previstas no art. 248º e sgts. do CPP).

Esta iniciativa não poderá, ou melhor, não deverá ser confundida com competência própria dos órgãos de polícia criminal no exercício da acção penal, sob pena de se «policializar» o próprio processo. Assim, logo que colhida a notícia do crime e praticados os actos "*necessários*" e "*urgentes*", devem os órgãos de polícia criminal dar conhecimento deles ao Ministério Público, ficando na sua dependência funcional em caso de abertura de inquérito pelos factos transmitidos.[120]

Mas como se manifesta esta dependência funcional dos órgãos de polícia criminal, relativamente à autoridade judiciária?

Um pouco na esteira do professor Paulo Pinto de Albuquerque[121], podemos afirmar que essa dependência funcional manifesta-se, desde logo, na exigência da "*comunicação da notícia do crime no mais curto prazo, que não pode exceder 10 dias*" (arts. 243º nº 3, 245º e 248º do CPP). No que tange às medidas cautelares e de polícia (art. 248º a 252º do CPP), o poder de direcção em que assenta a dependência funcional traduz-se no controlo exercido por intermédio dos relatórios previstos no art. 253º do CPP.

No âmbito das competências delegadas, seja pelo Ministério Público, art. 270º nºs 1 e 3 do CPP, ou pelo juiz de instrução, art. 290º nº 2 do CPP, incumbe aos órgãos de polícia criminal cumprir "*quaisquer diligências e investigações*", sejam elas relativas ao inquérito ou à instrução, conferidas por estas autoridades judiciárias e sob a sua orientação. Este poder de direcção, no que tange às investigações e actos delegados pelas autoridades judiciárias mencionadas, vem previsto na "*Lei de Organização da Investigação Criminal*", mais precisamente no seu art. 2º nºs 1 e 5. Incumbe, ainda, às autoridades judiciárias, fisca-

[120] Conforme alude Maia Gonçalves (1999), pág. 181, anot. 3, "*outra solução seria até inconstitucional*", por violação do art. 219º nº 1 da CRP, não recebendo, ainda, qualquer acolhimento ao nível do direito comparado.

[121] *In* Paulo Pinto de Albuquerque (2008), pág. 166, anot. 7.

lizar o "*andamento e legalidade*" do processo, podendo avocá-lo a qualquer momento (ou somente o acto processual delegado), bem como "*dar instruções específicas sobre a realização de qualquer acto*" (art. 2º nº 7 da Lei nº 49/2008, de 27 de Agosto).[122]

É mister, no entanto, que exista uma relação de proximidade entre as autoridades judiciárias e os órgãos de polícia criminal, de modo a que aquela orientação e fiscalização se possam reflectir eficazmente na descoberta da verdade e na boa decisão da causa, enquanto finalidades do processo penal.

Neste sentido, foi criado o Departamento Central de Investigação e Acção Penal (DCIAP), "*um órgão de coordenação e de direcção da investigação e de prevenção da criminalidade violenta, altamente organizada ou de especial complexidade*"[123], bem como Departamentos de Investigação e Acção Penal (DIAP), na comarca sede de cada distrito judicial[124], bem como em comarcas de elevado volume processual (arts. 46º nº 1, 70º e 71º da Lei nº 47/86, de 15 de Outubro – EMP).[125]

Para este encurtamento de distâncias, entre órgãos de polícia criminal e autoridades judiciárias, muito tem contribuído o conselho coordenador dos órgãos de polícia criminal (art. 13º e sgts. da Lei de Orga-

[122] Esta orientação exercida sobre os órgãos de polícia criminal está bem patente, no que concerne ao Ministério Público, nos arts. 3º nº 1 al. h) e n), 10º al. h), 56º al. e) e 58º nº 1 al. e), todos do seu Estatuto, aprovado pela Lei nº 47/86, de 15 de Outubro.

[123] Instalado em Lisboa, desde 15 de Setembro de 1999, através da Portaria nº 386-B/99, de 25 de Maio.

[124] A Portaria nº 754/99, de 27 de Agosto, declarou a instalação dos Departamentos de Investigação e Acção Penal de Coimbra, Évora, Lisboa e Porto.

[125] A assumida relevância dos Departamentos de Investigação e Acção Penal (DIAPs), enquanto estruturas organizadas do Ministério Público especialmente vocacionadas para um exercício mais eficaz da ação penal, levou a que o Decreto-Lei nº 49/2014, de 27 de Março (Organização e Funcionamento dos Tribunais Judiciais) previsse (em função do volume processual na área das respetivas sedes), a sua criação e instalação em 14 comarcas (Açores, Aveiro, Braga, Coimbra, Évora, Faro, Leiria, Lisboa, Lisboa Norte, Lisboa Oeste, Madeira, Porto, Setúbal e Viseu). Considerando o volume processual global das respetivas circunscrições territoriais, a Portaria nº 162/2014 de 21 de Agosto, veio ainda proceder à criação dos DIAPs do Porto Este, de Santarém e de Viana do Castelo.

nização da Investigação Criminal, LOIC). O conselho coordenador "*é presidido pelos membros do Governo responsáveis pelas áreas da justiça e da administração interna*", fazendo dele parte integrante, além do secretário-geral do Sistema Integrado de Segurança Interna, também os representantes máximos de todos os órgãos de polícia criminal (art. 13º nº 1 da LOIC). Podem, ainda, nele participar, o membro do Governo responsável pela coordenação política da droga, o Presidente do Conselho Superior da Magistratura e o Procurador-Geral da República (art. 13º nºs 4, 5, 6 e 7 da LOIC).

Entre as competências do conselho coordenador, destacamos, no âmbito do nosso estudo, a de "*garantir a adequada coadjuvação das autoridades judiciárias por parte dos órgãos de polícia criminal*" [art. 14º nº 1 al. b) da LOIC], a de "*solicitar ao Procurador-Geral da República a adopção, no âmbito das respectivas competências, das providências que se revelem adequadas a uma eficaz acção de prevenção e investigação criminais*" [alínea d) do mesmo preceito], e de "*definir metodologias de trabalho e acções de gestão que favoreçam uma melhor coordenação e mais eficaz acção dos órgãos de polícia criminal nos diversos níveis hierárquicos*" [alínea f)].

Compete-lhe, ainda, nos termos do art. 14º nº 1 al. a) da LOIC, "*dar orientações genéricas para assegurar a articulação entre os órgãos de polícia criminal*", desde que essas orientações não incidam sobre processos concretos (art. 14º nº 2 da LOIC), sob pena de se estar a por em causa o princípio da separação de poderes (art. 2º da CRP), da autonomia do Ministério Público (art. 219º nº 2 da CRP) e da independência do juiz (art. 203º da CRP).

1.5.2. Delegação de Competências

Já vimos que os órgãos de polícia criminal, enquanto auxiliares das autoridades judiciárias, actuam no processo sob a sua orientação e dependência funcional, sem que isso afecte o seu funcionamento administrativo, a sua estrutura orgânica e a autonomia técnica e táctica no âmbito das suas atribuições.

Embora a actuação policial se deva pautar pela legalidade (art. 266º nº 2 da CRP), estando as suas funções vinculadas a esse princípio (art. 272º nº 1 da CRP), necessária se torna, no entanto, perante a sua dependência face ao poder executivo, a intervenção de uma entidade autónoma como forma de garantir ou repor a legalidade violada. É neste sentido que o Ministério Público, enquanto autoridade judiciária [art. 1º al. b) do CPP], se assume, na fase processual do inquérito, como "*elo de permeio [vermittelndes Band] entre as actividades policial e jurisdicional*".[126]

Não obstante toda a direcção do inquérito impender sobre o Ministério Público (art. 263º do CPP), de que é o «*dominus*»[127], por falta de meios, quer técnicos quer logísticos, e de conhecimentos específicos, não poderá aquele dispensar o auxílio dos órgãos de polícia criminal na delicada tarefa de investigação criminal.

Neste contexto, pode o Ministério Público delegar nos órgãos de polícia criminal actos concretos da sua competência (art. 270º nº 1 do CPP), existindo áreas de criminalidade em que a delegação é efectivada através de "*despacho de natureza genérica*", que identifica quais os tipos de crimes em investigação ou os limites das penas aplicáveis.

Esta delegação de competências do Ministério Público nos órgãos de polícia criminal não importa, no entanto, a sua demissão das funções de prossecutor da acção penal, continuando a incumbir-lhe a direcção do inquérito (art. 263º nº 1 do CPP), actuando, aqueles últimos, sob a sua orientação e na sua dependência funcional (arts. 56º e 263º nº 2 do CPP).

A delegação genérica de competências encontra-se presentemente materializada na Directiva nº 1/2002, emitida pelo Procurador-Geral da República (PGR), e "*a que deve obedecer a actuação dos respectivos magistrados* [art. 12º nº 2 al. b) do Estatuto do MP].[128]

[126] *Cfr.* SAVIGNY, «*apud*» JOSÉ DE FARIA COSTA (1994), pág. 223. Nos termos do art. 2º nº 2 do seu estatuto (Lei nº 47/86, de 15 de Outubro), o Ministério Público encontra-se vinculado a "*critérios de legalidade e objectividade*", de que resultam os deveres de imparcialidade e de objectividade, deveres a ser seguidos, ou pelo menos deveriam ser, em toda a actividade policial.

[127] Assim é tratado no Acórdão do STJ, de 17 de Janeiro de 2007, proc. 06P4597, rel. SOUSA FONTE, *in www.dgsi.pt*, acedido e consultado em 15 de Maio de 2011.

[128] Esta Directiva, publicada no DR nº 79, de 04 de Abril de 2002, veio difundir a Circular nº 6/2002 da PGR, de 11 de Março de 2002 (que por sua vez veio substituir o Despacho do PGR, de 21 de Dezembro de 1987).

Do confronto com aquela Directiva, mais precisamente com o seu ponto II, podemos constatar que existe uma delegação genérica na Polícia Judiciária para a investigação e prática de actos processuais de inquérito, dela advenientes, no que concerne aos crimes da sua competência reservada.[129] Esta transmissão de competências genéricas pode abranger, nos termos do disposto no nº 2 daquele ponto II, os actos permitidos e não excluídos pelo nº 3 do art. 270º do CPP[130], bem como a competência, por parte das autoridades de polícia criminal, previstas no art. 11º nº 1 da Lei nº 37/2008, de 6 de Agosto[131], para ordenar os actos processuais previstos nas alíneas a), b) e c)

[129] A competência reservada da Polícia Judiciária, em matéria de investigação criminal, vem definida na Lei de Organização da Investigação Criminal (Lei nº 49/2008, de 27 de Agosto), mais precisamente no seu art. 7º nºs 2 e 3. O próprio art. 5º da Lei nº 37/2008, de 6 de Agosto, diploma que aprovou a orgânica da Polícia Judiciária, remete para a LOIC as competências da PJ, respeitantes à investigação criminal. Nos termos do ponto III da Directiva nº 1/2002, *cjg.* com o art. 8º nºs 3 e 4 da Lei nº 49/2008, de 27 de Agosto (LOIC), pode o despacho de natureza genérica consagrar a investigação de crimes não previstos na competência reservada da PJ, perante as circunstâncias expostas nas diversas alíneas do nº 2 do art. 8º da LOIC, a saber: "*a) A investigação assuma especial complexidade por força do carácter plurilocalizado das condutas ou da pluralidade dos agentes ou das vítimas; b) Os factos tenham sido cometidos de forma altamente organizada ou assumam carácter transnacional ou dimensão internacional; ou c) A investigação requeira, de modo constante, conhecimentos ou meios de elevada especialidade técnica*".

[130] Nos termos do art. 270º nº 3 do CPP, o Ministério Público pode "*delegar em autoridades de polícia criminal a faculdade de ordenar a efectivação da perícia relativamente a determinados tipos de crime, em caso de urgência ou de perigo na demora, nomeadamente quando a perícia deva ser realizada conjuntamente com o exame de vestígios*". Exclui, porém, o mesmo preceito, a realização de perícia "*que envolva a realização de autópsia médico-legal, bem como a prestação de esclarecimentos complementares e a realização de nova perícia nos termos do artigo 158º*".

[131] De acordo com o art. 11º nº 1 da Lei nº 37/2008, de 6 de Agosto (Lei Orgânica da Polícia Judiciária), "*são autoridades de polícia criminal, nos termos e para os efeitos do Código de Processo Penal: a) Director nacional; b) Directores nacionais-adjuntos; c) Directores das unidades nacionais; d) Directores das unidades territoriais; e) Subdirectores das unidades territoriais; f) Assessores de investigação criminal; g) Coordenadores superiores de investigação criminal; h) Coordenadores de investigação criminal; i) Inspectores-chefes*".

do seu art. 12º nº 1, no âmbito de um despacho de delegação genérica de competência.[132]

Estes actos processuais delegados de forma genérica não escapam à apreciação da legalidade por parte do "*magistrado responsável pelo processo na primeira intervenção que nele tenha*", a qual, tratando-se dos actos processuais previstos nas alíneas a), b) e c) do art. 12º nº 1 da Lei nº 37/2008, de 6 de Agosto (ordenados pelas autoridades de polícia criminal previstas no art. 11º nº 1), deve ocorrer logo após a imediata comunicação da sua prática (art. 12º nº 2).

Parece-nos, no entanto, que o poder de direcção do Ministério Público (art. 263º nº 1 do CPP) em todo o decurso do inquérito, ainda que no âmbito de uma delegação de competências, deve ir muito mais além do que uma mera apreciação da legalidade póstuma. Deve, pois, antes da prática de actos delegados, haver uma análise e esclarecimento aos órgãos de polícia criminal de questões prévias à investigação, clareando, em alguns casos, qual o objecto da investigação. Em todo o caso, aquela autoridade judiciária deve, após delegação de competências e enquanto essa cedência se mantiver, abster-se de praticar, "*no processo ou seu traslado*", actos avulsos de investigação.[133] Na esteira de Souto de Moura, entendemos que o poder de direcção do Ministério Público sobre a actuação dos órgãos de polícia criminal implica, ainda, a responsabilização destes pelo desfecho da investigação, face aos esclarecimentos prévios e objecto por si delineado.[134]

[132] Assim, poderão as autoridades de polícia criminal, mencionadas na nota anterior, no âmbito de despacho de delegação genérica de competência de investigação criminal, ordenar: "*a) A realização de perícias a efectuar por organismos oficiais, salvaguardadas as perícias relativas a questões psiquiátricas, sobre a personalidade e de autópsia médico-legal; b) A realização de revistas e buscas, com excepção das domiciliárias e das realizadas em escritório de advogado, em consultório médico ou em estabelecimento hospitalar ou bancário; c) Apreensões, excepto de correspondência, ou as que tenham lugar em escritório de advogado, em consultório médico ou em estabelecimento hospitalar ou bancário*".

[133] «*Vide*» ponto I, nº 5, da Directiva nº 1/2002 da PGR.

[134] *Cfr.* J. A. Souto de Moura (1988), págs. 101 e sgts.

Vista a delegação genérica no que tange aos crimes da competência reservada da Polícia Judiciária, passemos agora aos crimes não elencados no art. 7º da Lei nº 49/2008, de 27 de Agosto. Conforme estabelecido no ponto IV, nº 1, da já referida Directiva 1/2002, pode ser delegada genericamente nos restantes órgãos de polícia criminal de competência genérica (PSP e GNR), competência para a investigação, bem como para a prática de actos processuais dela derivados, no que concerne aos crimes situados fora do âmbito reservado da Polícia Judiciária ou abrangidos pelo âmbito de competência atribuído pelas respectivas leis orgânicas.

Relativamente a crimes da competência reservada da PJ, previstos no art. 7º nº 3 da Lei nº 49/2008, de 27 de Agosto, pode, o Procurador-geral da República, depois de ouvidos os órgãos de polícia criminal envolvidos, delegá-los noutro órgão de polícia criminal, sempre que tal se afigure como mais adequado ao bom andamento da investigação e verificadas as circunstâncias do art. 8º nº 1 als. a) a d), do mesmo diploma legal.[135]

Ainda nos termos do ponto IV, nº 2, da supra citada Directiva, poderá o Ministério Público delegar genericamente, noutros órgãos de polícia criminal de competência específica, competência para a investigação, designadamente: crimes de natureza fiscal – aduaneiros, não aduaneiros e contra a segurança social [art. 41º do Regime Geral das Infracções Tributárias (RGIT), aprovado pela Lei nº 15/2001, de 05 de Junho]; crimes antieconómicos e contra a saúde pública [art. 13º nº 3 do Decreto-Lei nº 194/2012, de 23 de Agosto, diploma que aprovou a orgânica da Autoridade de Segurança Alimentar e Económica (ASAE)]; e crimes de auxílio à imigração ilegal, associação de auxílio à imigração ilegal, entrada e permanência ilegal, angariação de mão-

[135] Designadamente, quando: "*a) Existam provas simples e evidentes, na acepção do Código de Processo Penal; b) Estejam verificados os pressupostos das formas especiais de processo, nos termos do Código de Processo Penal; c) Se trate de crime sobre o qual incidam orientações sobre a pequena criminalidade, nos termos da Lei de Política Criminal em vigor; ou d) A investigação não exija especial mobilidade de actuação ou meios de elevada especialidade técnica*".

de-obra ilegal e crimes conexos [art. 2º nº 1 als. g) e u) do Decreto-Lei nº 252/2000, de 16 de Outubro, diploma que aprovou a orgânica do Serviço de Estrangeiros e Fronteiras (SEF)].

Concluímos, anteriormente, que também a Polícia Judiciária Militar deveria ser incluída no elenco de órgãos de polícia criminal com competência específica. Desse modo, e não obstante a Directiva nº 1/2002 não o consagrar, será de concluir que também poderá, o Ministério Público, delegar genericamente nas autoridades de polícia criminal militares (art. 9º nº 1 e 10º nº 1 da Lei nº 97-A/2009, de 3 de Setembro), competências de investigação criminal relativamente aos crimes que integram a sua competência, «*id est*», estritamente militares.[136]

Perante crimes de manifesta gravidade, especial complexidade ou actividade territorial dispersa, surge a necessidade de uma direcção da investigação mais concentrada. Assim, nos termos do ponto VI, da Directiva nº 1/2002, poderá haver um deferimento da competência de direcção do inquérito para o Departamento Central de Investigação e Acção Penal (DCIAP).[137]

Mas porque «*nada é eterno, tudo é efémero*», também o não será a delegação genérica de competências. Pode a todo o tempo o Minis-

[136] Assim parece entender o próprio Ministério Público, conforme se poderá depreender da consulta da Circular da Procuradoria-geral da República nº 14/2004, de 26 de Outubro de 2004, onde são delegadas na Polícia Judiciária Militar competências para a investigação e para a prática de actos processuais de inquérito derivados da mesma e que a integrem, relativamente aos crimes da sua competência.

[137] «*Vide*», ainda, art. 47º nº 3 al. b) da Lei nº 47/86, de 15 de Outubro, diploma que veio aprovar o Estatuto do Ministério Público. Esta competência deferida no DCIAP, de direcção do inquérito e exercício da acção penal, coexiste com a competência prevista no nº 1 daquele mesmo art. 47º, relativamente aos crimes aí elencados. A desconcentração de poderes hierárquicos de coordenação, anteriormente centralizados na Procuradoria-Geral da República, compreende, nos termos do despacho de 03 de Novembro de 1999, divulgado a coberto da Circular nº 11/99 daquela Procuradoria-Geral, "*o exame e a execução de formas de articulação com outros departamentos e serviços*" (entre eles os órgãos de polícia criminal, como visto supra), visando uma maior simplificação, racionalização e eficácia dos procedimentos e, consequentemente, da própria direcção da investigação.

tério Público, após delegação genérica de competências de investigação criminal nas autoridades de polícia criminal afectas à PJ, vir condicionar o seu exercício ou avocá-las (arts. 11º nº 1 e 12º nºs 1 e 3 da Lei nº 37/2008, de 6 de Agosto), nos termos do art. 2º nº 7 da Lei de Organização da Investigação Criminal (Lei nº 49/2008, de 27 de Agosto).

Poderá, ainda, o magistrado titular do inquérito, conforme alude o nº 4 do ponto I, da Directiva nº 1/2002, ocorrendo motivos ponderosos, revogar a delegação genérica, anteriormente feita em órgão de polícia criminal, no despacho que recai sobre a notícia do crime, transmitido nos termos do art. 248º do CPP.

1.5.2.1. Considerações Finais

A consulta da «*supra*» mencionada Directiva, nº 1/2002, bem como do art. 12º da Lei nº 37/2008, de 6 de Agosto (orgânica da Polícia Judiciária), leva-nos a concluir que o legislador atribuiu, às autoridades de polícia criminal da Polícia Judiciária (art. 11º da LOPJ), poderes para, no decurso do inquérito, ordenarem aos seus funcionários a prática de determinados actos, poderes antes conferidos às autoridades judiciárias, equiparando-as a verdadeiros sujeitos processuais.[138]

A possibilidade de o Ministério Público delegar genericamente competências de investigação criminal nos órgãos de polícia criminal, na esteira de GERMANO MARQUES DA SILVA, vem deturpar a lógica que

[138] Da consulta daquele art. 12º da LOPJ, podemos concluir que compete às autoridades de polícia criminal da Polícia Judiciária (art. 11º), no âmbito de despacho de delegação genérica de competência de investigação criminal, ordenar aos funcionários sob a sua hierarquia: a realização de perícias [al. a)], não se aplicando o art. 270º nº 3 do CPP; a realização de revistas e buscas [al. b)], para além dos arts. 174º nºs 3 e 4 e 251º nº 1 al. a) do CPP; bem como de apreensões [al. c)], não circunscritas nos arts. 178º nº 4 e 249º nº 2 al. c) do CPP. Não obstante escaparem aos estreitos requisitos previstos no Código de Processo Penal, devem, no entanto, os actos mencionados, previamente ordenados pela autoridade de polícia criminal, obedecer, de forma subsidiária, à tramitação prevista naquele diploma legal (nº 2 daquele art. 12º).

norteou a elaboração do Código de Processo Penal, levando à «*policialização*» da fase de inquérito, e a que, na maioria das vezes, o próprio Ministério Público só tenha contacto com o inquérito quando a polícia o considera da sua parte concluído.[139]

Nas palavras de DAMIÃO DA CUNHA[140], cabe ao Ministério Público um papel de "*mero depositário*" dos actos praticados pela polícia, decidindo, com base na sua actividade, o futuro do caso investigado. Esta «policialização» do inquérito poderá desencadear um "*dominó punitivo altamente perverso*".[141]

Deste modo, ao Ministério Público – a quem incumbe, no âmbito do inquérito, praticar os actos e assegurar os meios de prova necessários à confirmação da existência de um crime, determinar os seus agentes e a sua responsabilidade, em ordem à decisão sobre a acusação (art. 262º nº 1, «*ex vi*» art. 267º do CPP) – incumbirá, face à delegação de competências anunciada, sobretudo a função de fiscalização da actividade policial, sendo patente o seu afastamento da actividade investigatória, um pouco em colisão com o previsto no art. 219º nº 1 da CRP. Este preceito constitucional estabelece a competência desta magistratura para o exercício da acção penal, orientada pelo princípio da lega-

[139] *Cfr.* GERMANO MARQUES DA SILVA (1990), pág. 134.

[140] *In*, J. M. DAMIÃO CUNHA (1993), pág. 69.

[141] Num "*retrato propositadamente exagerado*", como o designa RUI PEREIRA, ao abrigo de uma delegação de competências, são os órgãos de polícia criminal que realizam todos os actos de inquérito, tendendo o Ministério Público a concordar com todos os meios de obtenção de prova ou medidas de coacção propostas. No que concerne ao juiz, desconhecedor do inquérito, tenderá a deferir o que lhe for requerido pelo Ministério Público. Sendo deduzida acusação pelo Ministério Público, com base em indícios suficientes (art. 283º nºs 1 e 2 do CPP), ainda que requerida a instrução pelo arguido [art. 287º nº 1 al. a) do CPP], o juiz, tendo dúvidas, transportá-las-á para a fase de julgamento, proferindo despacho de pronúncia, art. 308º nº 1 do CPP (despacho este que se concordante com a acusação é irrecorrível, art. 310º nº 1 do CPP). Já em julgamento, o juiz, face aos fortes indícios, patenteados tanto na acusação como na pronúncia, "poderá *presumir culpado o arguido, invertendo o princípio da presunção da inocência*". *Cfr.* RUI PEREIRA (2006), pág. 229.

lidade, bem como para participar na execução da política criminal, obrigando, assim, a uma presença activa ao longo do inquérito.

Esta emancipação das polícias no âmbito do inquérito, «*rectius*», na investigação criminal, reconhece-se, no entanto, como necessária, pelo seu crescente nível de conhecimentos e meios técnicos; visando, ao mesmo tempo, uma cooperação entre o Ministério Público e os órgãos de polícia criminal "*desformalizada*" e "*desburocratizada*", tornando, consequentemente, o inquérito mais célere. Ainda assim, não pode, nunca, o Ministério Público, alhear-se das funções e poderes legalmente conferidos, mormente a responsabilidade pelo controlo da actividade policial investigatória.[142]

[142] Para mais desenvolvimento sobre o tema, «*vide*» ANABELA MIRANDA RODRIGUES (1998), *in* nota, pág. 70.

Capítulo 2
Medidas Cautelares e de Polícia

2.1. Constitucionalidade das Medidas de Polícia

Em fase anterior do nosso estudo[143], concluímos que o art. 272º nº 1 da CRP atribui uma pluralidade de competências à polícia, sendo aplicável a todos os tipos, nomeadamente, polícia administrativa especial, de segurança e judiciária.[144]

No que concerne aos órgãos de polícia criminal, vimos que não existe uma preocupação, por parte do legislador, em circunscrevê-los num daqueles tipos de polícia. Assim, independentemente do tipo de polícia, nos termos do art. 1º al. c) do CPP, desde que impenda sobre qualquer agente que a compõe, "*levar a cabo quaisquer actos ordenados por uma autoridade judiciária*" ou determinados por aquela lei, estamos perante um órgão de polícia criminal. Desse modo, também o art. 272º nº 2 da CRP, que estabelece dois princípios materiais intrínsecos às

[143] *Cfr.* a subsecção 1.3.2, relativa aos tipos de polícia abrangidos pelo art. 272º nº 1 da CRP.

[144] Embora as polícias de segurança (*v.g.*, a PSP e a GNR) sejam também polícias administrativas, optou-se por separá-las das denominadas polícias administrativas especiais, cujas funções são sobretudo reguladoras de um determinado sector de actividade [*v.g.*, a Comissão do Mercado de Valores Mobiliários (CMVM) ou a Autoridade de Segurança Alimentar e Económica (ASAE)].

medidas de polícia, será aplicável aos órgãos de polícia criminal, legitimando a previsão normativa compreendida no já aludido art. 55º nº 2 do CPP e, consequentemente, das medidas previstas nos arts. 248º a 253º do CPP.

Assim, de acordo com o art. 272º nº 1 da CRP, na sua função de defesa da legalidade democrática, garantia da segurança interna e defesa dos direitos dos cidadãos, poderá a polícia adoptar as medidas "*previstas na lei, não devendo ser utilizadas para além do estritamente necessário*" (art. 272º nº 2 da CRP).

Como já se deixou transparecer, podemos entender as medidas de polícia, «*mesures de police*» ou «*polizeiliche Massnahmen*», como medidas destinadas a prevenir um "*perigo agudo de criminalidade*".[145] Assentam numa antevisão desse perigo, de forma a afastá-lo ou minimizá-lo, protegendo, desse modo, o interesse social.

Na esteira do professor MARCELLO CAETANO, aquelas medidas:

> "*São providências limitativas da liberdade de certa pessoa ou do direito de propriedade de determinada entidade, aplicadas pelas autoridades administrativas independentemente da verificação de transgressão ou contravenção ou da produção de outro acto concretamente delituoso, com o fim de evitar a produção de danos sociais cuja prevenção caiba no âmbito das atribuições da polícia*».[146]

Encontra-se patente na primeira parte daquele nº 2 do art. 272º, o princípio da legalidade, no que concerne às medidas de polícia. O professor SÉRVULO CORREIA, nas suas "Noções de Direito Administrativo", de 1982[147], entende que o art. 272º nº 2 da CRP, ao referir que "*as medidas de polícia são as previstas na lei*", está-se a referir à competência dos órgãos e agentes da administração pública para aplicar aquelas medidas. Acrescenta, ainda, que um entendimento conducente a concluir pela taxatividade das medidas de polícia "*iria contra a realidade das coisas*",

[145] *In*, CAVALEIRO DE FERREIRA (1989), pág. 62, distinguido as medidas de polícia das medidas de segurança.

[146] «*Vide*» MARCELLO CAETANO (2008), pág. 1170.

[147] *Cfr.* JOSÉ M. SÉRVULO CORREIA (1982), pág. 247.

já que a tipificação de todas as medidas de polícia condicionaria a própria actuação da administração, na prevenção de todos os perigos para os interesses públicos.[148]

Ainda segundo o autor mencionado, a actuação dos órgãos e agentes da administração pública, no exercício das suas competências, devia aproximar-se da paradigmática "*cláusula geral de polícia*"[149], segundo a qual, os serviços de polícia deveriam adoptar, "*no quadro das leis em vigor*", as medidas entendidas como essenciais para afastar perigos de ameaça para a segurança e ordem públicas.

Já GOMES CANOTILHO e VITAL MOREIRA entendem que aquela exigência de previsão legal significa uma actuação da Administração, na sua vertente de polícia, alicerçada na lei, devendo esta prever todas as medidas ou procedimentos individualizados, definindo o seu conteúdo, independentemente da natureza das medidas adoptadas.[150]

Entendem, pois, aqueles autores, que qualquer actividade da Administração, ainda que compreendida nas medidas de polícia, será proibida sempre que a sua previsão não esteja contemplada na lei.

É certo que existem perigos para interesses públicos que surgem de forma inesperada e cuja tentativa de afastamento ou minimização poderá conceber uma propensão de escape à tipicidade normativa das medidas de polícia. No entanto, dada a colisão destas medidas com direitos fundamentais, entendemos que só em casos de extrema necessidade e urgência se justificará aquele escape normativo; e, desde que, a medida adoptada se mostre adequada, e o benefício dela retirado seja manifestamente superior ao sacrifício imposto nos direitos fundamentais dos cidadãos por ela visados.[151]

[148] *In*, JORGE MIRANDA e RUI MEDEIROS (2007), pág. 666, nota 11, al. a).

[149] Enunciação constante do § 14 da Lei Prussiana sobre Polícia Administrativa, de 1 de Junho de 1931.

[150] «*Vide*» J. J. GOMES CANOTILHO e VITAL MOREIRA (2010), pág. 860, nota VI.

[151] A propósito deste escape normativo e da necessidade de recorrer, em determinados casos, às «*autorizações "indirectas ou tácitas" de restrições*» e às «*restrições implícitas*», *cfr. supra* a nossa nota 88.

Ainda no nº 2, daquele mesmo art. 272º, encontra-se consagrado que as medidas de polícia não devem "*ser utilizadas para além do estritamente necessário*".

Encontra-se, aqui, patente outro princípio material, corolário do art. 18º nº 2 da CRP, o da proporcionalidade «*lato sensu*» ou da proibição de excesso, na sua tríplice condição de necessidade, adequação e proporcionalidade «*stricto sensu*».

Significa que qualquer medida de polícia deve apresentar-se como adequada ao afastamento ou minimização de um perigo para o interesse público. Havendo várias medidas adequadas, a medida adoptada deve mostrar-se como necessária àquele fim. Assim, se o perigo puder ser afastado por intermédio de uma medida menos gravosa para os direitos fundamentais, ela perde o requisito da necessidade. Ainda que adequada e, de entre as adequadas, a menos gravosa, a medida deve ser proporcional, isto é, deve o benefício retirado com a sua adopção ser equivalente ou superior (nunca inferior) ao sacrifício imposto aos direitos fundamentais dos cidadãos.

Como já tivemos oportunidade de referir, as dependências enunciadas reportam-se a todas as medidas de polícia. Traçada uma análise geral, iremos dedicar-nos, em especial, àquelas que nos interessam no âmbito do nosso estudo, designadamente as medidas previstas nos arts. 248º a 253º do CPP, cuja competência é conferida pelo art. 55º nº 2 do mesmo diploma legal.

2.1.1. Manifestação do Princípio da Tipicidade nas Medidas de Polícia

Não parece haver hesitações, quer por parte da doutrina, quer da jurisprudência, em afirmar que, actualmente, perante a exigência expressa no art. 272º nº 2 da CRP, toda e qualquer actividade da Administração, ainda que enquadrada no âmbito das medidas de polícia, será proibida sempre que a sua previsão não se ache contemplada na lei.[152]

[152] Embora tenhamos admitido anteriormente, e continuemos a admitir, que, em casos de necessidade e urgência, estando em causa o interesse público, se possa justificar um escape

Este é um corolário do princípio da legalidade consignado no art. 266º nº 2 da CRP, aplicável à Administração Pública, onde se inclui a polícia.

Outro não poderia ser o entendimento, dado o carácter por vezes agressivo destas medidas na esfera jurídica dos cidadãos. Só uma intervenção ponderada do legislador permite intervenções legítimas, que vão além da mera necessidade de alcançar as finalidades previstas no art. 272º nº 1 da CRP. Só uma actuação com contornos tipificados permitirá obviar os excessos e assegurará uma defesa eficaz por parte dos cidadãos visados.

Tendo em consideração o exposto, como resultado da tipicidade das medidas de polícia, vejamos alguns modelos de actuação policial consagrados na nossa legislação infra-constitucional.

Desde logo, a Lei de Segurança Interna (LSI), aprovada pela Lei nº 53/2008, de 29 de Agosto, no seu art. 2º nº 2, vem reiterar o conteúdo do art. 272º nº 2 da CRP, submetendo necessariamente as medidas de polícia – levadas a cabo pelas forças e serviços de segurança, previstas no art. 25º nº 2 da LSI, designadamente: a Guarda Nacional Republicana (GNR); a Polícia de Segurança Pública (PSP); a Polícia Judiciária (PJ); o Serviço de Estrangeiros e Fronteiras (SEF), e o Serviço de Informações de Segurança (SIS); – aos princípios da legalidade e da proporcionalidade em sentido amplo.[153]

normativo das medidas de polícia; desde que a medida adoptada se mostre adequada, e o benefício dela retirado seja manifestamente superior aos direitos fundamentais restringidos.

[153] As próprias leis orgânicas das forças e serviços de segurança reiteram essa exigência de previsão legal das medidas de polícia. *V.g.*, no que concerne à GNR, estabelece o art. 14º nº 1 da Lei nº 63/2007, de 6 de Novembro, que, no "*âmbito das suas atribuições, a Guarda utiliza as medidas de polícia legalmente previstas e nas condições e termos da Constituição e da lei de segurança interna*", estando a sua aplicação, nos termos do art. 11º nº 2, dependente de determinação por parte das autoridades de polícia referidas no nº 1. Relativamente à *PSP*, encontramos no art. 10º nºs 1 e 2 e art. 12º nº 1 da Lei nº 53/2007, de 31 de Agosto, «*ipsis verbis*» o conteúdo das normas anteriormente referidas para a GNR.

No Capítulo V da LSI, mais precisamente nos seus arts. 28º e 29º, encontram-se previstas as medidas de polícia, medidas às quais o legislador submete as finalidades previstas no art. 1º nº 3, daquele diploma legal.[154]

Naqueles arts. 28º e 29º, encontramos, respectivamente, medidas de polícia de carácter geral e especial. Se, por um lado, as primeiras ficam na exclusiva disponibilidade das autoridades de polícia[155], dispensando qualquer intervenção anterior ou posterior das autoridades judiciárias; as segundas, por seu turno, uma vez adoptadas (sem autorização prévia), necessitam, sob pena da sua nulidade (e consequente inutilização em processo penal), de ser comunicadas no mais curto prazo, que não pode exceder as 48 horas, ao juiz de instrução do local onde tiver sido aplicada a medida, em ordem à sua apreciação e validação, no prazo máximo de 8 dias (art. 33º da LSI).

2.1.2. Medidas de Polícia e Uso de Meios Coercivos

Conforme visto anteriormente, no âmbito da actividade policial existem actos materiais com maior probabilidade de convergir com a esfera jurídica dos cidadãos, entre os quais, as aludidas "*medidas especiais de polícia*", em particular o uso de meios coercivos (*v.g.*, utilização da força, emprego de armas).

Não obstante este carácter lesivo para bens jurídicos, quer pessoais, quer materiais, a nossa Constituição da República somente faz alusão às medidas de polícia, omitindo qualquer referência ao uso de meios coercivos. Embora as medidas de polícia tenham por vezes de ser impostas através do uso da força, esta actividade coactiva constitui um campo restrito no âmbito dessas medidas.[156]

[154] Estabelece o art. 1º nº 3, da Lei de Segurança Interna, que as medidas previstas naquele diploma legal visam "*proteger a vida e a integridade das pessoas, a paz pública e a ordem democrática, designadamente contra o terrorismo, a criminalidade violenta ou altamente organizada, a sabotagem e a espionagem, a prevenir e reagir a acidentes graves ou catástrofes, a defender o ambiente e a preservar a saúde pública.*"

[155] Sobre as autoridades de polícia criminal, *cfr.* a nossa secção 1.5.

[156] Neste sentido, J. J. Gomes Canotilho e Vital Moreira (2010), pág. 862, anot. XI.

Neste sentido, é pertinente a distinção apresentada por João Raposo[157], no quadro da actuação policial, entre aplicação de medidas de polícia e uso de meios coercivos; estes últimos, específicos dos poderes de polícia, relativamente às restantes autoridades administrativas. O uso de meios coercivos, segundo aquele autor, destina-se a efectivar o princípio da autoridade, sempre que outros meios menos lesivos se mostrem ineficazes.

Apesar de a CRP não destacar, de entre as medidas de polícia, o uso de meios coercivos, podemos encontrar, na legislação ordinária, um tratamento diferenciado. Desde logo, a Lei de Segurança Interna (Lei nº 53/2008, de 29 de Agosto), após descrever as medidas de polícia nos seus arts. 28º e 29º, refere, no seu art. 34º, que os agentes das forças e serviços de segurança só podem utilizar meios coercivos em caso de legitima defesa, própria ou de terceiros, bem como para "*vencer a resistência à execução de um serviço, no exercício das suas funções, depois de ter feito aos resistentes intimação formal de obediência e esgotados os outros meios para o conseguir*". Nos termos do nº 2 daquele mesmo art. 34º, a utilização de armas de fogo e explosivos pelas mesmas forças e serviços de segurança, dada a sua potencialidade letal, é regulada autonomamente.[158]

Também as Leis Orgânicas da GNR (Lei nº 63/2007, de 6 de Novembro) e da PSP (Lei nº 53/2007, de 31 de Agosto), respectivamente nos seus arts. 14º nº 1 e 12º nº 1, diferenciam as medidas de polícia do uso de meios coercivos, sujeitando estes últimos também ao princípio da proporcionalidade «*lato sensu*» ou da proibição de excesso, na sua tríplice condição de necessidade, adequação e proporcionalidade «*stricto sensu*».

Da consulta dos diplomas referidos, é manifesta a preocupação do legislador ordinário em restringir a utilização de meios coercivos, já que, relativamente às demais medidas de polícia, são susceptíveis

[157] *Cfr.* João Raposo [2006a)], pág. 701.

[158] *Cfr.* Decreto-Lei nº 457/99, de 05 de Novembro, que regula o recurso a armas de fogo em acção policial.

de convergir de forma mais intensa com a esfera jurídica dos cidadãos. Embora os meios coercivos encontrem limites, tal como as demais medidas de polícia, no princípio da dignidade da pessoa humana e no respeito pelos direitos fundamentais dos cidadãos – devendo qualquer restrição destes direitos encontrar acolhimento legal e revelar-se proporcional aos seus fins –, o legislador ordinário faz questão de reforçar estas exigências, estando em causa uma intervenção pela força.[159]

2.2. Medidas Cautelares no Processo Penal

Vimos, anteriormente, que não obstante os actos praticados pelos órgãos de polícia criminal, no âmbito do processo penal, a sua actividade não se revela de tal modo relevante que possam ser entendidos como verdadeiros sujeitos processuais. A própria lei (art. 55º nº 1 do

[159] Esse reforço do legislador é tanto maior quanto mais ofensivos forem os meios coercivos. Estando em causa a "*utilização de um dos instrumentos mais sensíveis da força, a arma de fogo*", o legislador não se bastou pelo balizamento da intervenção através de princípios. Da consulta do já aludido Decreto-Lei nº 457/99, de 5 de Novembro, podemos concluir que o legislador regulou, de forma autónoma, o recurso às armas de fogo, estabelecendo todo um conjunto de pressupostos e procedimentos de utilização. Estando em causa meios coercivos de baixa potencialidade letal, o legislador não foi tão rigoroso, bastando-se com um reforço dos princípios gerais, previstos para as demais medidas de polícia. Assim, têm sido as próprias polícias a gerir e uniformizar a utilização destes meios coercivos. No que concerne à PSP, a preocupação no uso de meios coercivos pelo pessoal com funções policiais é manifesta na Norma de Execução Permanente (NEP) emitida pela sua Direcção Nacional, em 01 de Julho de 2004, sob a Referência OPSEG/DEPO//01/05. Visa aquela NEP estabelecer limites ao uso de meios coercivos, sejam eles de baixa potencialidade letal (o seu uso razoável é insusceptível de provocar a morte – técnicas de restrição ou impacto, algemas, gases neutralizantes, armas eléctricas, bastão ou munições menos letais, dispositivos «*flash bang*», canhões de água, canídeos ou sistemas de imobilização de veículos em fuga) ou de elevada potencialidade letal (susceptíveis de poderem resultar em morte ou lesões físicas graves de carácter permanente). Visa, ainda, esta NEP, fornecer um esclarecimento e uniformização das regras procedimentais atinentes ao recurso e utilização de armas de fogo, previstas no Decreto-Lei nº 457/99, de 05 de Novembro.

CPP) atribui-lhes o estatuto de "*coadjutores*" das autoridades judiciárias, ressalvando, no entanto, a possibilidade de actuarem, por sua iniciativa, na recolha da notícia dos crimes, no impedimento, sempre que possível, das suas consequências, na descoberta dos seus agentes, bem como na prática dos actos necessários e urgentes, destinados a assegurar meios de prova (art. 55º nº 2 do CPP).

Ao referirmo-nos a estes últimos actos, realizados pelos órgãos de polícia criminal, por sua própria iniciativa, com o intuito de assegurar a incolumidade dos meios de prova, entramos no âmbito das "*medidas cautelares e de polícia*", terminologia adoptada pelo nosso CPP.

É manifesto o rigor do legislador processual penal na locução epigráfica utilizada naquele capítulo II, sito no Título I do Livro IV, em referir expressamente "*medidas cautelares e de polícia*", e não "*da polícia*". Pretende, com a preposição "*de*", dados os tipos de polícia indicados «*supra*» (aquando da análise do art. 272º nº 1 da CRP), reportar-se somente à polícia no âmbito do processo penal, «*rectius*» aos órgãos de polícia criminal.

Da acepção do vocábulo "*cautelar*", como melhor se desenvolverá «*infra*», retiramos que são medidas destinadas a prevenir algo, «*in casu*», situações de perigo criminal; bem como, em caso de necessidade e urgência, a garantir de forma antecipatória a preservação de meios e elementos probatórios, cuja reprodução em momento posterior seria inexequível. Esta actividade policial cautelar ocorre numa fase prévia à própria acção penal e sem a habitual intervenção da autoridade judiciária competente.

Se, por um lado, estas "*medidas cautelares e de polícia*" pertencem a uma "*categoria nova*" no nosso processo penal, na realidade são uma continuidade das práticas "*disfarçadas*", utilizadas antes da sua vigência. Surgem tipificadas, à semelhança do que já acontecia no direito comparado, para evitar excessos de actuação por parte dos órgãos de polícia criminal. Na esteira de ANABELA RODRIGUES[160], será de referir que o

[160] «*Apud*» M. L. MAIA GONÇALVES (1999), pág. 483, nota nº 2.

legislador, no intuito de legalizar os meios de actuação dos órgãos de polícia criminal, até então situados numa "*zona de semi-clandestinidade*", preteriu o rigor dos princípios em favor da eficácia da investigação criminal.

É manifesto, no Código de Processo Penal, o receio do legislador de utilização excessiva das medidas por si consagradas. Incumbindo aos órgãos de polícia criminal, por sua própria iniciativa, a adopção daquelas medidas, entendeu o legislador ser fundamental, de modo a evitar utilizações abusivas, circunscrevê-las a situações urgentes e de estrita necessidade, bem como submetê-las ao controlo das autoridades judiciárias competentes.[161]

2.2.1. Natureza das Medidas Cautelares e de Polícia

Mas, não sendo considerados os órgãos de polícia criminal verdadeiros sujeitos processuais, mas somente "*coadjutores*" das autoridades judiciárias, serão as medidas cautelares e de polícia, levadas a cabo por sua iniciativa, verdadeiros actos processuais?

No que a esta questão concerne, as opiniões dividem-se. Mas antes de procurarmos uma resposta, vejamos, ao nível doutrinal, o que se entende por acto processual.

Partindo da noção clássica fornecida por CAVALEIRO DE FERREIRA[162], os "*actos processuais são actos jurídicos que se relacionam directamente com a evolução do processo, que condicionam a sua preparação, determinam o seu desenvolvimento e a realização do seu fim*", incluindo-se, aqui, não só o conjunto de actos jurídicos que integram toda a sequência processual, bem como aqueles que, embora exteriores àquela sequência, produzem efeitos processuais.[163]

No que concerne à questão inicialmente lançada, existem autores que entendem que as medidas cautelares e de polícia não são verda-

[161] Neste sentido, «*vide*», *v.g.*, art. 174º nº 6, *ex vi* art. 251º nº 2, ou art. 252º nº 2, todos do CPP.

[162] «*Apud*» Parecer do Conselho Consultivo da PGR (PGRP00002801), rel. LEONES DANTAS, acedido e consultado em *www.dgsi.pt/pgrp.nsf*, no dia 05 de Janeiro de 2011.

[163] *Cfr.* GERMANO MARQUES DA SILVA (2001), pág. 12.

deiros actos processuais, mas actos pré-processuais que poderão vir a ser, ou não, integrados no processo, dependendo da decisão da autoridade judiciária competente. Essa decisão de integração (ou não) terá como condicionante todo um conjunto de circunstâncias específicas da actuação policial.

Assim, e no entendimento desses autores, os actos praticados pelos órgãos de polícia criminal, por iniciativa própria, no âmbito das medidas cautelares, embora possam vir a integrar o processo, não são, no momento da sua prática, actos processuais em sentido formal. A sua integração no processo depende de um acto decisório da autoridade judiciária, que, nesse momento, assumirá a responsabilidade pelos mesmos[164].

Em sentido contrário, «*id est*», defendendo que as medidas de polícia configuram um verdadeiro acto processual, é de ressaltar a convicção de DAMIÃO DA CUNHA, apontando como argumento a sua importância na descoberta da verdade material e a susceptibilidade de virem a ser posteriormente integradas no processo penal, após uma avaliação por parte das autoridades judiciárias, a quem os órgãos de polícia criminal têm por dever auxiliar e de quem dependem funcionalmente[165]. A reforçar este argumento, o facto de estas medidas, legalmente previstas, recaírem sob a competência própria dos órgãos de polícia criminal, não lhes sendo delegada por nenhum outro órgão.[166]

Partindo da noção de acto processual, previamente apresentada, e tendo em consideração a importância das medidas cautelares e de polícia na realização dos objectivos do processo, não poderemos deixar de as considerar como actos processuais. Se é certo que, aquando da adopção dessas medidas, não existe um processo em sentido for-

[164] Neste sentido, «*vide*», entre outros, PAULO DÁ MESQUITA (2003), págs. 130 e sgts.; e GERMANO MARQUES DA SILVA (2000), pág. 63.

[165] «*Vide*» J. M. DAMIÃO DA CUNHA (1993), pág. 143.

[166] Assim, FIGUEIREDO DIAS (1998), pág. 12.

mal[167], certo também será que, dada a relevância e indispensabilidade que assumem actualmente na própria investigação, ir-se-ão certamente projectar naquele, motivando a sua preparação e desenvolvimento, e fundamentando a sua conclusão.

Essas medidas cautelares, para se assumirem como actos processuais e verem projectados os seus efeitos no processo, devem, contudo, assumir a forma exigida para a generalidade dos actos processuais: a forma escrita; devendo ser usado, como instrumento, o auto (art. 99º do CPP).[168]

[167] Embora não exista um processo em sentido formal, entendemos que, na verdade, a primeira fase do processo coincide com a aquisição da notícia do crime (*cfr.*, *infra*, a nossa subsecção 4.2.1, intitulada "*a notícia do crime*"). Só após a notícia de factos jurídico-penalmente relevantes é que os órgãos de polícia criminal se encontram legitimados a "*impedir quanto possível as suas consequências, descobrir os seus agentes e levar a cabo os actos necessários e urgentes destinados a assegurar os meios de prova*" (arts. 55º nº 2 e 248º e sgts. do CPP).

[168] O auto (ou "*os autos*", como muito tempo foi designado) é a ferramenta jurídica utilizada para formalizar os actos processuais. No que concerne ao valor probatório do auto, nos termos do disposto no art. 169º do CPP, «*ex vi*» art. 99º nº 4, consideram-se provados os factos materiais dele constantes, enquanto não for, fundadamente, posta em causa a veracidade do seu conteúdo.

Capítulo 3
A Prova Penal

3.1. Noção e Âmbito

A matéria atinente à prova assume especial relevo no que concerne ao direito processual penal e direito penal, porquanto é com base no exame crítico das provas obtidas que o Tribunal vai fundamentar a sua convicção, condenando ou absolvendo o arguido. Como corolário do princípio da presunção da inocência (art. 32º nº 2 da CRP)[169], incumbe à entidade que acusa, *«rectius»*, o Ministério Público (assistido pelos órgãos de polícia criminal), toda a actividade de obtenção de provas aptas a demonstrar a subsunção de determinada situação factual e concreta numa previsão normativa geral e abstracta.[170]

[169] Estabelece este art. 32º nº 2, da Lei Fundamental, que: "*Todo o arguido se presume inocente até ao trânsito em julgado da sentença de condenação, devendo ser julgado no mais curto prazo compatível com as garantias de defesa*".

[170] Não obstante esta incumbência do Ministério Público, no que tange à actividade de obtenção de provas, "*não é legítimo falar-se em "ónus da prova" da acusação, pois que num processo como o penal, dominado pelo princípio da verdade material, é ao juiz que compete investigar e esclarecer oficiosamente os factos, sendo a acusatoriedade temperada com o princípio da investigação judicial*". Neste sentido, o Acórdão do STJ, de 28 de Junho de 1993, proc. 063281, rel. Teixeira do Carmo, sumário acedido e consultado em *www.dgsi.pt*, no dia 07 de Junho de 2011.

No que concerne à prova, o professor CAVALEIRO DE FERREIRA[171], inspirado pelo art. 341º do CC[172], refere que ela tem como finalidade "*a demonstração da verdade dos factos*", ou seja, "*alcançar um juízo de certeza sobre esses factos*", não uma "*simples admissão de mera probabilidade*". Quando nos referimos a factos, obviamente que nos estamos a referir somente aos factos jurídicos relevantes no processo, «*id est*», os que se assumem como valiosos na demonstração da existência ou não de um crime, da punibilidade ou não punibilidade do arguido, bem como da determinação da pena ou da medida de segurança aplicáveis, constituindo apenas aqueles o objecto ou tema de prova (art. 124º nº 1 do CPP).[173]

Relativamente à produção de prova, conforme alude TEREZA BELEZA[174], pode ser levada a cabo por todos os sujeitos processuais, sejam: o Ministério Público, o assistente, o arguido, o defensor, bem como as próprias partes civis (no que concerne ao pedido civil, art. 74º nºs 2 e 3 e art. 124º nº 2 do CPP); visando convencer o tribunal da sua versão dos factos. Essa produção de prova não poderá, no entanto, ocorrer de forma arbitrária, mas somente através de meios cuja utilização a lei não proíba (art. 125º do CPP).

A prova obtida é apreciada pelo juiz, salvo disposição legal em contrário, segundo as regras de experiência e segundo a sua livre convicção (art. 127º do CPP), nunca devendo desligar este juízo probatório discricionário do seu dever essencial, a descoberta da verdade

[171] *In*, M. G. CAVALEIRO DE FERREIRA (1986), págs. 280/281.

[172] Refere o aludido art. 341º do CC que: "*As provas têm por função a demonstração da realidade dos factos.*"

[173] Entende, ainda, MARQUES FERREIRA, que, poderão ser incluídos no tema de prova, novos factos que consubstanciem uma "*alteração substancial dos factos*" [art. 1º al. f) do CPP]; bem como aqueles tidos como importantes para a decisão de variados incidentes processuais, onde destaca a aplicação de medidas de coacção ou de garantia patrimonial (art. 128º nº 2 do CPP), ou outros aptos a justificar, *v.g.*, a falta de comparência em acto processual, após prévia e regular notificação (art. 117º do CPP). *Cfr.* M. MARQUES FERREIRA (1989), págs. 222/223.

[174] TERESA BELEZA (1992), pág. 147.

material dos factos. Não deve ser confundida "*livre apreciação*" com "*livre arbítrio*". O juiz está sempre vinculado aos princípios que regem o direito probatório, bem como às demais regras de experiência comum – "*máximas de experiência que todo o homem de formação média conhece*"[175] –, de lógica e raciocínio, bem como regras de natureza técnica e científica. No que concerne à sua convicção, na esteira de CASTANHEIRA NEVES[176], deve assumir-se como "*uma liberdade para a objectividade*", excedendo o carácter puramente subjectivo; e sobretudo "*motivada*", ou motivável, de modo a ser facilmente perceptível, não só pelos demais sujeitos processuais, como pela comunidade em geral.

Na "*demonstração da verdade dos factos*", enquanto finalidade da prova, temos que distinguir entre actividade probatória, como meio ou actividade destinada a produzir um determinado resultado, e o próprio resultado probatório.

Importante distinção merece aqui ser evidenciada, a que separa os meios de prova dos meios da sua obtenção. No que concerne aos primeiros, consistem em todo um conjunto de instrumentos aptos a demonstrar a realidade dos factos relevantes para o processo (*v.g.*, a prova testemunhal e documental). Quanto aos segundos, assumem-se como formas de investigação e de recolha de indícios susceptíveis de comprovar aqueles mesmos factos (*v.g.*, as revistas e as buscas). Se, por um lado, "*os meios de prova são de per si fonte de convencimento*", por outro, os meios de obtenção de prova permitem somente "*obter coisas ou declarações dotadas de aptidão probatória*".[177]

[175] *Cfr.* GERMANO MARQUES DA SILVA (2000), pág. 269.

[176] CASTANHEIRA NEVES (1968), pág. 47.

[177] *Cfr.* GERMANO MARQUES DA SILVA (2001), pág. 99. É assim que, através de meios de obtenção de prova, como, *v.g.*, a revista ou a busca (arts. 174º e sgts. do CPP), e consequente apreensão (arts. 178º e sgts. do CPP), se obtém um meio de prova documental (arts. 164º e sgts. do CPP); ou, através de uma escuta telefónica, arts. 187º e sgts. (meio de obtenção de prova), se obtém uma gravação com declarações incriminatórias do suspeito (meio de prova).

O nosso Código de Processo Penal (CPP) regula a matéria atinente à prova no seu Livro III, arts. 124º a 190º. Da consulta dos aludidos artigos, é manifesta a preocupação do legislador em conformar os preceitos processuais com os princípios constitucionais, próprios de um Estado de Direito Democrático, «*maxime*» da dignidade da pessoa humana[178], da integridade pessoal[179], bem como da intimidade da vida privada e familiar.[180]

Quer estejamos perante um meio de prova, quer um meio da sua obtenção, devemos partir sempre do pressuposto de que a "*demonstração da realidade dos factos*" deve assumir-se como de estrita observância pelas normas processuais vigentes, nelas devendo encontrar a sua legitimação. Neste contexto, encontramos o princípio da legalidade da prova (art. 125º do CPP). Só a prova obtida nestes termos

[178] A dignidade da pessoa humana, que se assume como suporte fundamental da República portuguesa, art. 1º da CRP.

[179] A integridade pessoal assume-se como o "*direito da pessoa a não ser agredida ou ofendida no seu corpo ou no seu espírito, seja por meios físicos, seja por meios morais*", estando vedada a submissão de alguém a tortura, tratamentos ou penas cruéis, degradantes ou desumanas (arts. 25º e 32º nº 8 da CRP). *Cfr.* Acórdão do TC, nº 128/92, de 01 de Abril de 1992, proc. 260/90, rel. Messias Bento. Considera-se que afectam o direito à integridade pessoal, as intervenções corporais destinadas à extracção do corpo de determinados elementos externos ou internos, visando a sua submissão a exame pericial (*v.g.*, sangue, urina, pêlos, unhas, biopsias...), não as designadas "*inspecções e registos corporais*" (*v.g.*, exames dactiloscópicos ou antropomórficos) – *Cfr.* Acórdão do TC, nº 155/2007, de 02 de Março de 2007, proc. 695/06, rel. Gil Galvão. Consultar ainda, a propósito do direito à integridade pessoal, o Acórdão do TC, nº 319/95, de 20 de Junho de 1995, rel. Messias Bento, que admitiu como compatível com a Constituição, a imposição pela polícia do vulgarmente denominado "teste do álcool". «*Vide*» também o Acórdão do TC, nº 616/98, de 21 de Outubro de 1998, proc. 363/97, rel. Artur Maurício, onde se refere ser Constitucionalmente compatível, enquanto "*intervenção banal*", a exigência de realização de exames de sangue para efeitos de investigação da paternidade. Todos os Acórdãos do TC, «*supra*» mencionados, foram acedidos e integralmente consultados em *www.tribunalconstitucional.pt/tc/acordaos*, no dia 07 de Junho de 2011.

[180] «*Vide*» arts. 32º nº 8 e 34º da CRP; art. 12º da Declaração Universal dos Direitos do Homem (DUDH), de 10 de Dezembro de 1948; e art. 8º da Convenção Europeia dos Direitos do Homem (CEDH), de 04 de Novembro de 1950.

legitimará uma decisão, relativamente à suspeita da prática de determinado crime, seja ela benéfica (*v.g.*, arquivamento do processo, decisão instrutória de não pronúncia ou sentença absolutória arts. 277º, 308º e 376º do CPP) ou prejudicial (*v.g.*, formulação da acusação, decisão instrutória de pronúncia ou sentença condenatória, arts. 283º, 308º e 375º do CPP).

Face às novas formas de criminalidade, à sua organização e tecnologia, torna-se inevitável, também, o aperfeiçoamento dos meios investigatórios, «*maxime*» o recurso a novos meios de obtenção de prova, meios estes admissíveis enquanto a lei não os expressamente proibir (art. 32º nº 8 da CRP e arts. 125º e 126º do CPP).[181]

3.2. Métodos Proibidos de Prova

Terminámos a secção precedente afirmando que, face às novas formas de criminalidade, surge a necessidade de ampliar a capacidade investigatória, especialmente no que concerne aos meios de obtenção de prova; meios estes que, em prol da eficácia, se movem, por vezes, na zona limítrofe do ilícito.

Obviamente que, num Estado de Direito democrático, a realização da justiça e a averiguação da verdade material deverão encontrar limites, quer na dignidade da pessoa humana (art. 1º da CRP), quer no pleno respeito pelos direitos fundamentais dos seus cidadãos (art. 2º da CRP). Desse modo, a obtenção de prova não poderá ocorrer por intermédio de métodos "*não legais*", sob pena de descredibilização e desconfiança da própria justiça.

No que ao processo criminal concerne, estabelece a CRP, no seu art. 32º nº 1, que deve aquele assegurar "*todas as garantias de defesa, incluindo o recurso*". Na esteira de Gomes Canotilho e Vital Moreira, estamos perante uma "*cláusula geral englobadora de todas as garantias*", ainda que não compreendidas nos restantes números daquele art. 32º,

[181] Como exemplo, os meios e técnicas, cada vez mais aprimorados, usados pelos traficantes de droga; a exigirem, consequentemente, a legitimação de novos meios de obtenção de prova, alguns deles a tangenciar a zona do ilícito.

"*abrangendo indubitavelmente todos os direitos e instrumentos necessários e adequados para o arguido defender a sua posição e contrariar a acusação*".[182]

A simplicidade do referido art. 32º nº 1 bastaria para abarcar, entre "*as garantias de defesa*", a não admissibilidade, no processo, de provas obtidas à margem da legalidade. Ainda assim, o legislador, face à relevância dos valores em causa, sublinha, no nº 8 desse mesmo artigo, essa inadmissibilidade, asseverando não produzirem qualquer efeito processual (nulidade), as "*provas obtidas mediante tortura, coacção, ofensa da integridade física ou moral da pessoa, abusiva intromissão na vida privada, no domicílio, na correspondência ou nas telecomunicações.*"[183] No que concerne às intromissões na correspondência, nas telecomunicações e nos demais meios de comunicação, por parte das autoridades públicas, elas só deverão ocorrer nos "*casos previstos na lei em matéria de processo criminal*" (art. 34º nº 4 da CRP).

No que tange ao CPP, "*direito constitucional aplicado*"[184], estabelece o seu art. 125º que, no processo, são admissíveis todas as provas, desde que não sejam proibidas por lei. Este artigo consagra um princípio de liberdade da prova. Assim, ainda que não previstos na lei, todos os meios de prova serão admissíveis no processo até que seja determinada, legalmente, a sua proibição.[185]

[182] *Cfr.* J. J. Gomes Canotilho e Vital Moreira (2007), pág. 516.

[183] Esta norma surge em harmonia com o disposto nos arts. 5º e 12º da DUDH; arts. 3º e 8º da CEDH; e art. 7º do PIDCP.

[184] Não obstante os diversos ramos do direito, é no processual penal que as normas constitucionais se reflectem mais intensamente, dada a contundência para com os direitos, liberdades e garantias do cidadão. Por esse motivo, Henkel [«*apud*», Figueiredo Dias (2004), pág. 74] designa-o de "*direito constitucional aplicado*".

[185] Esta liberdade dos meios de prova não é, contudo, uma novidade trazida pelo Decreto-Lei nº 78/87, de 17 de Fevereiro (diploma que aprovou o Código de Processo Penal em vigor). Já o Código de Processo Penal de 1929, aprovado pelo Decreto-Lei nº 16489, de 15 de Fevereiro de 1929, estabelecia no seu art. 173º que: "*O corpo de delito pode fazer-se por qualquer meio de prova admissível em direito*". No entanto, na senda de Germano Marques da Silva [(2001), pág. 101)], na Baixa Idade Média e, posteriormente, nos Estados absolutistas, de modo a limitar o livre arbítrio dos juízes, prevalecia a "*prova tarifada*" e "*prova legal*", estabelecendo, a lei, quais os meios de prova admissíveis à formação da convicção do julgador.

Os "*métodos proibidos de prova*" são, pois, "*barreiras colocadas à determinação dos factos que constituem objecto do processo*". Podemos encontrar a sua referência no art. 126º do Código de Processo Penal, assumindo-se este preceito como uma verdadeira "*norma processual fundamental*".[186-187]

Estas proibições de métodos de obtenção de prova, contidas no art. 126º do CPP, visam a tutela dos direitos fundamentais dos cidadãos, aquando do seu confronto com os interesses da investigação. Nas palavras de GERMANO MARQUES DA SILVA, as proibições de prova, que também se reconduzem ao art. 126º do CPP, assumem-se, assim, como "*meios processuais de tutela de direitos fundamentais*"[188], «*rectius*» o direito à integridade pessoal e à reserva da intimidade da vida privada.

Esta norma proíbe, no seu nº 1, de forma absoluta, a utilização das "*provas obtidas mediante tortura, coacção ou, em geral ofensa à integridade física ou moral das pessoas*", sob pena da sua nulidade.[189] São de considerar ofensivas da integridade física ou moral das pessoas, as provas obtidas nos termos do preceituado nas diversas alíneas do art. 126º nº 2 do CPP, ainda que com o seu consentimento.[190] Esta irrelevância do consenti-

[186] *Cfr.* COSTA ANDRADE (2006), págs. 73, 74 e 209, «*in fine*».

[187] Este art. 126º do CPP surge da combinação dos arts. 173º e 261º, ambos do Código de Processo Penal de 1929 – aprovado pelo Decreto-Lei nº 16489, de 15 de Fevereiro de 1929, com a alteração entretanto introduzida a este último artigo pelo Decreto-Lei nº 377/77, de 06 de Setembro –, visando reforçar, a nível processual, o constitucionalmente reconhecido respeito pela integridade pessoal e pela dignidade humana (arts. 1º e 25º da CRP).

[188] *Cfr.* GERMANO MARQUES DA SILVA (2001), nota 3 da pág. 140.

[189] Como teremos oportunidade de verificar «*infra*» no nosso estudo, serão nulas, para além das provas obtidas mediante a utilização de métodos proibidos, também os actos que dela dependerem ou que a nulidade possa afectar (art. 122º nº 1 do CPP).

[190] Está em causa: "*a) Perturbação da liberdade de vontade ou de decisão através de maus tratos, ofensas corporais, administração de meios de qualquer natureza, hipnose ou utilização de meios cruéis ou enganosos; b) Perturbação, por qualquer meio, da capacidade de memória ou de avaliação; c) Utilização da força, fora dos casos e dos limites permitidos pela lei; d) Ameaça com medida legalmente inadmissível e, bem assim, com denegação ou condicionamento da obtenção de benefício legalmente previsto; e) Promessa de vantagem legalmente inadmissível*".

mento, face às proibições anunciadas nos nºs 1 e 2 do art. 126º do CPP, decorre da inviolabilidade da vida humana (art. 24º da CRP), bem como da integridade física e moral das pessoas (art. 25º da CRP), sofrendo ainda a influência do § 136a) da «*Strafprozessordnung*» (StPO) alemã, onde se lê: "*(3) Das Verbot der Absätze 1 und 2 gilt ohne Rücksicht auf die Einwilligung des Beschuldigten.*"[191]

Apesar de estarmos perante direitos indisponíveis, relativamente aos quais o consentimento do titular é irrelevante para efeitos de obtenção de prova, tal não significa que esse carácter absoluto não possa admitir excepções, fora do âmbito probatório. Assim, face a importantes interesses comunitários e sociais, poderá haver restrição dos direitos fundamentais dos cidadãos, mormente o seu direito à integridade e autodeterminação corporais. Temos, como exemplo disso, as vacinações obrigatórias, os tratamentos obrigatórios de certas doenças contagiosas, o extinto serviço militar obrigatório, a realização de perícias psiquiátricas, etc.[192]

Mas, obviamente que nem todos os direitos fundamentais são absolutos e ilimitados. Assim, não obstante o art. 126º nº 3 do CPP estabelecer a proibição de utilização das provas "*obtidas mediante intromissão na vida privada, no domicílio, na correspondência ou nas telecomunicações*", esta é uma proibição relativa, ou seja, pode ser afastada por intermédio do consentimento do titular do direito em causa. Estamos perante direitos fundamentais inerentes à privacidade, para os quais vigora o princípio «*volenti non fit injuria*» (ao que consente não se faz injúria).

Porém, conforme resulta da primeira parte do art. 126º nº 3 do CPP, ainda que não exista consentimento por parte do titular dos direitos,

[191] Nos termos daquele § 136a) (3) (*in http://dejure.org/gesetze/StPO*, acedido e consultado em 07 de Junho de 2011), as proibições de prova estabelecidas nos nºs 1 e 2 do mesmo parágrafo (semelhantes às contidas nas diversas alíneas do art. 126º nº 2 do nosso CPP) são aplicáveis, ainda que com o consentimento do suspeito (tradução livre do original).

[192] *Cfr.* Acórdão do TRP, de 13 de Setembro de 2006, proc. 0641683, rel. Luís Gominho, *in www.dgsi.pt*, acedido e consultado em 07 de Junho de 2011.

pode a lei admitir excepções à proibição da prova obtida – mediante intromissão naqueles direitos fundamentais, inerentes à privacidade. Estamos a reportar-nos a situações em que, visando-se salvaguardar outros direitos ou valores fundamentais, pode haver uma coarctação legal do exercício de direitos, no âmbito da obtenção de prova. Temos assim, *v.g.*, a constitucionalmente reconhecida possibilidade legal de restrição, no que concerne à reserva da vida privada e à inviolabilidade da correspondência e das comunicações (art. 34º nºs 2 e 4 da CRP), não obstante o disposto nos arts. 26º nº 1 e 34º nº 1 da CRP.

O próprio art. 32º nº 8 da CRP admite esta proibição relativa da prova quando refere que: "*são nulas todas as provas obtidas mediante (...) intromissão na vida privada, no domicílio, na correspondência ou nas telecomunicações*", mas somente quando essa intromissão se revelar "*abusiva*".

Estamos perante uma "*abusiva intromissão*" sempre que a obtenção de prova implique uma restrição de direitos relativos, não consentida pelo seu titular, ou cuja possibilidade restritiva a lei não admita. A prova obtida nesses termos terá como inevitável consequência a nulidade, não podendo ser utilizada no processo, salvo com o fim exclusivo de proceder contra quem a obteve nesses termos, nos casos em que a obtenção consubstancie a prática de crime.

Como se constata da consulta deste art. 126º do CPP, os métodos proibidos de prova, aí previstos, tiveram a influência dos arts. 32º nº 8 e 34º nº 4 da CRP. Estas normas visam estabelecer limites à actividade investigatória, em prol dos direitos e garantias fundamentais dos cidadãos. Empregando a metáfora de GRÜNWALD[193], o princípio do Estado de Direito Democrático, que tem como exigência (entre outras) o respeito pelos direitos fundamentais dos cidadãos e respectiva tutela jurisdicional (art. 2º da CRP), representa "*um baluarte contra o qual esbarram os interesses da perseguição penal*". Não pode o interesse punitivo do Estado ultrapassar essas fronteiras, sob pena de se desvirtuar a sua

[193] «*Apud*» COSTA ANDRADE (2006), pág. 35.

"*superioridade moral*". Assim, só uma actividade investigatória de "*mãos limpas*", assente no pleno respeito pelos direitos fundamentais, se revela idónea a "*criar e sustentar valores ético-jurídicos*", mantendo distanciada a "*diferença ética que deve subsistir entre a perseguição do crime e o próprio crime*".[194]

Essa "*diferença ética*", desejável no âmbito investigatório, contende, na maioria das vezes, com a própria eficácia da perseguição penal, já que as "*armas*" usadas pelas autoridades formais de investigação são, muitas das vezes, mais limitadas do que as do "*inimigo*". No entanto, dada a subordinação da actividade investigatória aos princípios do Estado de Direito, deve a limitação das suas "*armas*" ser compensada com a expansão das capacidades do seu utilizador, nomeadamente, através do engenho, da subtileza e da inteligência, expondo dessa forma a sua superioridade moral.

3.3. Efeitos da Prova Proibida

Vimos, anteriormente, que os métodos proibidos de prova se assumem como verdadeiros limites à descoberta da verdade material. Esta matéria atinente aos métodos proibidos de prova tem levantado alguma polémica, sobretudo no que concerne ao destino a dar à prova obtida por intermédio de métodos proibidos.

Estabelece o art. 126º nº 1 do CPP que a obtenção de provas mediante "*tortura, coacção ou, em geral, ofensa à integridade física ou moral das pessoas*", tem como sanção a nulidade, "*não podendo ser utilizadas*", salvo para proceder contra quem as obteve nesses termos, quando essa obtenção consubstancie a prática de um crime. A mesma sanção e correspondente consequência, prevê o nº 3 daquele mesmo art. 126º, relativamente às provas obtidas "*mediante intromissão na vida privada, no domicílio, na correspondência ou nas telecomunicações*", sem o consentimento do titular do respectivo direito, ou fora dos casos previstos na lei.

[194] «*Vide*», Radbruch, Dencker e Hassemer, «*apud*» Costa Andrade (2006), pág. 73.

Antes da revisão operada no CPP, pela Lei nº 48/2007, de 29 de Agosto, o nº 3 do art. 126º estabelecia que: "*Ressalvados os casos previstos na lei, são igualmente nulas as provas obtidas mediante intromissão na vida privada, no domicílio, na correspondência ou nas telecomunicações sem o consentimento do respectivo titular*". O diploma legal «*supra*» mencionado aditou ao preceito, a expressão, "*não podendo ser utilizadas*".[195]

Na vigência da anterior versão, alguma doutrina foi tentada a associar o regime da prova proibida ao regime geral das nulidades (arts. 118º e sgts. do CPP).[196] Assim, defendiam esses autores dever distinguir-se, no art. 126º do CPP, dois tipos de nulidades. Desde logo, as nulidades resultantes da prova obtida à custa da violação do direito à integridade física e moral (art. 126º nºs 1 e 2 do CPP), estas insanáveis porque absolutas (dado estarmos perante bens jurídicos, cuja

[195] Estabelece o art. 126º nº 3 do CPP, na sua versão actualizada, que: "*Ressalvados os casos previstos na lei, são igualmente nulas, não podendo ser utilizadas, as provas obtidas mediante intromissão na vida privada, no domicílio, na correspondência ou nas telecomunicações sem o consentimento do respectivo titular*".

[196] Da consulta deste art. 118º, logo no seu nº 1, podemos constatar que as nulidades obedecem ao princípio da legalidade. Assim, só será inválido (nulo) determinado acto processual, quando implique a "*violação ou inobservância*" das normas processuais penais e essa cominação se encontre devidamente expressa. Afora essa previsão legal, qualquer vício processual terá como consequência jurídica, "*uma espécie menos grave de invalidade*", a residual irregularidade (art. 123º do CPP). *Cfr.* Germano Marques da Silva (2001), pág. 70. A lei processual vem distinguir, posteriormente, entre nulidades absolutas (art. 119º do CPP), relativas (art. 120º do CPP) e as irregularidades (art. 123º do CPP), estas reservadas para os casos em que a lei não comine com a nulidade (art. 118º nº 2 do CPP). Não obstante a sua não consagração legislativa, é de salientar a existência de uma forma de invalidade mais gravosa do que as anunciadas, a inexistência. São actos que, ainda que existentes materialmente, pela sua gravidade, não chegam a ter existência jurídica, logo, não chegam a atingir o processo, viciando-o. Ainda assim, não obstante aquela ausência legal, existem autores a considerar que a inexistência se encontra subentendida no art. 468º do CPP, com epígrafe "*decisões inexequíveis*", «*inter alia*», em que não seja determinada a pena ou medida de segurança, ou que não se encontrem reduzidas a escrito. Neste sentido, «*et alii*», J. Souto de Moura (1991), pág. 123.

disponibilidade não opera, nem mesmo através do consentimento do seu titular). Contrariamente, no nº 3 daquele mesmo art. 126º, estando em causa o direito à privacidade, ainda que sendo um direito inviolável (art. 34º nº 1 da CRP), entendia aquela posição que uma intromissão não consentida na vida privada, no domicílio, na correspondência ou nas telecomunicações, consubstanciava uma nulidade sanável (art. 120º do CPP), podendo ser suprida por consentimento posterior.[197]

Como corolário dessa associação de regimes, entendia aquela doutrina que, tal como sucedia com as nulidades processuais absolutas (art. 119º do CPP), também as nulidades probatórias ditas absolutas (art. 126º nºs 1 e 2) deviam ser oficiosamente declaradas pelo tribunal, quer por conhecimento próprio, quer por intermédio do conhecimento provocado pelos interessados.[198] À semelhança daquelas, também as nulidades probatórias absolutas não seriam passíveis de sanação, dado que seria uma forma de contornar a proibição de prova – onde é irrelevante o consentimento da parte visada –, através da sua posterior anuência.

Relativamente às nulidades relativas de prova (art. 126º nº 3 do CPP), tal como as nulidades processuais (art. 120º do CPP), entendiam

[197] Esta conclusão resultava da possibilidade conferida pela própria Constituição, através da revisão de 2001 (Lei Constitucional nº 1/2001), mais precisamente pelo seu art. 34º, de restringir, de forma legítima, a inviolabilidade do domicílio e da correspondência. Esta convicção da nulidade sanável era defendida por M. L. Maia Gonçalves (1997), pág. 195. Também associando o regime das proibições ao regime geral das nulidades, mas defendendo que a nulidade prevista no nº 3 do art. 126º do CPP era uma nulidade insanável, «*vide*» M. Marques Ferreira (1989), pág. 226. No que concerne à jurisprudência, "balanceava" entre os dois regimes.

[198] Sobre a competência do Ministério Público para declarar a nulidade de determinado acto processual, na fase em que é o «*dominus*», o inquérito (não obstante o controlo judicial dessas invalidades), «*vide*» Paulo Dá Mesquita (2003); e também, M. L. Maia Gonçalves (1999). Opinião contrária a sustentada por João Conde Correia (1999), pág. 86, com o argumento de que o cunho materialmente judicial da declaração de nulidade não permite ao Ministério Público ter competência nesse âmbito.

aqueles autores[199] não poderem ser conhecidas oficiosamente pelo tribunal, estando dependentes de arguição por parte dos interessados, dentro do prazo legal (estabelecido no art. 120º nº 3), decorrido o qual se considerariam sanadas. Para além deste decurso de tempo, as nulidades ficariam ainda sanadas nos casos individualizados no art. 121º do CPP.[200]

Embora a nova redacção do art. 126º nº 3 do CPP viesse esclarecer as dúvidas, acrescentando ao preceito a expressão "*não podendo ser utilizadas*", parece-nos, no entanto, que essa proibição de valoração podia ser já retirada do antigo preceito, já que, relativamente ao nº 1, estabelecia que as provas seriam "*igualmente nulas*", logo, perante uma igual nulidade, também não poderiam ser utilizadas. Essa proibição de valoração resultaria, ainda, do próprio art. 32º nº 8 da CRP, que comina com a nulidade, de igual modo, quer os direitos invioláveis contidos no nº 1 do art. 126º do CPP, quer no seu nº 2.

Hoje, parece também consensual o entendimento, quer por parte da doutrina, quer da jurisprudência, que as proibições de prova, onde se incluem os métodos proibidos de prova[201], resultam de um sistema

[199] Mesmo após a revisão operada no CPP, pela Lei nº 48/2007, de 29 de Agosto, existe jurisprudência a acompanhar esta posição. «*Vide, et alii*», Acórdão do TRP, de 27 de Janeiro de 2010, proc. 896/07.5JAPRT.P1, rel. ARTUR VARGUES, ou Acórdão do TRE, de 17 de Setembro de 2009, proc. 549/08.7PBBJA-A.E1, rel. MARTINHO CARDOSO, ambos em *www.dgsi.pt*, acedidos e consultados em 08 de Junho de 2011.

[200] De acordo com o disposto neste art. 121º do CPP, as nulidades relativas ficam sanadas, para além de precludido o prazo legal (art. 120º nº 3 do CPP), nos casos em que os participantes processuais interessados: "*Renunciarem expressamente a argui-las*"; "*Tiverem aceite expressamente os efeitos do acto anulável*"; ou "*Se tiverem prevalecido de faculdade a cujo exercício o acto anulável se dirigia*" (nº 1 do art. 121º). Se estivermos perante nulidades concernentes "*a falta ou a vício de notificação ou de convocação para acto processual*", estas ficarão sanadas nos casos em que "*a pessoa interessada comparecer ou renunciar a comparecer ao acto*", salvo se comparecer somente com o intuito de arguir a nulidade (nºs 2 e 3).

[201] Como nos lembra o professor COSTA ANDRADE (2006), pág. 90, temos que distinguir, nas proibições de prova, 3 categorias distintas: "*as proibições de tema de prova*" (factos juridicamente irrelevantes, por não constituírem objecto de prova, art. 124º do CPP); as "*proi-*

normativo próprio, logo, independente do regime geral das nulidades. Essa convicção é reforçada pela previsão do art. 118º nº 3 do CPP. Esta norma, localizada no Titulo V do CPP, dedicado às nulidades, refere que: "*As disposições do presente título não prejudicam as normas deste Código relativas às proibições de prova*". Embora ambos os regimes, na prática, possam até por vezes convergir, eles não se devem, no entanto, confundir.

Face ao conteúdo actual do art. 126º do CPP, a consequência para a obtenção de prova através de um método proibido, seja a proibição absoluta (nºs 1 e 2) ou relativa (nº 3), será a sua inutilidade, não podendo ser valorada e consequentemente admitida no processo. A proibição de valoração, ínsita naquele artigo, assume-se como um imperativo "*de auto-purificação da justiça em ordem a neutralizar a perda da autoridade já ocorrida (...) e impedir a sua comunicação à sentença*".[202-203-204]

bições de meios de prova" (*v.g.*, depoimento indirecto, art. 129º nº 1 do CPP, ou a falta de esclarecimento à testemunha da faculdade de recusar o seu depoimento, art. 134º nº 2 do CPP); e aquelas que nos interessam no presente estudo, "*as proibições de métodos de obtenção de prova*" (art. 126º do CPP).

[202] DENCKER, «*apud*» COSTA ANDRADE (2006), págs. 73/74.

[203] Pode suceder, contudo, que a prova obtida através de método proibido seja valorada em sentença condenatória. Não se ignoram os autores que consideram que essa prova proibida nula (art. 126º do CPP) dá origem a uma decisão condenatória, também ela nula, por força da comunicabilidade do art. 122º nº 1 do CPP. Assim, PAULO PINTO DE ALBUQUERQUE (2008), pág. 322. Outros autores entendem que a prova proibida leva à anulação de todo o processado, desde o momento em que foi valorada no processo (*v.g.*, Acórdão do TRL, de 03 de Maio de 2006, proc. 83/2006-3, rel. CARLOS SOUSA (*in www.dgsi.pt*, acedido e consultado, em 08 de Junho de 2011). O nosso entendimento propende no sentido de que "*a eventual ofensa das regras sobre proibições de prova apenas determina a nulidade das provas, que não podem, consequentemente, ser utilizadas, mas não uma nulidade do processo*". A prova, na sua função de demonstrar a realidade dos factos – apreciada pelo julgador, segundo as regras de experiência e a sua própria convicção (art. 127º do CPP) –, não deve ser colocada no mesmo plano do acto processual que a valora [Ac. do STJ, de 15 de Outubro de 2003, proc. 03P1882, rel. HENRIQUES GASPAR (in *www.dgsi.pt*, acedido e consultado em 08 de Junho de 2011)]. Assim, pode a sentença (ou acórdão), que valore prova proibida, ser impugnada em sede de recurso ordinário, *v.g.*, com fundamento no art. 410º nº 3 do CPP,

A prova obtida através de um método proibido só poderá ser utilizada, em processo-crime, contra quem a obteve nesses termos (art. 126º nº 4 do CPP).[205]

desde que devidamente motivada (art. 412º nº 3), podendo a própria Relação: modificar a decisão recorrida, art. 431º al. b) do CPP [*v.g.*, Ac. do TRL, de 13 de Outubro de 2009, proc. 79/08.7PEOER.L1-5, rel. VIEIRA LAMIM (*in www.dgsi.pt*, acedido e consultado, em 08 de Junho de 2011), tendo a contraprova do exame de detecção de álcool no sangue sido efectuada no mesmo aparelho]; ou mesmo revogá-la [*v.g.*, Ac. do TRP, de 09 de Dezembro de 2009, proc. 1421/08.6PTPRT.P1, rel. LUÍS TEIXEIRA (*in www.dgsi.pt*, acedido e consultado em 08 de Junho de 2011), tendo a recolha de sangue ocorrido sem o devido consentimento do visado].

[204] Ainda que transitada em julgado a decisão condenatória que valorou prova obtida, através de método proibido (art. 126º do CPP), poderá ocorrer recurso extraordinário de revisão [art. 449º nº 1 al. e) do CPP], desde que o seu conhecimento seja posterior à audiência de julgamento. Nos termos daquele art. 449º nº 1 al. e) do CPP, a "*revisão da sentença condenatória, transitada em julgado, com tal fundamento, só é possível quando se «descobrir» que serviram de fundamento à condenação provas proibidas. Ora, o uso do verbo «descobrir» significa que se está perante algo que na altura da audiência de julgamento não seria possível reconhecer, ou por ser então totalmente desconhecido que a prova fora obtida por método proibido ou por ter mudado a lei, passando a considerar proibido certo método de obtenção de prova que na altura era lícito*". Assim, o Acórdão do STJ, de 26 de Novembro de 2009, proc. 103/01.4TBBRG-G.S1, rel. SANTOS CARVALHO, *in www.dgsi.pt*, acedido e consultado em 08 de Junho de 2011.

[205] Estando em causa as garantias de defesa do arguido no processo penal (art. 32º nº 8 do CPP), existem autores a defender que, desde que obtida, a prova proibida pode ser valorada com o intuito de fundamentar a sua inocência. Neste sentido, «*et alii*», PAULO DE SOUSA MENDES (2004), pág. 141; e COSTA ANDRADE (2006), págs. 45/46. Usam como argumentos, estes autores, o facto de o direito ao livre desenvolvimento da personalidade, abranger o direito de não se ser punido por comportamentos não ilícitos. Também, o facto de que, depois de obtida uma prova proibida, encontra-se consumada, irreversivelmente, a violação de um bem jurídico, pelo que, em nada irá agravar, a utilização dessa prova proibida para evitar a condenação de um inocente. Além do mais, a pena aplicada a um inocente não serve qualquer finalidade de prevenção, sendo, aliás, uma pena que ultrapassa claramente a medida da culpa, em violação do art. 40º nº 2 do CP. Contra estes argumentos, MARIA FERNANDA PALMA, em declaração de voto no Acórdão do TC, nº 660/2006, de 28 de Novembro, rel. PAULO MOTA PINTO, *in www.tribunalconstitucional.pt/tc/acordaos*, acedido e consultado em 08 de Junho de 2011. Alega que, a ser assim, "*a efectividade da proibição dependeria sempre do arguido e a actividade proibida tornar-se-ia processualmente van-*

O facto de estarmos, no art. 126º nº 3, perante direitos relativos, que admitem a sua restrição, coloca-nos a por vezes difícil tarefa de distinguir quando é que estamos perante uma intromissão nesses direitos, susceptível de afectar a validade do meio de obtenção de prova, e quando estamos perante meras violações de regras processuais de produção de prova.[206]

Para melhor percebermos a dificuldade da tarefa, mas sem entrarmos em terrenos muito sinuosos, vejamos como a doutrina e jurisprudência têm destrinçado estes dois regimes.[207] No que concerne à jurisprudência, tem entendido o Supremo Tribunal de Justiça, à semelhança do que temos vindo a afirmar, que a violação dos pressupostos materiais de obtenção de prova implica uma proibição da sua valoração, remetendo a violação dos pressupostos formais ou procedimentais (regras processuais de produção de prova) para o regime das nulidades sanáveis (art. 120º do CPP)[208] e das irregularidades (art. 123º do CPP)[209].

tajosa, atraiçoando-se, desse modo, o sentido da nulidade (absoluta) cominada no nº 8 do artigo 32º da Constituição e da "inutilizabilidade" da prova decretada no artigo 126º do Código de Processo Penal".

[206] As regras processuais de produção de prova visam "*disciplinar o procedimento exterior da realização da prova na diversidade dos seus meios e métodos*", assumindo-se, assim, como "*meras prescrições ordenativas de produção da prova*", não podendo, consequentemente, a sua violação implicar uma proibição de valoração da prova. *Cfr.* COSTA ANDRADE (2006), pág. 84.

[207] Esta destrinça entre proibições de prova e violações das regras processuais da sua produção tem-se colocado, sobretudo, ao nível das escutas telefónicas, mais precisamente da violação dos seus pressupostos (art. 187º do CPP) e das formalidades da sua realização (art. 188º do CPP).

[208] A este propósito, pode ler-se, logo no sumário do Acórdão do STJ, de 20 de Dezembro de 2006, rel. OLIVEIRA MENDES (*in www.dgsi.pt*, acedido e consultado em 10 de Junho de 2011), que: "*a lei apenas estabelece uma limitação absoluta às provas obtidas mediante tortura, coacção, ou, em geral, ofensa à integridade física ou moral das pessoas – arts. 32º, nº 8, da CRP e 126º, nº 1, do CPP – sendo que, relativamente às provas obtidas mediante intromissão na vida privada, no domicílio, na correspondência ou nas telecomunicações, (...), não recai tal limitação, podendo e devendo ser efectuadas quando ordenadas ou autorizadas por despacho do juiz, suposto o preenchi-*

No que à doutrina concerne, embora existam autores que partilham da opinião de que somente os pressupostos materiais de obtenção de prova são passíveis de implicar a proibição da sua valoração[210], existem outros que adoptam uma posição "*maximalista*", equiparando ao nível da sua valoração, quer as proibições de prova, quer as regras processuais da sua produção.[211]

Admitimos, contudo que, estando perante uma intromissão não consentida em direitos relativos (art. 126º nº 3 do CPP), susceptível de resultar numa prova proibida, essa proibição dependerá das circunstâncias do caso concreto, da ponderação dos interesses em conflito e da necessidade e proporcionalidade da medida invasiva. Nestes casos, ainda que exista um sacrifício para direitos fundamentais, ele encontra

mento dos pressupostos legais, o que se verificou nos autos – arts. 126º, nº 3, e 187º, nº 1, ambos do CPP; – os procedimentos (...), constituem formalidades processuais cuja não observância não contende com a validade e a fidedignidade daquele meio de prova, razão pela qual, como este Supremo vem entendendo, à violação dos procedimentos previstos naquele normativo é aplicável o regime das nulidades sanáveis previsto no art. 120º do CPP".

209 A favor da irregularidade, veja-se o Acórdão do STJ, de 21 de Fevereiro de 2007, rel. Santos Cabral (*in www.dgsi.pt*, acedido e consultado em 10 de Junho de 2011), que refere, no ponto IX do sumário, que: "*É esta distinção que terá de estar subjacente a qualquer análise do regime legal das escutas telefónicas, não confundindo as patologias que colidem com étimos e princípios inultrapassáveis, pois que integram o cerne dos direitos individuais com inscrição constitucional, com aquelas que se traduzem em mera irregularidade produzida no contexto amplo de um meio de prova que foi autorizado.*"

210 «*Vide, et alii*», M. L. Maia Gonçalves (1999).

211 Estes autores, entre os quais: Paulo Pinto de Albuquerque (2008), pág. 530; e Germano Marques da Silva (2001), pág. 257; entendem que, a propósito das escutas telefónicas, quer a violação dos seus requisitos de admissibilidade (art. 187º do CPP), quer a violação das suas formalidades (art. 188º do CPP), dão origem a uma prova proibida, insusceptível de ser valorada. Como argumento, o facto de o legislador, no art. 190º do CPP, equiparar, em temos de efeitos jurídicos, isto é, cominar com a mesma nulidade, quer a violação dos requisitos de admissibilidade das escutas telefónicas, art. 187º do CPP (pressupostos materiais), quer a violação das suas formalidades, art. 188º do CPP (pressupostos formais). Estabelece aquele art. 190º do CPP que: "*Os requisitos e condições referidos nos artigos 187º, 188º e 189º são estabelecidos sob pena de nulidade*".

justificação na necessidade de salvaguardar outros direitos ou interesses da comunidade.[212-213]

3.3.1. Doutrina do "*Efeito-à-distância*" ou da Eficácia Longínqua

Vimos, precedentemente, que as provas obtidas nos termos do disposto no art. 126º do CPP são proibidas e expressamente nulas, não podendo ser utilizadas; devendo, por isso, ser tratadas como se não existissem. Mas como relacionar esta prova nula com prova posterior válida, mas consigo conexa?

Concluímos, também, que as proibições de prova, onde se incluem os métodos proibidos de prova, assumem, no nosso ordenamento jurí-

[212] Estamos perante aquilo que o professor COSTA ANDRADE (2006), pág. 68, § 5.2, designa de "*estado de necessidade investigatório*". Existe, segundo este professor, um desvalor de acção, mas não de resultado, não fazendo pois sentido a proibição de valoração.

[213] A propósito desta ponderação de interesses, «*in casu*», de um lado a intimidade da vida privada (apreensão de um diário) e, do outro, o interesse da investigação criminal, «*vide*», *v.g.*, o Acórdão do TC, nº 607/2003, de 05 de Dezembro, proc. 594/03, rel. BENJAMIM RODRIGUES, *in www.tribunalconstitucional.pt/tc/acordaos*, acedido e consultado em 10 de Junho de 2011. *Cfr.*, ainda, o Acórdão do STJ, de 28 de Setembro de 2011, proc. 22/ /09.6YGLSB.S2, rel. SANTOS CABRAL (*in www.dgsi.pt*, acedido e consultado em 02 de Novembro de 2011). Neste aresto, decidiu aquele Tribunal que as imagens obtidas por intermédio da colocação de um sistema de videovigilância, nas partes comuns de um prédio constituído em regime de propriedade horizontal, sem qualquer comunicação à Comissão Nacional de Protecção de Dados, ou sem ter sido objecto de prévia deliberação favorável da Assembleia de Condóminos, não constitui "*qualquer método proibido de prova, desde que exista justa causa para a sua obtenção, como é o caso de documentarem a prática de uma infracção criminal, e não digam respeito ao «núcleo duro da vida privada» da pessoa visionada (onde se inclui a sua intimidade, a sexualidade, a saúde, a vida particular e familiar mais restrita, que se pretende reservada e fora do conhecimento das outras pessoas). (...) Há uma necessidade de conciliar os direitos com a realidade e as necessidades actuais da vida em sociedade. (...) Na verdade, quando os valores jurídicos protegidos pela estatuição do art. 199º do CP – relativos à imagem ou à palavra – estão a ser instrumentalizados na defesa de outros direitos, ou quando a não protecção concreta do direito à imagem ou à palavra é condição de eficácia da actuação do Estado na protecção de outros valores, eventualmente situados num patamar qualitativo superior, não se vislumbrando a possibilidade de afirmação da prevalência daquela protecção contra tudo e contra todos*".

dico, um carácter autónomo, relativamente ao regime geral das nulidades. Apesar desta independência, é frequente, na prática, a convergência entre os dois regimes. Neste sentido, vamos procurar uma solução ao regime geral das nulidades, adequada a responder à questão proposta. Nos termos do previsto no art. 122º nº 1 do CPP, a nulidade (neste caso, a nulidade probatória) implica não só a invalidade do acto em que se verificar, mas também os actos que dela dependerem ou que ela possa afectar.[214]

Esta proibição da prova subsequente, denominada pela doutrina como "*efeito-à-distância*", além de constituir uma garantia de defesa no processo criminal (art. 32º nº 1 da CRP), constitui, do lado oposto, o da investigação, um desincentivo à adopção de métodos proibidos.[215] Na esteira de Costa Andrade[216], o "*efeito-à-distância*" não encontra qualquer entrave, quer no art. 32º nº 8 da CRP, quer no art. 126º do CPP, já que estes preceitos não distinguem as provas obtidas directamente por intermédio dos métodos proibidos, daquelas que são obtidas indirectamente.

Importa-nos, doravante, verificar que tipo de conexão deve existir entre a prova considerada nula e aquela que, não obstante lícita, padece dos mesmos efeitos jurídicos, de modo a concluir-se pela "*comunicabilidade ou não da proibição de valoração aos meios secundários de prova tornados possíveis à custa de meios ou métodos proibidos de prova.*"[217]

[214] Não obstante a autonomia entre as proibições de prova e o regime geral das nulidades, de um modo geral, a doutrina portuguesa tem defendido a atribuição de efeito à distância à prova proibida [«*et alii*», Costa Andrade (2006), pág. 313; ou Germano Marques da Silva (2001), pág. 146]. Existem, contudo, posições contrárias, a não admitirem a atribuição desse efeito à distância [«*et alii*», Helena Morão (2006, Out/Dez) págs. 575 e sgts.].

[215] Nas palavras de Paulo de Sousa Mendes, «*apud*» Carmona da Mota (*In* Acórdão do STJ, de 31 de Janeiro de 2008, proc. 06P4805, em *www.dgsi.pt*, acedido e consultado em 10 de Junho de 2011): "*O efeito-à-distância é a única forma de impedir que os investigadores policiais, os procuradores e os juízes menos escrupulosos se aventurem à violação das proibições de produção de prova na mira de prosseguirem sequências investigatórias às quais não chegariam através dos meios postos à sua disposição pelo Estado de Direito*".

[216] *Cfr.* Costa Andrade (2006), págs. 313/314.

[217] *Idem, ibidem,* pág. 61.

Para melhor compreendermos o estabelecido no art. 122º nº 1 do CPP, atentemos sobre o seguinte exemplo escolástico:

> *O indivíduo A. é "suspeito" da prática de um crime de homicídio, cometido com arma de fogo. Apesar dos "boatos" que o dão como autor da prática daquele crime, não existem indícios suficientes que permitam sustentar uma acusação por parte do Ministério Público. Desse modo, o órgão de polícia criminal responsável pela investigação decide, através do uso de meios de tortura, obter esses indícios em falta. Através de uma confissão forçada, consegue obter a localização da arma do crime, que havia sido enterrada juntamente com as luvas de látex usadas na sua perpetração. Através do exame balístico, dos restos de pólvora e vestígios de sangue encontrados nas luvas, bem como das impressões digitais do suspeito encontradas no seu interior, o indivíduo A. acabou por ser condenado.*

Se, por um lado, o da comunidade em geral, não haverá dúvidas de que foi feita justiça; por outro, o dos princípios e dos valores fundamentais que devem prevalecer numa sociedade, seria de valorar a prova assim obtida?

No que concerne à confissão obtida mediante tortura, é manifesta a sua inclusão nos "*métodos proibidos de prova*" (arts. 25º nº 2 e 32º nº 8 da CRP, e art. 126º nº 1 do CPP), sendo, por isso, nula e, como tal, inadmissível o seu uso no processo. E relativamente às provas a que ela deu origem?

Para melhor respondermos a esta questão, chamemos à colação a «*fruit of the poisonous tree doctrine*» americana, segundo a qual a ilicitude do meio utilizado na obtenção da prova inviabilizaria todo o resultado probatório.[218]

[218] Embora a problemática relativa à prova proibida e respectivos efeitos em prova posterior legal tenha sido discutida pela primeira vez no Supremo Tribunal norte-americano, em 1920, no caso «*Silverthorne Lumber Co. vs. United States*», no que concerne à metáfora da «*fruit of the poisonous tree*», posteriormente reconhecida e desenvolvida noutros sistemas jurídicos, só vem a ser assumida em 1939, naquele mesmo tribunal, pelo juiz Felix Frankfurter, na decisão «*Nardone vs. United States*» (*in http://supct.law.cornell.edu/supct/search* – acedida e consultada em 17 de Junho de 2011). Informação retirada do Acórdão do TC, nº 198/2004, de 24 de Março de 2004, proc. 34/2004, rel. Rui Moura

Já tivemos oportunidade de referir «*supra*» que as proibições de prova são uma limitação à descoberta da verdade material, de factos relevantes para o processo. Esta limitação encontra justificação nos direitos fundamentais dos cidadãos, devendo estes prevalecer (quando esteja em causa o seu núcleo essencial) face ao interesse público da perseguição penal, ainda que a impunidade de um manifesto culpado possa representar danos sociais.

Colocar os interesses de perseguição penal no mesmo patamar dos direitos fundamentais dos cidadãos acarretaria consigo o "*perigo de estes princípios aparecerem relativizados e disponíveis em sede de ponderação com os interesses de perseguição penal*".[219]

Partindo do estabelecido no já aludido art. 122º nº 1 do CPP, e tendo em consideração as garantias de defesa que devem ser asseguradas no processo criminal, importa, doravante, verificar de que modo é que a prova proibida "*infecta*" toda a restante (ainda que legal), existindo um "*nexo de dependência funcional e substancial, causal, lógica e jurídica*"; e se a relativa autonomia da prova obtida licitamente, à custa da prova proibida, permite afastar o "*efeito-à-distância*" e, consequentemente, a sua "contaminação probatória".[220]

Empregando, pela sua expressividade, a consabida doutrina da «*fruit of the poisonous tree*», importa-nos analisar se a prova posterior provém daquela «*poisonous tree*» (prova proibida), tornando-se ela própria numa «*poisonous fruit*».[221]

RAMOS, *in www.tribunalconstitucional.pt/tc/acordaos*, acedido e consultado em 17 de Junho de 2011.

[219] *In* COSTA ANDRADE (2006), págs. 35/36.

[220] «*Vide*», neste sentido, o Acórdão do TC, nº 192/2001, de 08 de Maio de 2001, proc. 517/00, rel. ARTUR MAURÍCIO, *in www.tribunalconstitucional.pt/tc/acordaos*, acedido e consultado em 17 de Junho de 2011.

[221] Sobre este tema, consultar, *v.g.*, Acórdão do TRP, de 26 de Setembro de 2007, proc. 0741287, rel. MARIA ELISA MARQUES (*in www.dgsi.pt*, acedido e consultado em 20 de Junho de 2011), que considerou inválida a prova obtida por intermédio de buscas e apreensões – que tiveram por base elementos resultantes da intercepção e gravação de conversas tele-

Transportando para o nosso ordenamento jurídico a doutrina americana, existem 3 situações em que o "*efeito-à-distância*" é afastado, não ficando a prova subsequente sujeita à contaminação da prova proibida, ainda que esta lhe tenha dado origem. São elas: a "*existência de uma fonte independente*", a "*descoberta inevitável*" e a "*nódoa dissipada*".[222] Vejamos em que consiste cada uma delas.

No que concerne à primeira, a "*existência de uma fonte independente*", não existe uma causa «*sine qua non*» entre a prova ilegal e a que lhe adveio, ou seja, existe um grau de autonomia entre a actividade investigatória que originou a prova proibida e a que deu origem à prova ulterior.[223]

fónicas declaradas nulas. Considerou este tribunal, no aludido aresto, que existe, entre as provas obtidas e aquelas declaradas nulas, um nexo de "*antijuricidade*" que fundamenta o "*efeito-à-distância*", justificando-se, «*ipso facto*», a invalidade das buscas e das consequentes apreensões efectuadas. Também será de considerar inválida a apreensão de 2 sabonetes de haxixe, no interior de uma habitação, quando o conhecimento da sua existência foi obtido através de acesso ilegítimo, por parte da GNR, a correspondência, cujo destinatário era o morador daquela residência, objecto de busca. «*Vide*» Acórdão do TRL, de 23 de Junho de 2004, proc. 8950/2003-3, rel. RODRIGUES SIMÃO, *in www.dgsi.pt*, acedido e consultado em 20 de Junho de 2011.

[222] A nossa jurisprudência superior tem reconhecido, nos seus arestos, estas 3 excepções ao "*efeito-à-distância*". No que concerne ao TC, *cfr.* o Acórdão nº 198/2004, de 24 de Março, proc. 34/2004, rel. RUI MOURA RAMOS (*in www.tribunalconstitucional.pt/tc/acordaos*, acedido e consultado em 20 de Junho de 2011). Quanto ao STJ, o Acórdão de 20 de Fevereiro de 2008, proc. 07P4553, rel. ARMINDO MONTEIRO (*in www.dgsi.pt*, acedido e consultado em 20 de Junho de 2011).

[223] Para uma melhor percepção, chamemos à colação o caso "*Segura vs United States*", de 1983, em que, após uma primeira busca sem mandado, onde apenas foram encontrados indícios de tráfico de droga (não droga), foi realizada uma segunda, esta já com mandado e cujos fundamentos eram anteriores à primeira, tendo sido encontrada finalmente a tão almejada droga. Neste caso, o Supremo Tribunal norte-americano, não obstante ter invalidado a prova obtida na primeira busca, veio a considerar, como meio de prova válido, a droga apreendida na segunda busca, por a considerar oriunda de uma fonte independente. Caso citado no Acórdão do TC, nº 198/2004, proc. 34/2004, rel. RUI MOURA RAMOS, *in www.tribunalconstitucional.pt/tc/acordaos*, acedido e consultado em 20 de Junho de 2011.

Relativamente à "*descoberta inevitável*", baseia-se na ideia de que, ainda que a prova não estivesse rotulada de proibida pela "*contaminação*" da prova anterior, seria inevitável alcançar aquele mesmo resultado através de uma actividade probatória, lícita, que viria a ser desenvolvida.[224]

No que concerne a estes "*processos hipotéticos de investigação*", como tal designados por COSTA ANDRADE – ou à «*hypothetische Ermittlungsverlauf*» (prova lícita hipotética), assim intitulada no ordenamento jurídico alemão –, não bastará, através de um critério de "*imputação objectiva*", demonstrar que, mesmo sem a prova proibida, o resultado probatório seria na mesma alcançado através de uma prova lícita, tendo ainda que se demonstrar que esse resultado seria alcançado com um "*alto grau de probabilidade*".[225]

Por último e no que diz respeito à "*nódoa dissipada*", estamos perante uma prova legal obtida à custa de outra proibida, sendo que, entre aquela e esta, existe uma forte autonomia que atenua a gravidade da proibição.[226]

Esta doutrina veio, de certa forma, influenciar o nosso ordenamento jurídico, à semelhança do que sucedeu com outros similares, assumindo-se como um útil, no entanto, discutível utensílio a adoptar.[227]

[224] Assim decidiu o Supremo Tribunal norte-americano no caso «*Nix vs. Williams*», de 1983. Após interrogatório policial de um suspeito da prática de um crime de homicídio, levado a cabo sem as devidas formalidades legais, conseguiu-se saber a localização do cadáver. Não obstante esta prova ilegal, concluiu-se que seria inevitável aquele resultado, «*rectius*» a localização do cadáver, através de um meio lícito, já que estariam em curso buscas minuciosas àquele local. *In* Acórdão do TC, nº 198/2004, *supra cit.*

[225] «*Vide*» COSTA ANDRADE (2006), pág. 316.

[226] Decidiu o Supremo Tribunal norte-americano, *v.g.*, no caso «*Wong Sun vs. United States*», de 1962, que não obstante se estar perante uma detenção inválida, não fundamentada em suspeitas bastantes, essa invalidade não afectaria, nas suas consequências, uma posterior confissão voluntária e esclarecida por parte do suspeito, considerando-se esta confissão um «*independent act of free will*». *In* Acórdão do TC, nº 198/2004, «*supra cit.*».

[227] No que concerne ao direito alemão, não obstante começar por se assumir como maioritária a não-aceitação, da por si denominada «*Fernwirkung des Beweisverbots*» (efeito-à-

Apesar de o art. 122º do CPP estabelecer, no seu nº 1, não só a invalidade dos actos nulos, mas, outrossim, dos actos de si dependentes ou por si afectados, não está em causa, «*tout court*», a nulidade de toda a prova obtida à custa da prova proibida. É caso a caso, contrapondo os interesses em conflito, que tem que ser apreciada a validade ou a invalidade da prova ulterior obtida à custa da proibida precedente.[228] A invalidação de toda a prova obtida nestes termos, tendo por base os direitos e interesses fundamentais dos cidadãos, "*paralizaria a administração da justiça penal e comprometeria irremediavelmente a sua eficácia*". Seria uma "*afronta inescapável às exigências de justiça*", fazer ceder uma violação de diminuta importância, surgida no âmbito da investigação, perante um crime gravoso.[229] Existem, pois, certos direitos fundamen-

-distância das proibições de prova), *cfr.* BRADLEY E HARWARD, «*apud*» COSTA ANDRADE (2006), pág. 172, o certo é que o entendimento se alterou, sendo cada vez mais "*os autores que se pronunciam a favor de um efeito-à-distância das proibições de prova*", análogo à doutrina americana, *cfr.* COSTA ANDRADE (2006), pág. 175. Temos, ainda, o caso da «*divieti indotti*» (proibição induzida) do ordenamento italiano, *v.g.*, nas tentativas de contornar a prova obtida mediante escuta telefónica ilegal, através de um outro meio de prova legal (CORRADA DI MARTINO e TERESA PROCACCIANTI, *in* Acórdão do TC, nº 198/2004, *supra cit.*). No ordenamento espanhol, «*vide, et alii*», sentenças do Tribunal Constitucional espanhol, nºs 166/1999 e 8/2000, podendo-se ler nesta última (*in www.tribunal constitucional.es/ES/JURISPRUDENCIA/Paginas/Sentencia.aspx?cod=7182*, acedida e consultada em 27 de Junho de 2011) que: "*la transferencia del carácter ilícito, de las pruebas originales a las derivadas, se produce en virtud de la existencia de una conexión de antijuridicidad cuya presencia resulta del examen conjunto del acto lesivo del derecho y su resultado*", sendo no entanto "*posible que la prohibición de valoración de las pruebas originales no afecte a las derivadas, si entre ambas, en primer lugar, no existe relación natural, o si, en segundo lugar, no se da la conexión de antijuridicidad*".

[228] Vejamos, *v.g.*, o Acórdão do TC, nº 288/99 (de 12 de Maio de 1999, proc. 125/99, rel. TAVARES DA COSTA, *in www.tribunalconstitucional.pt/tc/acordaos*, acedido e consultado em 27 de Junho de 2011), onde uma confissão – efectuada de livre vontade, integral e sem qualquer reserva (art. 344º nº 1 do CPP) – tem autonomia suficiente face à prova anterior obtida de forma ilegal, sendo, pois, inteiramente constitucional a sua valoração.

[229] *Cfr.* COSTA ANDRADE (2006), pág. 174.

tais do cidadão que poderão ser sacrificados, visando-se a recolha de prova no âmbito da investigação de determinadas formas de criminalidade mais graves.

No que concerne aos métodos proibidos de prova, e à semelhança de alguma jurisprudência[230], entendemos que, no art. 126º nºs 1 e 2 do CPP, estando em causa *"interesses individuais que contendem directamente com a dignidade humana (tortura, coacção, ou, em geral, ofensa da integridade física ou moral das pessoas)"*, o *"efeito-à-distância"* deverá ser total, não se admitindo *"qualquer transigência em relação à prova subsequente"*. Já no seu nº 3, tendo em consideração a relatividade dos direitos aí presentes, admitir-se-ão excepções em função dos interesses em conflito, respeitando *os parâmetros da necessidade e proporcionalidade"*[231] e, claro está, o núcleo essencial dos direitos fundamentais.[232]

Com base no exposto – e relativamente ao exemplo prático previamente anunciado –, ponderando o nexo de dependência existente entre a prova proibida (confissão obtida mediante coacção) e a prova que dela resultou (apreensão da arma do crime e das luvas de látex), e o facto de estarmos perante uma grave proibição de prova (obtida mediante tortura, art. 126º nº 1 do CPP), resulta um inegável *"efeito-à--distância"* daquela proibição de prova na que lhe sucedeu (não obstante eventual responsabilidade criminal e disciplinar contra o autor dessa prova proibida, art. 126º nº 3 do CPP).

[230] *Cfr., v.g.*, o Acórdão do STJ, de 16 de Abril de 2009, proc. 08P3375, rel. SOUTO DE MOURA, com referência ao Acórdão do mesmo Tribunal, de 31 de Janeiro de 2008, proc. 06P4805, rel. CARMONA DA MOTA (ambos em *www.dgsi.pt*, acedidos e consultados em 27 de Junho de 2011).

[231] Esta é a solução apresentada por COSTA ANDRADE (2006), págs. 314 e sgts.

[232] Como exemplo dessa excepção, o Acórdão do STJ, de 28 de Setembro de 2011 – proc. 22/09.6YGLSB.S2, rel. SANTOS CABRAL, *in www.dgsi.pt*, acedido e consultado em 02 de Novembro de 2011 –, onde o direito à reserva da intimidade da vida privada e familiar cedeu perante o interesse da investigação criminal.

3.4. Meios de Obtenção de Prova

Vimos, «*supra*», que numa visão civilista, aplicável também ela ao processo penal, as provas têm por função a demonstração da realidade dos factos (art. 341º do CC).

Na distinção entre meios de prova e meios da sua obtenção, vimos ainda, que enquanto aqueles consistem no conjunto de instrumentos aptos a demonstrar a realidade dos factos relevantes para o processo, estes são as "ferramentas" empregadas na investigação e ulterior recolha de meios de prova, sejam estes factos ou coisas.

Como refere GERMANO MARQUES DA SILVA[233], esta distinção é esbatida nos casos em que "*o próprio meio de obtenção da prova acaba por ser também um meio de prova*", dando como exemplo as escutas telefónicas (meio de obtenção de prova), cujas gravações configuram já um meio de prova.

Já tivemos oportunidade de referir que a obtenção de prova, enquanto instrumento investigatório, pode colidir com os direitos fundamentais dos cidadãos. Como tal, é necessário que esses "*instrumentos*" obedeçam, de um modo geral, a todo um conjunto de pressupostos. Assim, na esteira do professor COSTA ANDRADE, deve o meio de obtenção de prova estar legitimado por lei (da Assembleia da República ou Decreto-Lei por si autorizado)[234], lei esta que não poderá ter efeito retroactivo, "*nem diminuir a extensão e o alcance do conteúdo essencial dos preceitos constitucionais*" (art. 18º nº 3 da CRP). Deve ainda, essa previsão legal – enquanto restrição de direitos, liberdades e garantias –, encontrar autorização expressa na Constituição, devendo a coarctação "*limi-*

[233] *Cfr.* GERMANO MARQUES DA SILVA (2008), págs. 209/210.

[234] *In* COSTA ANDRADE (2009), págs. 112 e sgts. Conforme alude aquele douto professor, somente "*uma lei expressa, clara e determinada, especificamente reportada à técnica em causa, definidora e delimitadora da respectiva medida de invasividade e de devassa, pode legitimar a sua utilização como meio de obtenção da prova em processo penal*". Acrescenta ainda o autor que a lei deve permitir identificar, facilmente, "*com rigor e segurança tanto o bem jurídico ou o direito fundamental lesado ou atingido como o teor do respectivo sacrifício*", devendo ainda prever, "*de forma precisa e com clareza normativa (Anlass), o fim e os limites da intromissão*".

tar-se ao necessário para salvaguardar outros direitos ou interesses constitucionalmente protegidos" (art. 18º nº 2 da CRP).

O nosso Código de Processo Penal regula os meios de obtenção de prova nos arts. 171º a 190º, contemplando, nesses artigos: os exames (arts. 171º a 173º), as revistas e buscas (arts. 174º a 177º), as apreensões (arts. 178º a 186º) e as escutas telefónicas (arts. 187º a 190º).

Visto que a CRP admite expressamente a restrição de direitos, liberdades e garantias dos cidadãos – cumpridos os pressupostos «*supra*» mencionados –, estando em causa os meios de obtenção de prova aludidos, essa restrição deve ter sempre em consideração o equilíbrio entre dois interesses em confronto: por um lado, o interesse «*supra*» individual (ou comunitário) de prevenção e repressão da criminalidade; e, por outro, os direitos fundamentais dos cidadãos (individualmente considerados).

Capítulo 4
Meios de Obtenção de Prova no Âmbito das Medidas Cautelares e de Polícia

4.1. Introdução

Constatamos, na actualidade, o surgimento de novas formas de criminalidade, nos mais diversos domínios, cuja organização, estrutura e meios técnicos geram uma enorme dificuldade na obtenção de provas tendentes a obter a incriminação dos responsáveis. Surge, daqui, a necessidade, por parte do Estado, de equilibrar a actividade de investigação, dotando-a de novos meios técnicos e científicos, muitos deles na zona limítrofe do ilícito, pondo em causa o próprio princípio da legalidade da prova (art. 125º do CPP).

É neste contexto que iniciamos o presente capítulo, tendo como figura central a extensa e complexa actividade policial de âmbito cautelar, destinada à obtenção de material probatório, tendo como fim último o apuramento da verdade processual. Iremos, doravante, analisar essa actividade, tendo em consideração os rigorosos princípios constitucionais que regem todo o processo, a prova em particular.

Já tivemos oportunidade de referir que os "*meios de obtenção de prova*", assim apelidados no Título III, Livro III do CPP, assumem-se como instrumentos utilizados pelas autoridades judiciárias, tendo como objectivo a investigação e a recolha de meios de prova. Como refere GERMANO MARQUES DA SILVA, «*não são instrumentos de demons-*

tração do «thema probandi», são instrumentos para recolher no processo esses meios».[235]

Não obstante a competência reconhecida às autoridades judiciárias para utilização daqueles instrumentos probatórios, existem situações em que é necessário o acautelamento de meios de prova relativos à prática de um crime, cuja salvaguarda de forma não imediata comprometeria seriamente a sua integridade e consequente utilização no correspondente processo penal. Neste sentido, iremos, a partir de agora, centrar-nos nas denominadas medidas cautelares e de polícia (arts. 55º nº 2, «*in fine*» e 248º e sgts. do CPP), medidas estas levadas a cabo pelos órgãos de polícia criminal, ainda que sem qualquer ordem ou autorização prévias por parte da autoridade judiciária competente.

4.2. Comunicação da Notícia do Crime

4.2.1. A Notícia do Crime

No âmbito do presente estudo, quando nos referimos à "*aquisição da notícia do crime*", estamos a reportar-nos ao modo como o Ministério Público tem conhecimento da prática de determinado crime, seja "*por conhecimento próprio, por intermédio dos órgãos de polícia criminal ou mediante denúncia*" (art. 241º do CPP), dando origem à abertura de inquérito (art. 262º nº 2 do CPP), ressalvando, claro, os casos em que o CPP exige, para essa abertura, a manifestação da vontade de alguém.[236]

Sendo comummente o inquérito, pela sistemática do CPP, considerado como a primeira fase do processo penal, existem autores que consideram que, verdadeiramente, a primeira fase do processo coincide com a própria «*notitia criminis*».[237] Usam como argumento, os aludidos

[235] *In* Germano Marques da Silva (2001), pág. 163.

[236] Conforme alude o art. 262º nº 1 do CPP, visa-se com o inquérito, através das diligências nele assumidas, "*investigar a existência de um crime, determinar os seus agentes e a responsabilidade deles e descobrir e recolher as provas, em ordem à decisão sobre a acusação*", sob a direcção do Ministério Público (art. 263º nº 1 do CPP).

[237] Neste sentido, «*inter alia*», Tereza Beleza e F. L. Costa Pinto (2001), págs. 70 e sgts.

autores, o facto de o art. 58º nº 1 al. d) do CPP prescrever a obrigatoriedade de constituir como arguido o suspeito da prática de um crime, depois de levantado o respectivo auto de notícia e de este lhe ter sido comunicado. Dado que estamos numa fase anterior ao inquérito, não faria muito sentido, portanto, constituir alguém como arguido antes da existência de um processo penal.

Para além daquele argumento, o qual subscrevemos, a «*notitia criminis*» assume um papel preponderante, desde logo, no levantamento de auto de notícia (art. 243º do CPP), na detenção do suspeito (art. 254º e sgts.), na forma de processo aplicável, na necessidade de obtenção de queixa do ofendido (art. 49º nº 1 do CPP e art. 113º nº 1 do CP) para manutenção da detenção (art. 255º nº 3 do CPP); conferindo, ainda, a possibilidade de os órgãos de polícia criminal, após a notícia de factos jurídicos penalmente relevantes, procederem a todo o conjunto de actos tendentes à obtenção e conservação dos meios de prova (art. 249º e sgts. do CPP).

4.2.2. A Comunicação

Tecidas, precedentemente, algumas considerações sobre a notícia do crime e a sua importância no processo penal, enquanto primeira medida apta a acautelar o devido procedimento criminal, vejamos, doravante, de que modo se processa essa comunicação ao titular da acção penal, o Ministério Público.

Vimos, em sede de competência dos órgãos de polícia criminal, que, além de coadjutores das autoridades judiciárias (art. 55º nº 1 do CPP), a lei lhes atribui competência para colher a notícia dos crimes – ainda que por sua própria iniciativa –, impedindo, se possível, as suas consequências ou o seu agravamento, descobrir os seus agentes, bem como para praticar os actos necessários e urgentes, destinados a assegurar meios de prova (nº 2 do art. 55º do CPP).

Colhida a notícia do crime, seja por conhecimento próprio ou mediante denúncia (ainda que infundada, nº 2), sobrevém a obrigatoriedade legal, por parte dos órgãos de polícia criminal (art. 248º nº 1 do CPP), de a transmitir ao Ministério Público, no mais curto prazo, prazo este que não poderá exceder os 10 dias. Havendo urgência, pode a transmissão ser efectuada por qualquer meio para o efeito disponível (seja o fax, e-mail ou telefonicamente), ressalvando-se o facto de a comunicação oral dever ser sempre seguida de comunicação escrita (art. 248º nº 3 do CPP).

Esta obrigatoriedade encontra-se também patente no art. 242º nº 1 do CPP, seja no que concerne às entidades policiais, quanto a todos os crimes de que tenham conhecimento, seja relativamente aos funcionários (na acepção do art. 386º do CP), quanto a crimes de que tomem conhecimento no exercício das suas funções e por causa delas.

Sempre que uma autoridade judiciária, um órgão de polícia criminal ou outra entidade policial presenciarem um crime de denúncia obrigatória, devem lavrar auto de notícia circunstanciado, conforme alude o art. 243º nº 1 do CPP.

No que tange à obrigatoriedade de os órgãos de polícia criminal transmitirem a notícia de todos os crimes de que tenham conhecimento, entendemos que, nos casos em que a informação é obtida por intermédio do próprio titular do direito ofendido (que a ele pode renunciar, art. 116º nº 1 do CP), a denúncia só será obrigatória se estivermos perante um crime de natureza pública. Subscreve-se a convicção de Maia Gonçalves de que o disposto no art. 242º nº 1 al. a) do CPP deve interpretar-se em conjugação com o previsto no nº 3 do mesmo artigo, resultando a obrigatoriedade, para as entidades policiais, de denúncia de todos os crimes de que tomarem conhecimento, mas somente no que concerne aos crimes públicos.[238-239]

[238] «*Vide, et alii*», M. Maia Gonçalves (1999), pág. 194, nota 3; Paulo Pinto de Albuquerque (2008), pág. 636, § 1 al. a); Acórdão do STJ, de 05 de Dezembro de 2007, proc. 07P3758, rel. Pires da Graça, *in www.dgsi.pt*, acedido e consultado em 08 de Julho de 2011.

[239] Mesmo autores que defendem com afinco a obrigação, por parte das entidades policiais, de denunciar todos os crimes de que tenham conhecimento, entre os quais, M. M. Guedes Valente (2009), pág. 231, vêm, mais tarde (*in ob. cit.* pág. 234), substituir a "obrigação" pela "prudência", esta de todo compatível com as máximas latinas «*melius est abundare quam deficere*» e «*quod abundat non nocet*». Subscreve-se, neste sentido, que, por uma questão de prudência, visando acautelar as próprias entidades policiais (não por obrigação legal),

Relativamente aos crimes (não públicos) cujo conhecimento advém de quem não é titular do direito de queixa (estes sem legitimidade para denunciar, art. 244º do CPP), entendemos que a sua denúncia por parte dos órgãos de polícia criminal, à semelhança do que foi referido anteriormente, também não será obrigatória, devendo, em todo o caso, à semelhança do que sucede no art. 246º nº 6 do CPP, o órgão de polícia criminal competente informar o titular do direito de queixa da existência da notícia do crime e do prazo legal que dispõe para exercer aquele direito (art. 115º do CP), sem prejuízo da realização de medidas cautelares necessárias à preservação de eventuais meios de prova (neste caso, precedendo a abertura formal do inquérito, deve ser elaborado e remetido ao Ministério Público o relatório previsto no art. 253º do CPP).

4.2.3. O Prazo

Vimos anteriormente, quando nos referimos ao art. 248º nº 1 do CPP, que sempre que os órgãos de polícia criminal adquiram a notícia de um crime, seja por conhecimento próprio, seja através de denúncia, devem comunicá-la ao Ministério Público no mais curto prazo possível, que não poderá nunca exceder os 10 dias.

Esta referência ao prazo de 10 dias, enquanto limite temporal máximo para a comunicação da notícia de um crime ao Ministério Público, surge-nos com as alterações introduzidas pela Lei nº 48/2007, de 29 de Agosto, sendo que, na anterior redacção, somente era referido que essa comunicação deveria ocorrer no mais curto prazo.

Devendo a «*notitia criminis*» ser comunicada pelos órgãos de polícia criminal ao Ministério Público, num "*mais curto prazo*" que poderá atingir os 10 dias, significa, como já tivemos oportunidade de referir em secção precedente, afecta às funções de polícia, ser possível a realização

se deva elaborar um auto de ocorrência, de modo a ficar documentada a renúncia do direito de queixa por parte do seu titular, ou registados os actos que permitam deduzir essa renúncia (*v.g.*, limpeza de todo o local da prática de um crime de furto, frustrando eventual recolha de vestígios).

de investigação criminal (ainda que naquele "*mais curto prazo*"), mesmo antes da abertura do inquérito, sem qualquer despacho de competência genérica e para além das medidas cautelares e de polícia.

Significa, portanto, que, nesse prazo, que se poderá alongar até aos 10 dias, os órgãos de polícia criminal actuam numa «intolerável (...) "*zona de semi-clandestinidade*"», assumindo um domínio pleno sobre a investigação.[240]

Diversos autores entendem que este prazo é desajustado face à nossa Constituição, sendo esta inconciliável com acções de investigação criminal pré-processuais, encetadas pelos órgãos de polícia criminal à margem do controlo directo do Ministério Público. Ainda que admissíveis acções de prevenção, levadas a cabo sem ordem ou autorização do Ministério Público, uma vez obtida a notícia de um crime (no âmbito dessas acções), é obrigatória a sua comunicação, de forma imediata, àquela autoridade judiciária, de modo a não frustrar a própria estrutura do processo penal, nomeadamente a dependência funcional dos órgãos de polícia criminal relativamente ao Ministério Público (arts. 56º e 263º nº 2, «*in fine*», do CPP), nem os poderes constitucionalmente reconhecidos a este último no exercício da acção penal (art. 219º nº 1 da CRP, *cjg.* art. 48º do CPP), enquanto «*dominus*» do inquérito e, sobretudo, de modo a não frustrar as garantias de defesa do arguido (art. 32º nº 1 da CRP).[241]

Este prazo de 10 dias previsto no art. 248º nº 1 do CPP (também nos arts. 243º nº 3 e 245º do CPP, e art. 2º nº 3 da LOIC), que pode mediar entre a notícia do crime e a respectiva comunicação ao titular do exercício da acção penal, «*rectius*» o Ministério Público, vem contra o previsto nos arts. 32º nº 1 e 219º nº 1 da CRP, sendo pois inconstitucional. Afora a sua inconstitucionalidade, do ponto de vista prático e

[240] Assim qualificou este lapso temporal o professor Paulo Pinto de Albuquerque (2008), pág. 645.

[241] Sobre este assunto, *cfr.* o Acórdão do TC, nº 334/94, proc. 111/94, rel. Sousa e Brito, acedido e consultado em *www.tribunalconstitucional.pt/tc/acordaos*, no dia 09 de Julho de 2011.

actualista, não se percebe o prazo instituído, já que as comunicações tornaram-se mais céleres e eficazes, não se justificando um prazo tão alargado.

No que concerne à natureza deste prazo, à semelhança da maioria dos prazos processuais atribuídos aos órgãos formais de repressão, assume uma natureza meramente ordenadora ou indicativa. Assim, ainda que a notícia do crime ocorra após o lapso temporal legalmente estabelecido, 10 dias, nem por isso perde a sua validade, não obstante a responsabilidade disciplinar de quem o não respeitou, ou eventual responsabilidade civil por danos decorrentes do exercício da função administrativa, nos casos de atraso considerável da comunicação.[242]

4.3. Providências Cautelares

4.3.1. Actos Imediatos e Urgentes para Salvaguarda dos Meios de Prova

É consabido, ou pelo menos conjecturável, que o sucesso de grande parte da investigação dos crimes está dependente da forma como os órgãos de polícia criminal que primeiro abordam o local da sua prática intervêm junto de todo o cenário probatório, acautelando a sua perda ou deterioração.

Consciente dessa importância, o legislador, no art. 249º nº 1 do CPP, atribui competência[243] aos órgãos de polícia criminal para, "*mesmo antes de receberem ordem da autoridade judiciária competente para procederem a investigações, praticar os actos cautelares necessários e urgentes para assegurar os meios de prova*" – ainda que não sejam competentes para a investigação daquele crime.[244]

[242] «*Vide*» o Regime da Responsabilidade Civil Extracontratual do Estado e demais Entidades Públicas, aprovado pela Lei nº 67/2007, de 31 de Dezembro, publicado no DR nº 251, 1ª Série, de 31 de Dezembro de 2007.

[243] Esta competência assume-se como um verdadeiro dever de primeira intervenção, ou «*die pflicht zur ersten Zugriff*» como lhe chamam os alemães.

[244] Neste sentido, estabelece o art. 5º nº 1 da Lei de Organização da Investigação Criminal (LOIC), Lei nº 49/2008, de 27 de Agosto, que: "*Sem prejuízo dos casos de competência deferida,*

Aquela norma confere aos órgãos de polícia criminal uma competência própria na salvaguarda de meios de prova, mesmo antes da abertura formal de qualquer inquérito. No entanto, dada a sua importância para o sucesso da investigação e a susceptibilidade de virem a ser integrados no processo – após legitimados pela autoridade judiciária competente (Ministério Público ou juiz de instrução) –, somos da opinião de que estamos perante actos de natureza processual, ainda que "*virtuais*", devendo estes observar os princípios gerais que regem o processo.[245] A integração efectiva daquela actividade cautelar, no inquérito, estará sempre dependente, como melhor veremos «*infra*», da respectiva validação pela autoridade judiciária competente, seja o Ministério Público[246] ou o juiz de instrução.[247]

Sendo a validação um acto de controlo da legalidade da medida cautelar levada a cabo pelos órgãos de polícia criminal, a sua preterição (invalidação) pela autoridade judiciária competente, estando em causa os direitos fundamentais dos cidadãos, terá como consequência a proibição de utilização no processo da prova assim obtida.

Mas, a competência para a prática de "*actos cautelares necessários e urgentes*", destinados a assegurar meios de prova, não é atribuída

o órgão de polícia criminal que tiver notícia do crime e não seja competente para a sua investigação apenas pode praticar os actos cautelares necessários e urgentes para assegurar os meios de prova".

[245] Sobre a natureza das medidas cautelares e de polícia, «*vide supra*» a nossa subsecção 2.2.1.

[246] Compete-lhe, *v.g.*, a validação da actividade cautelar levada a cabo antes da abertura formal ou durante o inquérito, após a remessa do relatório mencionado no art. 253º do CPP, salvo nos actos em que a competência para a validação incumba exclusivamente ao juiz de instrução.

[247] Para além da actividade cautelar levada a cabo na fase de instrução (art. 253º nº 2 do CPP), em qualquer fase processual compete ao juiz de instrução a validação, *v.g.*, das revistas e das buscas efectuadas por órgão de polícia criminal, nos casos de terrorismo, criminalidade violenta ou altamente organizada, quando haja fundados indícios da prática iminente de crime que ponha em grave risco a vida ou a integridade de qualquer pessoa, art. 174º nº 5 al. a) e nº 6 do CPP, ou a validação da revista de suspeitos em caso de fuga iminente ou de detenção e a buscas no lugar em que se encontrarem (...), art. 251º nº 1 al. a) e nº 2 do CPP.

somente aos órgãos de polícia criminal "*antes de receberem ordem da autoridade judiciária competente para procederem a investigações*", pois ela prolonga-se, mesmo após a sua intervenção, caso seja necessário e urgente assegurar novos meios de prova (não obstante o dever de comunicação), art. 249º nº 3 do CPP.

Assumindo como exemplificativa (dado o termo "*nomeadamente*") a enumeração compreendida no art. 249º nº 2 do CPP, vejamos «*infra*» alguns exemplos de "*actos cautelares necessários e urgentes para assegurar meios de prova*", embora outros possa haver, desde que situados fora do âmbito da competência exclusiva das próprias autoridades judiciárias (*v.g.*, art. 268º do CPP)

4.3.2. Conservação e Exame dos Vestígios

A procura e a recolha de material probatório – enquanto diligências de investigação criminal [art. 1º da Lei nº 49/2008, de 27 de Agosto (LOIC)] – envolvem dois interesses conflituantes: por um lado, o interesse de toda a comunidade em ver prevenida e reprimida a criminalidade; e, por outro, o interesse de todos os cidadãos em não verem afectados os seus direitos, para além do estritamente necessário à salvaguarda daquele primeiro interesse. É no equilíbrio entre esses dois interesses que a actividade de obtenção de prova encontra legitimidade.

Tendo por base o exposto, iremos, doravante, dedicar a nossa atenção a um meio de obtenção de prova, o exame [arts. 171º nº 2 e 173º «*ex vi*» art. 249º nº 2 al. a) do CPP], confrontando-o com um meio de prova, a perícia (art. 151º e sgts. do CPP), que com ele apresenta afinidade, não se devendo, no entanto, confundir. Começa por referir o CPP, no art. 171º nº 1, que é por intermédio de exames, quer de pessoas, quer dos lugares e das coisas, que se inspeccionam "*os vestígios que possa ter deixado o crime e todos os indícios relativos ao modo como e ao lugar onde foi praticado, às pessoas que o cometeram ou sobre os quais foi cometido.*"[248]

[248] Ao nível do direito comparado, *v.g.*, no direito francês, não obstante inexistir norma idêntica no seu «*Code de Procédure Pénale*» (em *http://www.legifrance.gouv.fr/affichCode.do?*

4.3.2.1. Exame vs Perícia

Contrariamente ao que sucedia com o seu predecessor de 1929 (arts. 175º e sgts.), que tratava de forma indiferente os exames e as perícias, o Código de Processo Penal vigente adoptou a sua separação formal e material, tratando aqueles como meios de obtenção de prova (arts. 171º e sgts.) e estas como meios de prova (arts. 151º e sgts.). Mas vejamos em que consiste cada um deles.

No que concerne à perícia, qualificada pelo legislador como um meio de prova, tem como finalidade, quer a compreensão dos factos, quer a sua valoração, «*id est*», "*o perito pode descobrir meios de prova, recorrendo a métodos científicos únicos a permitirem a sua apreensão ou pode exigir-se ao perito não a descoberta dos factos probatórios, mas apenas a sua apreciação*".[249]

Depois de encontrados e fixados os vestígios, compete proceder à sua interpretação. Se, por um lado, existem vestígios que, pela sua clareza, poderão ser interpretados, quer pelo investigador, quer pelo juiz, outros existem que, pela sua complexidade, somente poderão ser interpretados por um especialista, auxiliando-se de métodos técnicos, científicos ou artísticos, constituindo o seu "*relatório pericial*" o meio de prova (arts. 151º e 157º do CPP).[250]

cidTexte=LEGITEXT000006071154, acedido e consultado em 12 de Julho de 2011), o seu art. 14 atribui competência aos funcionários da polícia judiciária para acautelar, desde logo, todos os meios de prova, adoptando todos os actos adequados a esse fim (incluindo mesmo a proibição de qualquer pessoa se afastar do local, art. 61 do CPPF), sem precedência de qualquer autorização da autoridade judiciária. No que concerne ao direito alemão, encontramos plasmada no § 163 da StPO (*http://www.gesetze-im-internet.de/stpo/*), a competência atribuída à Polícia para adoptar todas as medidas convenientes à conservação, bem como ao exame dos vestígios deixados pelo crime.

[249] *Cfr.* GERMANO MARQUES DA SILVA (2008), pág. 210.

[250] «*Vide*» KARL ZBINDEN, «*apud*» Parecer do Conselho Consultivo da PGR (PGRP00002801), rel. LEONES DANTAS, publicado *in* DR nº 242, 1ª série, de 19 de Dezembro de 2006 (também acessível em *www.dgsi.pt*). Consultando o Código Civil, na secção relativa à prova pericial, mais precisamente o seu art. 388º, encontramos uma definição que não diverge da plasmada no «*supra*» mencionado art. 151º do CPP. Naquele se afirma que: "*A prova peri-*

É ainda realizada perícia quando a descoberta de provas apresenta um certo grau de complexidade e seja susceptível de vir a ofender o pudor e a sensibilidade das pessoas visadas[251], como é o caso da perícia realizada nos termos do art. 53º nº 1 da Lei da Droga (Decreto-Lei nº 15/93, de 22 de Janeiro), havendo indícios de que alguém oculta ou transporta, no interior do seu corpo (*v.g.*, no ânus), estupefacientes ou substâncias psicotrópicas. Esta detecção de material probatório exige mais do que o recurso à simples experiência comum, requerendo um conhecimento específico, somente alcançável através da intervenção de peritos na matéria em causa, seja em estabelecimento, laboratório ou serviço oficial apropriado (art. 152º nº 1 do CPP).[252]

cial tem por fim a percepção ou apreciação de factos por meio de peritos, quando sejam necessários conhecimentos especiais que os julgadores não possuem, ou quando os factos, relativos a pessoas, não devam ser objecto de inspecção judicial". A título de exemplo, não terá valor de juízo pericial: o Relatório Social, art. 1º al. g) do CPP – Acórdão do STJ, de 20 de Janeiro de 1998, proc. 97P1217, rel. Nunes da Cruz; o exame macroscópico directo efectuado à vista desarmada por médica veterinária, onde esta afirma, com grande certeza e infalibilidade, que: "*não sendo visíveis as marcas sanitárias oficiais de inspecção sanitária, presumo tratar-se de abate clandestino*", crime p. e p. pelo art. 22º nº 1, als. a) e b) do DL nº 28/84, de 20 de Janeiro – Acórdão do TRE, de 12 de Abril de 2005, proc. 194/05-1, rel. Fernando Ribeiro Cardoso. Também não terá o valor de juízo pericial, o reconhecimento por parte de agente da GNR de que determinado jogo é ou não de fortuna ou azar – Acórdão do TRP, de 24 de Janeiro de 2007, proc. 0644669, rel. António Gama. Igualmente o exame em que um funcionário judicial procede à avaliação de um telemóvel (auto de exame e avaliação de objectos) não tem o valor de perícia – Acórdão do TRP, de 14 de Junho de 2006, proc. 0612322, rel. Guerra Banha. Mesmo a "*opinião emitida por um médico que seja testemunha no processo que incida sobre matéria médica, não obstante qualificada pelo seu conhecimento profissional, será sempre uma opinião não qualificada, face à opinião pericial*" – Acórdão do TRE, de 05 de Fevereiro de 2013, proc. 529/08.2TAPTG.E1, rel. João Sousa (todos em *www.dgsi.pt*, acedidos e consultados em 22 de Maio de 2017).

[251] Ou, como refere o professor Manuel de Andrade (1976), pág. 261, "*por motivos de decoro ou de respeito pela sensibilidade (legítima susceptibilidade)*".

[252] Sendo impossível ou inconveniente o recurso àqueles locais, a perícia pode ser realizada por "*perito nomeado de entre pessoas constantes de lista de peritos existentes em cada comarca, ou, na sua falta ou impossibilidade de resposta em tempo útil, por pessoas de honorabilidade e de reconhecida competência na matéria em causa*" (2ª parte do art. 152º nº 1 do CPP), desde que "*não tenham qualquer interesse na decisão a proferir ou ligação com o assis-*

Quanto aos exames, tendo em conta o prescrito no art. 171º nº 1 do CPP[253], consistem numa inspecção/observação que visa detectar a presença ou localização de vestígios e/ou indícios, sem qualquer análise técnica, científica ou artística, reservada à perícia (arts. 151º e sgts. do CPP). Visa-se, com os exames, *"fixar documentalmente ou permitir a observação directa pelo tribunal de factos relevantes em matéria probatória"*.[254]

Apesar das similitudes e da íntima ligação entre os exames e as perícias, o seu tratamento no Processo Penal é diferenciado, visando dar resposta às dificuldades práticas que vieram surgindo. Vejamos algumas dessas diferenças. Enquanto que a perícia somente pode ser ordenada "*oficiosamente ou a requerimento, por despacho da autoridade judiciária*" competente (art. 154º do CPP)[255], os exames podem partir mesmo da própria iniciativa dos órgãos de polícia criminal, no âmbito das medidas cautelares e de polícia [art. 249º nºs 1 e 2 al. a) do CPP], não obstante os casos dependentes de ordem ou autorização da autoridade judiciária

tente ou com o arguido" (art. 160º-A nº 1 do CPP). Não confundir o perito com o consultor técnico (arts. 155º, 156º nº 1, 157º nº 1, 317º, 318º, 331º e 350º do CPP), a quem não é aplicável "*o regime de impedimentos, recusas e escusas, previsto para os peritos (arts. 153º nºs 1 e 2, e 47º), nem está obrigado a compromisso ou juramento (art. 91º, a contrario)*", não podendo a sua intervenção ser impedida por razões de desconfiança sobre a sua imparcialidade e competência. *Cfr.* Acórdão do TRL, de 27 de Fevereiro de 2007, proc. 9794/2006-5, rel. Vieira Lamim, *in www.dgsi.pt*, acedido e consultado em 21 de Julho de 2011.

[253] Refere o art. 171º nº 1 do CPP que: "*Por meio de exames das pessoas, dos lugares e das coisas, inspeccionam-se os vestígios que possa ter deixado o crime e todos os indícios relativos ao modo como e ao lugar onde foi praticado, às pessoas que o cometeram ou sobre as quais foi cometido.*"

[254] *In* Germano Marques da Silva (2001), pág. 190.

[255] É de referir que esta competência da autoridade judiciária obriga a um conhecimento mínimo, prévio, sobre a perícia a realizar, da sua adequação e relevância para a descoberta da verdade material, bem como para uma posterior interpretação dos resultados obtidos, contidos no relatório pericial. Os conhecimentos deverão ser necessariamente maiores nos casos vertidos no art. 163º do CPP, de modo a que o julgador possa fundamentar, de forma rigorosa e no mesmo plano cientifico, uma eventual divergência entre a sua convicção e o juízo contido no parecer dos peritos.

competente [arts. 172º nº 2, 269º nº 1 al. b) e 270º nº 2 al. c) e nº 3 do CPP].[256-257]

[256] Estamos cientes de que a perícia é uma matéria que se situa fora do domínio dos órgãos de polícia criminal, ficando excluída dos actos que lhe podem ser delegados pelo Ministério Público [art. 270º nº 2 al. b) do CPP]. Não obstante esta exclusão, vemos uma extensão das medidas cautelares, quando, em casos de urgência ou de perigo na demora, a lei (nº 3 do mesmo art. 270º, introduzido pelo art. 1º da Lei nº 59/98, de 25 de Agosto) prevê a possibilidade de o Ministério Público delegar nas autoridades de polícia criminal [art. 1º al. d) do CPP] "*a faculdade de ordenar a efectivação de perícia relativamente a determinados tipos de crimes, (...) nomeadamente quando a perícia deva ser realizada conjuntamente com o exame dos vestígios*" (art. 171º e sgts.). Assim, *v.g.*, poderá uma autoridade de polícia criminal ordenar a realização de perícia lofoscópica, após prévia recolha de impressões digitais (através de exame) a objecto encontrado no local da prática do crime, de modo a interpretar os vestígios encontrados. A delegação de competências do Ministério Público em autoridade de polícia criminal (art. 270º nº 3 do CPP), ainda que possa evidenciar um certo afastamento do Ministério Público das suas funções de promoção do processo penal (art. 219º nº 1 da CRP e art. 48º do CPP), traz com certeza claras vantagens no que concerne à eficiência e celeridade da investigação criminal. Exceptua-se daquela possibilidade de delegação, a perícia que compreenda a realização de autópsia médico-legal, pela "*natureza dos interesses atingidos com a realização daquela diligência*", "*bem como a prestação de esclarecimentos complementares e a realização de nova perícia nos termos do art. 158º*", competências reservadas à autoridade judiciária competente (nº 3 do art. 270º do CPP). *Cfr.*, a este propósito, o art. 18º nº 6 da Lei nº 45/2004, de 19 de Agosto (diploma que veio regulamentar as perícias médico-legais e forenses), que atribui a competência para determinar a realização de autópsia médico-legal à autoridade judiciária. Ver, ainda, o Parecer do Conselho Consultivo da PGR (PGRP00002801), rel. Leones Dantas, publicado *in* DR nº 242, 1ª série, de 19 de Dezembro de 2006 (também acessível em *www.dgsi.pt*), relativamente às excepções mencionadas. A título de curiosidade, pode ler-se ainda, no Acórdão do STJ, de 10 de Dezembro de 1997, proc. 97P1017, rel. Andrade Saraiva (*www.dgsi.pt*, acedido e consultado em 21 de Julho de 2011): "*A autópsia da vítima não se enquadra na prova pericial dos artigos 151 e seguintes do CPP, sendo antes um simples exame para recolha de indícios sobre a prática de um crime, não tendo a força probatória atribuída àquela pelo artigo 163 do referido diploma, e constituindo um meio de prova sujeito ao princípio da livre apreciação.*"

[257] A título de curiosidade, no ordenamento alemão [§ 81a (2) da StPO – em *http://www.gesetze-im-internet.de/stpo/*, acedido e consultado em 22 de Julho de 2011], encontramos a possibilidade de os funcionários de polícia poderem ordenar exame corporal ao arguido, mesmo sem o seu consentimento, havendo perigo na demora para o sucesso futuro da investigação. No ordenamento inglês, a polícia tem, no inquérito, posição dominante.

Esta dissemelhança entre exames e perícias é relevante, sobretudo no que concerne à forma como são apreciados pelo juiz. Aquando da análise da prova, vimos que, em regra, a prova obtida é apreciada pelo juiz segundo as regras de experiência e segundo a sua livre convicção (art. 127º do CPP), salvo quando a própria lei estabelece o contrário. Uma dessas excepções corresponde à prova pericial, presumindo-se subtraído à livre apreciação do julgador "*o juízo técnico, científico ou artístico inerente à prova pericial*" (art. 163º nº 1 do CPP).[258] Pode, no entanto, a convicção do juiz divergir desse juízo contido no parecer dos peritos (art. 163º nº 2 do CPP), devendo, nesse caso, ilidir essa presunção, justificando a divergência com argumentos do mesmo plano "*técnico, científico ou artístico*". Relativamente aos vestígios e indícios resultantes dos exames, não exigindo especiais conhecimentos, não têm a força probatória atribuída pelo art. 163º do CPP, estando sujeitos ao princípio da livre apreciação, art. 127º do CPP.

4.3.2.2. Preservação Cautelar dos Vestígios

Já vimos que os exames consistem numa observação ou análise destinada a detectar a presença de vestígios e/ou indícios, sem recurso a qualquer meio técnico, científico ou artístico, reservado à perícia.

Além das funções de recolha de elementos de prova, ela própria assume a responsabilidade de deduzir a acusação. Como não poderia deixar de ser, compete à polícia autorizar a perícia, para além dos casos de urgência ou de perigo de demora. *Cfr.*, *v.g.*, as secções 55 e 63-A do «*Police and Criminal Evidence Act*», com as alterações introduzidas pelo «*Criminal Justice and Public Order Act*», *in www.legislation.gov.uk/ukpga/1984/60/contents*, acedido e consultado em 22 de Julho de 2011.

[258] Presumindo-se, a prova pericial, subtraída à livre apreciação do julgador (art. 163º nº 1 do CPP), a ser considerada inválida, o relatório pericial (art. 157º do CPP), "*tendo presente o que consta dos arts. 164º, nºs 1 e 2, 165º, nº 1, e 283º, nº 3, al. d), do C. de Processo Penal (...), teria (e tem) de configurar como prova documental, agora sujeita ao princípio da livre apreciação acolhido no art. 127º do C. de Processo Penal*". Concluindo: se a prova pericial é inválida, o respectivo relatório passa a configurar prova documental. Assim se concluiu no Acórdão do TRP, de 17 de Janeiro de 2007, proc. 0644955, rel. Custódio Silva, *in www.dgsi.pt*, acedido e consultado em 22 de Julho de 2011.

Contrariamente ao que sucede com a perícia, que é sempre precedida de despacho da autoridade judiciária (art. 154º do CPP), os exames podem partir mesmo da iniciativa dos órgãos de polícia criminal, no âmbito das medidas cautelares e de polícia.

Assim, mesmo sem qualquer ordem ou autorização por parte da autoridade judiciária competente para iniciar a investigação, estando em causa a necessidade e urgência da conservação de determinados meios probatórios, podem os órgãos de polícia criminal: "*Proceder a exames dos vestígios do crime, em especial às diligências previstas no artigo 171º, nº 2, e no artigo 173º, assegurando a manutenção do estado das coisas e dos lugares*" [art. 249º nº 2 al. a) do CPP].

É de ressalvar que esta competência atribuída aos órgãos de polícia criminal, à semelhança das demais medidas cautelares e de polícia (arts. 248º e sgts. do CPP), não afasta a regra geral de direcção do inquérito por parte do Ministério Público. Compreende-se, no entanto, que, em situações em que aquela autoridade judiciária não está presente no local do crime, e em que a morosidade do seu contacto poderia trazer consequências perniciosas para a investigação criminal, seja justificável a adopção das medidas convenientes à conservação e incolumidade do material probatório.

Da consulta do aludido art. 171º nº 2 do CPP, podemos verificar que compete à autoridade judiciária ou ao órgão de polícia criminal competentes (ou qualquer agente de autoridade na ausência destes, nº 4 do art. 171º)[259], logo após a notícia da prática do crime, tomar as providências convenientes, de modo a evitar a perda ou alteração de vestígios – antes de serem examinados –, podendo proibir, em caso de necessidade, a entrada ou circulação de pessoas estranhas no local do crime, bem como assumir qualquer outro acto tendente a evitar que seja prejudicada a descoberta da verdade material.[260]

[259] Sobre a distinção entre órgãos de polícia criminal e restantes agentes de autoridade, «*vide supra*» a secção 1.5.

[260] Entendemos que – dada a importância da preservação do local do crime, e dado o facto de o art. 171º nº 2 do CPP não prever a utilização de meios coercivos para impe-

Nos termos do art. 173º nº 1 do CPP, compete, ainda, à autoridade judiciária ou ao órgão de polícia criminal competentes (ou qualquer agente de autoridade na ausência destes, nº 4 do art. 171º, *«ex vi»* art. 173º nº 2), determinar o não afastamento de pessoa(s) do local do exame, incluindo a possibilidade do recurso à força pública necessária para a sua manutenção naquele local, em caso de indispensabilidade.[261]

dir a entrada ou circulação de pessoas estranhas naquele local –, poderá, a desobediência à ordem de proibição, subsumir-se no crime de desobediência, desde que, claro está, cumpridos os requisitos legais do art. 348º nº 1 al. b) do Código Penal (CP), isto é, haver uma ordem emanada por autoridade judiciária ou por órgão de polícia criminal (ou qualquer agente de autoridade, na sua ausência), devendo essa ordem ser inteiramente compreensível pelo(s) seu(s) destinatário(s), bem como a respectiva cominação (administrativa) com o tipo de crime de desobediência. Sobre a admissibilidade de cominação com o crime de desobediência, *«vide, et alii»*, Leal Henriques e Simas Santos (1999), pág. 786. Não sendo o momento oportuno para tecer críticas ao art. 348º nº 1 al. b) do CP, dado esta matéria não constituir objecto do nosso estudo, não podemos deixar de referir que a inexistência de disposição legal a cominar a punição da desobediência [al. a) do nº 1 do art. 348º do CP], permitindo-se, no entanto, à *"autoridade"* ou ao *"funcionário"* competentes, fazer a correspondente cominação [art. 348º nº 1 al. b) do CP], dando origem a uma desobediência não tipificada, não poderá, nunca, ser bem tolerada pelo princípio da legalidade. *«Hoc sensu»* estabelece o princípio do *«nullum crimen, nulla poena sine lege»* que ninguém pode ser punido, a não ser por força de uma lei cuja entrada em vigor seja anterior à prática do facto, a qual deve descrever claramente o comportamento punível, bem como a respectiva sanção jurídico-penal.

[261] No precedente Código de 1929, *«rectius»* art. 170º (conteúdo semelhante ao actual art. 173º), a própria norma cominava com o crime de desobediência o desrespeito pela ordem de não afastamento do local do exame. Existem autores a considerar que, ainda que tenha desaparecido a cominação legal, aquele não acatamento poderá subsumir-se também, após preenchidos todos os demais elementos, no tipo de crime do art. 348º nº 1 al. b) do CP. Já nesta norma, contida no art. 173º nº 1 do CPP, não subscrevemos a tese da cominação administrativa, já que, o legislador – não obstante ter retirado a cominação do incumprimento a uma ordem de não afastamento do local do exame, com o crime de desobediência –, dada a importância da inspecção de vestígios e recolha de indícios para o futuro da investigação, facultou a possibilidade de uso da força necessária, como forma de obviar o seu incumprimento.

A realização de exame a quem não se quer a ele sujeitar, ou a coisa que não se quer facultar, está sempre dependente de decisão da autoridade judiciária competente (art. 172º nº 1 do CPP). Neste caso, o exame assume-se como um "*verdadeiro meio de coacção processual*"[262], sendo o regime aplicável semelhante ao das perícias (art. 154º nº 3, «*ex vi*» art. 172º nº 2 do CPP), estando sujeito a despacho do juiz, depois de ponderada a necessidade da sua realização e tendo em conta a integridade pessoal do visado e a reserva da intimidade da sua vida privada (*cfr.* ainda art. 156º nºs 2, 6 e 7 do CPP).[263-264]

[262] Podendo as pessoas ser compelidas, por decisão da autoridade judiciária competente, a suportar no seu corpo a realização de exames, ou a facultar coisa que deva ser examinada (art. 172º nº 1 do CPP), deve a sua utilização obedecer ao rigoroso princípio da proporcionalidade «*lato sensu*», tal como acontece com os demais meios de coacção. Neste sentido, FIGUEIREDO DIAS (1995), págs. 27/28. Este princípio da proporcionalidade em sentido lato, no que concerne à sujeição obrigatória a exames, encontra-se bem patente no "*regime jurídico das perícias médico-legais e forenses*", aprovado pela Lei nº 45/2004, de 19 de Agosto, estabelecendo, no seu art. 6º nº 1, que: "*Ninguém pode eximir-se a ser submetido a qualquer exame médico-legal quando este se mostrar necessário ao inquérito ou à instrução de qualquer processo e desde que ordenado pela autoridade judiciária competente, nos termos da lei.*"

[263] A propósito dos exames realizados em pessoas, contra a sua vontade, entendeu o Tribunal Constitucional que: se, por um lado, é conforme com a Constituição [art. 27º nº 3 al. f)] "*uma norma infraconstitucional que permita a detenção de arguido pelo tempo indispensável à realização da diligência de exame pericial psiquiátrico a levar a cabo na sua pessoa sob a presidência de agente do Ministério Público ou de juiz*" (arts. 116º nº 2 e 172º nº 1 do CPP); já não o será, "*uma norma que permita que se faça a detenção do arguido, embora pelo tempo indispensável à realização do exame e em caso de falta injustificada a diligência anteriormente designada para esse efeito, para o apresentar a uma autoridade não judiciária, como o médico a quem cabe realizar o exame pericial psiquiátrico*". Neste sentido, o Acórdão do TC, nº 161/2005, de 29 de Março de 2005, proc. 884/04, rel. BENJAMIM RODRIGUES, *in www.tribunalconstitucional.pt/tc/acordaos/*, acedido e consultado em 25 de Julho de 2011. Mais tarde, vem esse mesmo tribunal esclarecer que, contendendo os exames coactivos a pessoas (sem o seu consentimento), de forma relevante com os seus direitos fundamentais (arts. 25º, 26º e 32º, nº 4 da CRP), necessitam, como tal, de prévia autorização da autoridade judiciária competente, a saber, o juiz de instrução (ainda que incumba ao Ministério Público o exercício da acção penal, art. 219º nº 1 da CRP e art. 48º do CPP, orientado pelo princípio da legalidade e objecti-

Mas, nem sempre a realização de exame, em quem não se quer a ele sujeitar, é solucionada com a sua realização coactiva, após decisão da autoridade judiciária competente. No caso dos exames para avaliação do estado de influenciado pelo álcool ou por substâncias psicotrópicas, através de teste no ar expirado – levados a cabo por "*autoridade ou agente de autoridade*" (art. 152º nº 3 do Código da Estrada, CE) –, pretendendo o visado eximir-se à sua realização, verá a sua conduta cominada, pura e simplesmente, com o crime de desobediência [art. 348º nº 1 al. a) do CP].[265]

vidade). «*Vide*» o Acórdão do TC, nº 155/2007, de 2 de Março de 2007, proc. 695/06, rel. GIL GALVÃO, *in www.tribunalconstitucional.pt/tc/acordaos*, acedido e consultado em 25 de Julho de 2011.

[264] Nos casos em que o exame é susceptível de ofender o pudor das pessoas que a ele são submetidas, deve ser respeitada a sua dignidade e, "*na medida do possível*", esse pudor (art. 172º nº 3 do CPP), ficando vedada a possibilidade de os órgãos de polícia criminal a ele assistirem [art. 270º nº 2 al. c) do CPP]. A lei confere a possibilidade de o examinado se fazer acompanhar "*por pessoa da sua confiança*" (onde se inclui, parece-nos, o advogado), devendo, por isso, ser informado dessa sua faculdade (art. 172º nº 3 do CPP, «*in fine*»), sob pena de irregularidade.

[265] Sobre a constitucionalidade do art. 152º nº 3 do Código da Estrada, pronunciou-se o TC, no seu Acórdão nº 226/99, de 27 de Abril, proc. 559/96, rel. MOTA PINTO, *in www.tribunalconstitucional.pt/tc/acordaos/*, acedido e consultado em 05 de Agosto de 2011. Transportando os argumentos aí esgrimidos para a actualidade dos preceitos, podemos afirmar que a solução é conforme com os princípios da igualdade e da proporcionalidade, dada a semelhança entre as molduras penais do art. 348 nº 1 al. a) do CP, «*ex vi*» art. 152º nº 3 do CE e do art. 292º do CP (condução de veículo em estado de embriaguez), designadamente "*pena de prisão até um ano*" ou "*pena de multa até 120 dias*", sendo também aplicável a mesma pena acessória de "*proibição de conduzir veículos com motor por um período fixado entre três meses e três anos*" [art. 69º nº 1 als. a) e c) do CP]. Em todo o caso, ainda que em abstracto as penas não fossem semelhantes, e como referiu o TC naquele aresto, "*acresce que a conduta de recusa de submissão a exame de pesquisa de álcool, ligada à condução de veículo (...), denota sempre também uma componente de desobediência ao agente de autoridade que realiza o exame (...) Componente, esta, que o legislador pode valorar mais ou menos no estabelecimento da moldura penal da pena principal ou das penas acessórias, e que, pelo menos via de regra, não assumirá relevo autónomo na incriminação da condução sob o efeito do álcool (...)*".

Pode contudo suceder que o visado, não obstante pretender realizar o exame para avaliação do estado de influenciado pelo álcool ou por substâncias psicotrópicas – através de teste no ar expirado –, não o consiga executar.[266] Necessária se torna a realização de outro exame, levado a cabo através da colheita de sangue.

Contendendo a recolha de sangue de forma mais intensa com os direitos fundamentais dos cidadãos (*v.g.*, integridade pessoal, reserva da intimidade da vida privada, ou de objecção de consciência, arts. 25º, 26º nº 1 e 41º nº 6 da CRP), pode acontecer que os visados se recusem sujeitar-se à sua realização. Também aqui não se resolve uma situação de recusa através da realização coactiva do exame (após decisão da autoridade judiciária competente), podendo, outrossim, essa recusa ser cominada com o crime de desobediência [art. 348º nº 1 al. a) do CP, «*ex vi*» art. 153º nº 8, *cjg.* com o art. 152º nº 3 do Código da Estrada].[267-268]

[266] Nos termos no art. 4º da Lei nº 18/2007, de 17 de Maio, considera-se essa impossibilidade quando "*após três tentativas sucessivas, o examinado não conseguir expelir ar em quantidade suficiente para a realização do teste em analisador quantitativo, ou quando as condições físicas em que se encontra não lhe permitem a realização daquele teste*". Pode também o próprio examinado, por sua iniciativa, após exame de pesquisa de álcool no ar expirado com resultado positivo, requerer a realização de contraprova através de análise de sangue [art. 153º nºs 2, 3 al. b) e 5 do Código da Estrada]. Não pode, contudo, o examinado – sob pena de incorrer no crime de desobediência, art. 348º nº 1 al. a) do CP –, "*sem por em causa a fiabilidade de aparelho que a autoridade policial ia utilizar*", recusar submeter-se "*ao exame qualitativo para apuramento da taxa de álcool no sangue, alegando apenas sujeitar-se a exame por análise sanguínea*". *Cfr.* Acórdão do TRG, de 05 de Dezembro de 2016, proc. 255/16.9GCBRG.G1, rel. Isabel Cerqueira, *in www.dgsi.pt*, acedido e consultado em 23 de Maio de 2017.

[267] A propósito da cominação da recusa ao exame de sangue com o crime de desobediência [art. 348º nº 1 al. a) do CP], resultante da conjugação do art. 153º nº 8 com o art. 152º nº 3 do Código da Estrada, decidiu o TC pela sua inconstitucionalidade orgânica, por violação do art. 165º nº 1 al. c) da CRP. «*Vide*» Acórdão do TC, nº 275/2009, de 27 de Maio, proc. 647/08, rel. Ana Guerra Martins, in *www.tribunalconstitucional.pt/tc/acordaos*, acedido e consultado em 06 de Agosto de 2011. Afora a sua inconstitucionalidade orgânica, admite ainda, o aludido aresto, que muitas vezes pune-se criminalmente uma recusa "*por razões plenamente justificadas e até protegidas pela Lei Fundamental [direito à integridade física e moral, direito à intimidade privada e direito à objecção de consciência]*".

[268] Relativamente ao direito de objecção de consciência (art. 41º nº 6 da CRP), pode ler-se, no Acórdão do TRE, de 21 de Outubro de 2014, proc. 68/13.0GTSTR.E1, rel. Sérgio Corva-

4.3.3. Recolha de Informações

No nosso percurso pelas providências cautelares relativas aos meios de prova, cumpre-nos, doravante, debruçar sobre o art. 249º nº 2 al. b) do CPP. Como corolário da competência especial atribuída aos órgãos de polícia criminal no art. 55º nº 2 do CPP, vem, aquela alínea b), conferir-lhes competência para "*colher informações das pessoas que facilitem a descoberta dos agentes do crime e a sua reconstituição*".

Esta actividade policial, de natureza cautelar, precede qualquer ordem da autoridade judiciária, justificando-se por razões de urgência e «*periculum in mora*» na recolha de informações – cuja importância pode ser determinante para o apuramento da verdade material dos factos e que, de outra forma, poderiam nunca ser obtidas.

Pode essa colheita de informações ter, como fonte, as pessoas que presenciaram os factos penalmente relevantes, ou que, por razões de proximidade, possam fornecer dados úteis, susceptíveis de poderem conduzir ao esclarecimento da matéria factual, designadamente no que concerne às circunstâncias de modo, tempo e lugar, bem como relativamente aos autores da sua prática.

4.3.3.1. Informações Junto do Suspeito – Conversas Informais

No que tange à recolha de informações obtidas junto do próprio suspeito, incluído também ele no leque de pessoas que poderão facilitar

CHO (*in www.dgsi.pt*, acedido e consultado em 23 de Maio de 2017), que "*tem claramente carácter excepcional e só vigora nos casos expressamente previstos na lei ordinária*". Sendo assim, a conduta do examinado, "*ao recusar submeter-se à recolha de sangue para análise de pesquisa de álcool no sangue, sob a invocação de ser crente da religião das Testemunhas de Jeová, não se encontra coberta pelo direito de objecção de consciência de que ele pretende valer-se em sede de recurso, pelo que se não verifica a causa de exclusão da ilicitude prevista na al. b) do nº 2 do art. 31º do CP*". Ainda a propósito da susceptibilidade de o exame de sangue poder constituir uma ofensa à integridade física, pronunciou-se a Comissão Europeia dos Direitos do Homem no sentido de que, sendo aquela análise, hodiernamente, "*uma intervenção tão banal*", está longe de ser considerada tortura, tratamento cruel, desumano ou degradante (art. 5º da DUDH, arts. 25º nº 1 e 32º nº 8 da CRP, e art. 126º nº 1 da CRP); estas intervenções, de qualquer forma proibidas enquanto meio de prova. *Cfr.* a Decisão da Comissão Europeia dos Direitos do Homem, de 04 de Dezembro de 1978, referida no Acórdão do TC, nº 616/98, de 21 de Outubro, proc. 363/97, rel. ARTUR MAURÍCIO, *in www.tribunalconstitucional.pt/tc/acordaos*, acedido e consultado em 06 de Agosto de 2011.

a descoberta da verdade material dos factos, temos que ter em consideração o nosso sistema jurídico-processual na sua globalidade.

Existe, por um lado, a possibilidade de o informador, não tendo nada a temer e procurando a sua desresponsabilização, colaborar com os órgãos de polícia criminal na descoberta da verdade material. No entanto, nos casos em que aquele e o agente do crime correspondem à mesma pessoa, poderá não existir aquele interesse em colaborar com os órgãos de polícia criminal, fornecendo informações úteis.

Perante o local da prática de determinado crime, devem os órgãos de polícia criminal proceder à sua preservação, de modo a que, a haver vestígios, estes não se apaguem ou alterem, devendo, outrossim, proceder à recolha de informações de pessoas que possam facilitar a descoberta dos seus agentes. Obviamente que, desconhecendo-se a sua autoria, poderão as informações ser solicitadas pelo órgão de polícia criminal ao próprio agente do crime, a título de "*conversa informal*". Mas como valorar as provas assim obtidas?

Pode suceder que, após a obtenção da notícia de um crime, os órgãos de polícia criminal, na sua função cautelar de recolha de informações úteis [art. 249º nº 2 al. b) do CPP], se dirijam ao agente do crime – sem saberem desta sua qualidade, por não haver motivos para, disso, desconfiar –, obtendo dele informações a título informal (dada a inexistência de qualquer processo formal). Se, no seguimento de tais informações, forem encetadas diligências investigatórias no intuito de as corroborar ou esclarecer, sendo que, após a sua confirmação, tudo aponta para que o informante e o suspeito correspondam à mesma pessoa, nada obstará a que os órgãos de polícia criminal, em sede de produção de prova em audiência de julgamento, venham a depor sobre essas informações sustentadas pela investigação posterior.

Neste caso, o depoimento dos órgãos de polícia criminal não consiste numa mera reprodução das informações prestadas, mas na sua interpretação e compreensão, tendo por base toda a sua experiência profissional. É com base nessa interpretação da informação, fornecida por pessoa não suspeita, que os órgãos de polícia criminal direccionam a investigação, assegurando novos meios de prova susceptíveis de comprovar a prática do crime pelo fornecedor das informações.[269]

Assim, e ainda que a jurisprudência não seja uniforme neste sentido, subscrevemos o entendimento de que, nos termos do art. 129º nº 1 do CPP, serão admissíveis os depoimentos dos elementos policiais sobre factos por si constatados durante as investigações, resultantes do que ouviram dizer de pessoas determinadas – onde se inclui o próprio agente do crime –, desde que, neste caso, não haja ainda indícios conhecidos pelos órgãos de polícia criminal de que foi ele que o praticou ou nele participou. Este depoimento dos órgãos de polícia criminal, sobre as informações por eles colhidas directamente – ainda que de modo informal, de quem ainda nem sequer é suspeito –, bem como das diligências investigatórias levadas a cabo e que permitiram obter indícios da prática do crime, está sujeito ao princípio da livre apreciação da prova pelo juiz (art. 127º do CPP), à semelhança do que sucede com qualquer outro depoimento testemunhal.[270]

[269] Apesar de não subscrevermos o mesmo entendimento, pelos motivos que «*infra*» alegaremos, vai mais longe o TRP, considerando que a informação poderá partir, mesmo, de pessoa suspeita. Refere aquele Tribunal, no seu aresto de 07 de Março de 2007, proc. 0642960, rel. Isabel Pais Martins (*in www.dgsi.pt*, acedido e consultado em 07 de Agosto de 2011), logo no seu sumário, que: "*II – Já constituem meio de prova válido os depoimentos dos órgãos de polícia criminal sobre a actividade investigatória que realizam, como buscas e apreensões, ainda que levada a cabo com a colaboração ou informação de suspeitos*".

[270] Assim, se no âmbito de uma busca domiciliária, foram apreendidos «*350,05 gramas de heroína e uma balança de precisão marca "Tantra" modelo 1479*» e o suspeito (não arguido) afirmou, ainda no local da apreensão, ao agente da PSP, serem da sua pertença os objectos apreendidos (já que residia com outro indivíduo naquele local), deve aquela informação ser entendida, não como uma "*conversa informal*", já que o suspeito ainda não possuía o estatuto de arguido, mas como uma recolha de informação susceptível de assegurar os meios de prova. *Cfr.* Acórdão do STJ, de 15 de Fevereiro de 2007, proc. 06P4593, rel. Maia Costa, *in www.dgsi.pt*, acedido e consultado em 10 de Agosto de 2011. Refere este mesmo Acórdão, logo no seu sumário, que: "*VII – O que o art. 129º do CPP proíbe são estes testemunhos que visam suprir o silêncio do arguido, não os depoimentos de agentes de autoridade que relatam o conteúdo de diligências de investigação, nomeadamente a prática das providências cautelares a que se refere o art. 249º do CPP*". No mesmo sentido, Acórdão do TRC, de 05 de Maio de 2010, proc. 219/08.6GAMDB.P1, rel. Olga Maurício, refe-

Entendemos, no entanto, que, face ao seu carácter cautelar e informal, as informações colhidas ao abrigo do art. 249º nº 2 al. b) do CPP nunca poderão servir, por si sós, para formar a convicção do tribunal acerca da verdade dos factos jurídicos penalmente relevantes, mas, somente, para a confirmar ou complementar face a outros meios de prova oferecidos ao processo. Esta solução apresenta-se como compatível com o prescrito no art. 32º da CRP, já que garante ao arguido a imediação e possibilita a «*cross examination*», podendo-se este pronunciar, em sede de audiência de julgamento, sobre as informações por si fornecidas aos órgãos de polícia crimi-

rindo no seu sumário que: "*V – As informações/declarações prestadas pelo arguido a órgão de polícia criminal, logo após o crime, antes de ser suspeito e muito menos arguido, podem ser validamente consideradas pelo tribunal quando da formação da sua convicção*", *in www.dgsi.pt*, acedido e consultado em 10 de Agosto de 2011. Em sentido discordante, Acórdão do TRC, de 09 de Julho de 2008, proc. 601/07.6GBCNT.C1, rel. Jorge Dias (*in www.dgsi.pt*, acedido e consultado em 10 de Agosto de 2011), por entender que a admissibilidade, no processo penal, das conversas informais (no caso vertente, a confissão, por parte do suspeito, de que era ele o condutor da viatura envolvida em acidente de viação, apresentando, no entanto, uma TAS de 2,82 g/l) "*é o mesmo que estar a obrigar o arguido a falar contra a sua própria vontade*". No mesmo sentido aponta o Acórdão do TRL, de 29 de Abril de 2010, proc. 1670/09.0YRLSB-9, rel. Guilhermina Freitas, referindo, no seu sumário, que: «*I – As denominadas "conversas informais" dos órgãos de polícia criminal com o arguido, antes ou depois de assumir essa qualidade, sobre factos em investigação, são desprovidas de valor probatório*», *in www.dgsi.pt*, acedido e consultado em 10 de Agosto de 2011. Também o Acórdão do TRP (de 15 de Dezembro de 2010, proc. 3/10.7PCPRT.P1, rel. Olga Maurício, *in www.dgsi.pt*, acedido e consultado em 10 de Agosto de 2011), argumentando, para o efeito, que: "*Um suspeito, enquanto tal, só pode ser validamente ouvido nessa sua qualidade de suspeito depois de ser constituído arguido*", após lhe serem comunicados os seus direitos, entre eles, o direito ao silêncio. Se a confissão dos factos for anterior à constituição de arguido, "*não podem estas declarações ser valoradas, porque a isso obsta a lei. E se não podem ser consideradas, também o não podem ser as declarações do senhor agente, que as reproduziu, pois que relatou o conteúdo de uma prova ilegal: admitir este depoimento redundaria, afinal, numa violação da lei*". Esta posição não é, no entanto, unânime nesta Relação, conforme se corroborará no Acórdão posterior, de 21 de Setembro de 2011, proc. 20/11.0GASJP.P1, rel. Élia São Pedro (*in www.dgsi.pt*, acedido e consultado em 22 de Outubro de 2011), onde se refere, logo no seu sumário, que: "*I – As declarações do arguido, prestadas antes do inquérito, não podem ser valoradas como confissão. II – Mas daí não decorre que a recolha de elementos (de prova), pelos agentes de autoridade, não possa ser valorada como qualquer outro tipo de prova testemunhal*".

nal, ainda antes da sua constituição como arguido, e por estes relatadas.[271]

Situação distinta daquela que acabámos de explicitar é quando essa obtenção de informações, cautelar e informal, tem como visado o próprio agente do crime, havendo já fundadas suspeitas da sua prática. Neste caso, assumindo a *"fonte de informação"* a qualidade de suspeito da prática de um crime, deve o interrogatório ser suspenso e constituída arguida, «*ex officio*», a pessoa a ele submetida (art. 59º nº 1 do CPP), de modo a serem acautelados os seus direitos de defesa (art. 61º nº 1 do CPP).

O estatuto de arguido confere ao suspeito da prática de um crime a possibilidade de tomar uma posição sobre os factos a si imputados, mesmo antes da sua constituição como tal. Desse modo, sempre que estejam a ser executadas diligências conducentes a demonstrar aquela suspeita (onde segundo o nosso entendimento se incluem, para além dos exames, revistas, etc, os interrogatórios informais), tem essa pessoa, a seu próprio pedido, o direito a ser constituída arguida (nº 2 do mesmo art. 59º do CPP), sob pena de aquelas diligências probatórias não poderem vir a ser utilizadas no processo, dada a preterição de formalidades legalmente previstas.[272]

[271] Neste sentido concluiu o STJ: *"I – O que a lei pretende com o dispositivo do artigo 129º do Código de Processo Penal é evitar que o arguido se não possa defender. Sempre que as declarações aí previstas sejam feitas na presença dos arguidos, o seu direito de defesa está garantido. II – Se em audiência de julgamento vierem a depor como testemunhas órgãos de polícia criminal pronunciando-se sobre factos por si apurados antes da participação e não tendo eles tido qualquer intervenção no decurso do processo, não ocorre ofensa do disposto no nº 7 do artigo 356º do Código de Processo Penal"*. Acórdão de 15 de Novembro de 2000, proc. 2551/2000, rel. Flores Ribeiro (*in*, BMJ, nº 501, págs. 175 e sgts.), consultado em *www.gddc.pt/actividadeeditorial/pdfspublicacoes/BMJ501/501_Dir_Processual_Penal_a.pdf*, no dia 17 de Agosto de 2011.

[272] A propósito, veja-se ainda o art. 132º nº 2 do CPP, que refere que as testemunhas não são obrigadas a responder a perguntas quando aleguem que das suas respostas resulta a sua auto-incriminação; o que deve, a nosso ver, conduzir, consequentemente, à averiguação dessa sua responsabilidade penal por parte do Ministério Público.

A corroborar esta tese, refira-se o facto de, no âmbito da norma contida no art. 250º do CPP, mais precisamente no seu nº 8 – artigo que teremos oportunidade de aprofundar «*infra*» –, os órgãos de polícia criminal poderem solicitar a quaisquer pessoas susceptíveis de as fornecerem, "*informações úteis*" relativas ao crime, bem como "*à descoberta e à conservação de meios de prova que poderiam perder-se antes da intervenção da autoridade judiciária*". De entre o leque de pessoas susceptíveis de fornecer informações, inclui a norma citada o suspeito, ressalvando, no entanto, os casos previstos no já «*supra*» referido art. 59º do CPP. Assim, se, no âmbito do procedimento contido naquele art. 250º do CPP, surgirem fundadas suspeitas de que a fonte de informação praticou determinado crime, deverá, de imediato, o pedido de informações ser suspenso e essa pessoa constituída arguida (art. 59º nº 1 do CPP), sob pena de as declarações por si prestadas não poderem ser valoradas, dada a omissão dessa formalidade (art. 58º nº 5 do CPP).

4.3.4. Apreensões Cautelares e sua Conservação

Ainda em sede de providências cautelares relativas aos meios de prova, é atribuída, no art. 249º nº 2 al. c) do CPP, competência aos órgãos de polícia criminal para proceder "*a apreensões no decurso de revistas ou buscas*", sejam autorizadas ou não pela autoridade judiciária; bem como para proceder a elas no "*caso de urgência ou perigo na demora*", devendo sempre ser adoptadas "*as medidas cautelares necessárias à conservação ou manutenção dos objectos apreendidos*".

Reservando o tema das revistas e das buscas para um capítulo ulterior, iremos, para já, dedicar-nos à análise das apreensões, enquanto providência cautelar necessária e urgente, destinada a precaver meios de prova.

As apreensões são actos materializados pelos órgãos de polícia criminal, tendo como objectivo a obtenção de prova de natureza real[273]

[273] A palavra "*reais*" deriva do termo latino «*res*», tendo como significado "*coisa*". Numa versão simplista, quando nos referimos à prova de natureza real, reportamo-nos à prova que incide sobre coisas, isto é, que se deduz do estado das coisas, contrariamente à prova

e a sua conservação, visando auxiliar a descoberta material dos factos jurídicos penalmente relevantes. Esta finalidade colide, no entanto, com a tutela do direito de propriedade, direito constitucionalmente reconhecido (art. 62º da CRP); como, por vezes, com o direito à reserva da vida privada (art. 26º nº 1 da CRP), estando em causa a apreensão de correspondência (art. 179º do CPP). Qualquer restrição destes direitos deve encontrar legitimidade em lei geral e abstracta, devendo ainda assumir-se como necessária "*para salvaguardar outros direitos ou interesses constitucionalmente protegidos*" (art. 18º nºs 2 e 3 da CRP).

As apreensões vêm reguladas nos arts. 178º e sgts. do CPP. Começa este artigo, logo no seu nº 1, por referir que podem ser apreendidos, quer os objectos que tenham servido à prática de um crime, quer aqueles que visem esse fim (*v.g.*, uma chave falsa ou uma arma), constituam o seu produto (*v.g.*, objectos furtados), lucro, preço ou recompensa (proveito que se retirou do crime). São, ainda, segundo aquele preceito, susceptíveis de apreensão, todos os objectos deixados no local do crime pelo seu autor (que não os anteriormente mencionados), bem como qualquer outro susceptível de servir como meio de prova.

Conforme resulta do art. 178º nº 3 do CPP, as apreensões podem ser "*autorizadas*" pela autoridade judiciária, quando previamente solicitadas pelo órgão de polícia criminal; "*ordenadas*", quando a decisão da apreensão parte da iniciativa da própria autoridade judiciária; ou então por si "*validadas*", quando a apreensão ocorre numa fase prévia à sua intervenção, por iniciativa dos próprios órgãos de polícia criminal, tendo por base razões particulares de eficiência no combate ao crime.[274]

pessoal que é deduzida das afirmações fornecidas pelo ser humano (*v.g.*, os depoimentos). *Cfr.* «*infra*» a nota 303, atinente à prova pessoal.

[274] Quando o preceito refere "*autoridade judiciária*", significa que é competente para autorizar, ordenar ou posteriormente validar as apreensões: o Ministério Público, no inquérito; o juiz de instrução, na instrução; e o juiz de julgamento nesta fase; salvo no que concerne às apreensões de correspondência (art. 179º do CPP), apreensões em escritório de advogado ou consultório médico (art. 180º do CPP), ou em estabelecimento bancário (art. 181º

A validação visa, num curto prazo, a apreciação e controlo da legalidade, por parte da autoridade judiciária competente, de conhecimentos, até àquele momento, meramente contidos na esfera policial.[275]

Apesar de não consensual, a nossa opinião propende no sentido de que não só as apreensões realizadas em caso de urgência ou perigo na demora devem ser validadas pela autoridade judiciária, como, também, aquelas por esta ordenadas ou autorizadas.[276]

A não ser assim, perante a ampla quantidade de objectos susceptíveis de ser apreendidos – pela sua relação com determinado crime –, poderia haver, no âmbito de um mandado de apreensão, objectos apreendidos totalmente desligados da investigação que determinou a emissão desse mandado pela autoridade judiciária, lesando de forma injusta os visados por aquela medida, ao verem-se privados desses objectos.

Poderíamos concluir que a exigência de validação seria apenas aplicável às apreensões efectuadas por órgão de polícia criminal, prévias a qualquer ordem ou autorização da autoridade judiciária, caso a auto-

do CPP), estas da competência exclusiva do juiz de instrução [arts. 268º nº 1 al. c) e 269º nº 1 al. d) do CPP].

[275] Sobre a plena conformidade das apreensões com o art. 62º nº 1 da CRP, ainda que partindo da iniciativa dos órgãos de polícia criminal, pronunciou-se afirmativamente o TC, no seu Aresto nº 7/87, de 09 de Janeiro, proc. 302/86 [§§ 1 al. f), 2.7 e 3 (7º), *in* DR nº 33, I Série, de 09 de Fevereiro de 1987], usando como argumento o facto de o direito de propriedade estar longe de ser ilimitado, não podendo deixar de se considerar a apreensão de objectos, em processo penal, uma restrição imposta a esse direito relativo.

[276] Também as apreensões levadas a cabo pelos órgãos de polícia criminal, no âmbito de despacho de delegação genérica de competência de investigação criminal (art. 270º do CPP e Directiva nº 1/2002, da PGR), devem ser comunicadas à autoridade judiciária, tendo em vista o controlo da sua legalidade. A propósito dessa competência delegada, estabelece a Lei Orgânica da PJ (Lei nº 37/2008, de 6 de Agosto), no seu art. 12º nº 2, que a realização de apreensões [nº 1 al. c)], ao abrigo do despacho de delegação genérica de competência, "*obedece, subsidiariamente, à tramitação do Código de Processo Penal*", devendo "*ser de imediato comunicada à autoridade judiciária titular da direcção do processo para os efeitos e sob as cominações da lei processual penal*".

rização ou mandado de apreensão visassem objectos individualizados e devidamente determinados (o que é quase sempre inexequível), situação em que não faria sentido a validação.

Também o legislador não parece pretender limitar a obrigação legal de validação àquelas primeiras apreensões – efectuadas pelos órgãos de polícia criminal "*no decurso de revistas ou buscas ou em caso de urgência ou perigo na demora*". Neste sentido, refere o art. 178º nº 5 do CPP que: "*As apreensões efectuadas por órgão de polícia criminal são sujeitas a validação pela autoridade judiciária, no prazo de setenta e duas horas*", não distinguindo entre "*apreensões cautelares*" [arts. 178º nº 4 e 249º nºs 1 e 2 al. c) do CPP] e apreensões devidamente autorizadas ou ordenadas pela autoridade judiciária.

Referimos, anteriormente, que as apreensões visam a obtenção de prova e a sua conservação. Pretende-se, com a conservação dos objectos apreendidos, para além da evidente salvaguarda da integridade do meio de prova, a sua incolumidade; já que, logo que desnecessários no processo, ou transitada em julgado a sentença, serão restituídos (em princípio) ao visado pela apreensão, salvo nos casos em que tenham sido declarados perdidos a favor do Estado (art. 186º nºs 1, 2, 3 e 4 do CPP)[277], ou em que a apreensão deva ser mantida a título de arresto preventivo (arts. 186º nº 5 e 228º do CPP).[278]

[277] Nos casos em que o inquérito é arquivado, incumbe ao juiz de instrução declarar a perda dos bens apreendidos a favor do Estado [art. 268º nº 1 al. e) do CPP], à semelhança do que sucede em sede de decisão final, art. 374º nº 3 al. c) do CPP. São susceptíveis de ser declarados perdidos a favor do Estado "*os objectos que tiverem servido ou estivessem destinados a servir para a prática de um facto ilícito típico, ou que por este tiverem sido produzidos, quando, pela sua natureza ou pelas circunstâncias do caso, puserem em perigo a segurança das pessoas, a moral ou a ordem públicas, ou oferecerem sério risco de ser utilizados para o cometimento de novos factos ilícitos típicos*" (art. 109º nº 1 do CP). Veja-se, a título de curiosidade, o Decreto-Lei nº 11/ /2007, de 19 de Janeiro, diploma que veio permitir "*simplificar os procedimentos através dos quais pode ser declarada a utilidade operacional para órgãos de polícia criminal de certos bens apreendidos no âmbito de processos-crime e contra-ordenacionais, desde que susceptíveis de ser declarados perdidos a favor do Estado*" (*in* preâmbulo), visando evitar que determinados bens, como viaturas, com o decorrer do tempo, se transformem em "*mero lixo*", como se constata em

4.3.4.1. Validação das Apreensões

Estabelece o já «*supra*» citado art. 178º nº 5 do CPP que: "*As apreensões efectuadas por órgão de polícia criminal são sujeitas a validação pela autoridade judiciária, no prazo máximo de setenta e duas horas*". Como resulta expressamente desta norma, não obstante a questão ter sido suscitada por diversas vezes na nossa jurisprudência[279], o prazo de 72 horas diz res-

qualquer parque de viaturas policial. O Decreto-Lei mencionado foi complementado pela Portaria 1215/2007, de 20 de Setembro.

[278] O arresto preventivo (art. 228º do CPP), à semelhança do que acontece com a caução económica (art. 227º do CPP), é uma medida de garantia patrimonial destinada a "*garantir o pagamento da pena pecuniária, das custas do processo ou do pagamento de qualquer dívida, indemnização ou obrigação civil derivadas do crime, sendo aplicáveis no decurso do processo pelo juiz e desde que se verifiquem os pressupostos gerais de aplicação das medidas de coacção e de garantia patrimonial, e os pressupostos materiais que estão subjacentes à aplicação de tais medidas são os mesmos, isto é, desde que se verifique a probabilidade de um crédito sobre o requerido e fundado receio que faltem ou diminuam substancialmente as garantias de pagamento*". Neste sentido o Acórdão do TRL, de 04 de Novembro de 2009, proc. 3944/08.8TDLSB-B.L1-5, rel. Moraes Rocha, *in www.dgsi.pt*, acedido e consultado em 22 de Agosto de 2011. A propósito do arresto preventivo e do previsto no art. 228º, entendeu o Tribunal da Relação de Lisboa que aquele não está dependente de prévia notificação do arguido para prestar caução. *Vide, v.g.*, Arestos: de 04 de Outubro de 2006, proc. 7317/2006-3, rel. Conceição Gomes; e de 22 de Maio de 2007, proc. 3767/2007-5, rel. José Adriano; ambos *in www.dgsi.pt*, acedidos e consultados em 22 de Agosto de 2011. Em sentido contrário, *v.g.*, o Tribunal da Relação do Porto, considerando que o arresto preventivo subentende o prévio requerimento de caução económica, sem que esta, no entanto, tenha sido prestada. «*Vide, inter alia*», Acórdãos: de 04 de Dezembro de 2002, proc. 0240660, rel. Teixeira Pinto; e de 23 de Junho de 2004, proc. 0346840, rel. Torres Vouga; ambos *in www.dgsi.pt*, acedidos e consultados em 22 de Agosto de 2011. A nossa convicção propende, ainda que plenamente conscientes das características invasivas do arresto, para o entendimento perfilhado pelo TRL, sendo aquele que melhor se enquadra na redacção do art. 228º do CPP.

[279] «*Vide, inter alia*», Acórdãos do TRP: de 17 de Janeiro de 2007, proc. 0644955, rel. Custódio Silva; e de 07 de Novembro de 2007, proc. 0745888, rel. Artur Oliveira; também o Acórdão do TRL, de 06 de Novembro de 2007, proc. 4233/2007-5, rel. Emídio Santos; e o Acórdão do TRC, de 09 de Janeiro de 2008, proc. 2/05.0GAAND.C1, rel. Jorge Gonçalves; todos *in www.dgsi.pt*, acedidos e consultados em 23 de Agosto de 2011.

peito à sujeição a validação da apreensão efectuada, não à sua efectiva validação pela autoridade judiciária.

São, no entanto, pertinentes os argumentos que sustentam que aquele período temporal de 72 horas corresponde ao período máximo, atribuído à autoridade judiciária, para validação da apreensão realizada pelos órgãos de polícia criminal.[280] Alegam os defensores desta posição que aquele prazo de 72 horas foi introduzido pela Lei nº 59/98, de 25 de Agosto, encaixando, no art. 178º do CPP, a actual redacção do nº 5. Antes da sua entrada em vigor, referia o art. 178º nº 3 que as apreensões não autorizadas ou ordenadas por despacho da autoridade judiciária, quando efectuadas no decurso de revistas ou de buscas, deveriam observar as disposições previstas para estas diligências, devendo, desse modo, ser, sob pena de nulidade, "*imediatamente comunicada(s) ao juiz de instrução e por este apreciada em ordem à sua validação*" (art. 174º nº 5, na versão originária do CPP).[281]

Porfiando a questão, consideraram, os defensores daquela tese, ser relevante ter em consideração as motivações que deram suporte à anunciada Lei nº 59/98. No que às apreensões concerne, as alterações introduzidas visaram, por um lado, "*uma maior eficiência no combate ao crime*" e, por outro, reforçar "*a tutela do direito de propriedade enquanto direito fundamental*" (art. 62º nº 1 da CRP); não contendendo com estes dois objectivos o facto de a apreensão ser levada a cabo pelos órgãos de polícia criminal "*no decurso de buscas ou em caso de urgência ou perigo na demora*", dado tornar a investigação criminal mais viável e eficaz, exigindo-se, porém, "*a sua validação por autoridade judiciária, no prazo de 72 horas*".[282]

[280] *Cfr.* Acórdão do TRL, de 06 de Novembro de 2007, proc. 4233/2007-5, rel. Emídio Santos, *in www.dgsi.pt*, acedido e consultado em 23 de Agosto de 2011.

[281] Após as alterações introduzidas pela Lei nº 48/2007, de 29 de Agosto, a redacção daquele nº 5 passou a estar contida no nº 6 do mesmo art. 174º.

[282] *Cfr.* o ponto 9 da exposição de motivos da Proposta de Lei nº 157/VII, que posteriormente resultou na Lei nº 59/98, de 25 de Agosto, *in* DAR, nº 27, II Série A, de 29 de Janeiro de 1998, acedido e consultado em *www.parlamento.pt/DAR/*, no dia 03 de Setembro de 2011.

Ante as motivações anunciadas para a alteração do regime das apreensões, e dado o nº 5 do art. 178º, contido na Proposta de Lei nº 157/VII, ter passado «*ipsis verbis*» para a Lei nº 59/98, de 25 de Agosto, aqueles autores são levados a concluir que o prazo de 72 horas corresponde ao prazo máximo conferido à autoridade judiciária para fiscalizar a legalidade da apreensão, validando-a (ou não); sendo esta, segundo eles, a interpretação que melhor salvaguarda o constitucionalmente reconhecido direito de propriedade privada (art. 62º nº 1 da CRP).

Como vimos anteriormente, incidindo a apreensão – enquanto meio de obtenção de prova –, sobre direitos, em especial o direito à propriedade, e tendo a sua realização ocorrido à margem de qualquer ordem ou autorização da autoridade judiciária competente, exige-se uma célere comunicação a esta – por parte do órgão de polícia criminal (aliás como decorre nos demais meios de obtenção da prova) –, de modo a intervir nas apreensões ilegítimas ocorridas naqueles termos e susceptíveis de lesar as pessoas por elas visadas.[283]

Considerando que o prazo de 72 horas, conferido aos órgãos de polícia criminal para sujeição a validação das apreensões por si efectuadas (art. 178º nºs 4 e 5 do CPP), é um prazo "*de mera ordenação processual*", que tem "*tão-somente por escopo controlar os actos processuais com*

[283] A Lei nº 59/98, de 25 de Agosto, introduziu, entre outros, o nº 6 no art. 178º do CPP, permitindo aos titulares dos bens apreendidos (seja o proprietário ou quem tem somente o poder de os usar e fruir), face às restrições operadas no seio do seu direito de propriedade (ou somente de usufruto), requerer, junto do juiz de instrução, a modificação ou mesmo a revogação da medida de apreensão. Assim, na esteira da constelação fáctica e respectiva decisão, enunciadas no Acórdão do TRL, de 29 de Março de 2006, proc. 1395/2006-3, rel. Conceição Gomes (*in www.dgsi.pt,* acedido e consultado em 03 de Setembro de 2011), após a apreensão de um computador (por suspeita de crimes de fraude fiscal e branqueamento de capitais), poderia o titular do direito de propriedade desse computador requerer, junto do juiz de instrução, o levantamento da apreensão e a sua restituição, por aí se encontrar toda a sua contabilidade, desde que fosse possível efectuar uma cópia dos ficheiros informáticos inseridos nos seu disco rígido, considerados relevantes para a investigação em curso.

reflexos sobre direitos, nomeadamente sobre o direito de propriedade", a sua ultrapassagem não determina a invalidade das apreensões efectuadas, embora possa desencadear procedimento disciplinar sobre quem o não acatou.[284]

A sujeição, pelos órgãos de polícia criminal, das apreensões por si efectuadas à validação da autoridade judiciária competente, no prazo de 72 horas, visa uma tomada de posição sobre a legitimidade da sua realização e a necessidade de se manterem os bens apreendidos. Na esteira do STJ[285], entendemos que o prazo de 72 horas, para sujeição a validação das apreensões, não confere ao titular dos bens apreendidos qualquer direito. A considerar-se que a ultrapassagem do prazo tornaria inválida a apreensão, não teria grande utilidade o art. 178º nº 6 do CPP, ao conferir aos titulares dos bens apreendidos a possibilidade de requerer ao juiz de instrução a modificação ou revogação da medida.

4.3.4.2. Forma de Validação

Após termos concluído, através da interpretação literal do art. 178º nº 5 do CPP, que o prazo de 72 horas, aí mencionado, se refere ao período máximo de sujeição das apreensões efectuadas pelos órgãos de polícia criminal [levadas a cabo nos termos do art. 249º nº 2 al. c) do CPP] à validação da autoridade judiciária que seria competente para as ordenar ou autorizar, importante se torna agora averiguar como se deve processar essa validação.

O entendimento que avançamos segue na esteira da convicção perfilhada pelo Tribunal Constitucional, relativamente às buscas efectuadas pelos órgãos de polícia criminal à margem de qualquer ordem ou autorização da autoridade judiciária, aplicável também, na nossa opinião, às apreensões levadas a cabo naquelas condições. Deverá, desse modo, o aludido nº 5 do art. 178º do CPP, ser interpretado no sentido

[284] Neste sentido o Acórdão do STJ, de 17 de Maio de 2007, proc. 07P1231, rel. Pereira Madeira, *in www.dgsi.pt*, acedido e consultado em 04 de Setembro de 2011.

[285] *Cfr.* o Acórdão mencionado na nota anterior.

de abranger não só a validação "*autónoma e expressa*", como também as apreensões tacitamente validadas, desde que inequívoca essa intenção por parte da autoridade judiciária competente.[286]

Conquanto se possa considerar que seria "*melhor direito*" a imposição da validação das apreensões de forma "*autónoma e expressa*"[287] – quando efectuadas pelos órgãos de polícia criminal à margem de qualquer ordem ou autorização por parte da autoridade judiciária competente –, será de admitir, não sendo contrária às regras constitucionais, a validação implícita ou tácita, desde que essa validação se manifeste de forma inequívoca.[288]

4.3.4.3. Consequências da Omissão da Validação

Concluímos, em capítulo precedente, afecto à prova penal, que as proibições de prova, como resultado do art. 118º nº 3 do CPP, têm autono-

[286] Sobre a admissibilidade da validação tácita, veja-se, *v.g.*, o Acórdão do STJ, de 15 de Dezembro de 1998, proc. 98P1081, rel. MARTINS RAMIRES, subscrito pelo Acórdão do TC nº 274, de 02 de Maio de 2007, proc. 360/07, rel. BENJAMIM RODRIGUES, *in www.dgsi.pt* (acedido e consultado em 04 de Setembro de 2011), onde se refere, relativamente às buscas, que a sua validação "*resulta inequivocamente do despacho do Mmº Juiz de Instrução Criminal, proferido no dia imediato ao da realização da busca e que validou a detenção do arguido recorrente e lhe aplicou a medida de coacção de prisão preventiva expressamente com base nas quantidades de produtos estupefacientes apreendidos quando o arguido lhe foi presente para interrogatório, acompanhado do auto de notícia – no qual é relatada a detenção do arguido e subsequente busca domiciliária... – e auto de apreensão da droga...*".

[287] "*Melhor direito*" no sentido em que conferiria outra segurança na administração da justiça penal.

[288] Neste sentido, «*vide*» Acórdão do TC, nº 278, de 02 de Maio de 2007, proc. 397/07, rel. MARIO TORRES, *in www.dgsi.pt*, acedido e consultado em 08 de Setembro de 2011. Como exemplo, o Acórdão do TRL, de 06 de Novembro de 2007, proc. 4233/2007-5, rel. EMÍDIO SANTOS (*in www.dgsi.pt*, acedido e consultado em 08 de Setembro de 2011), onde se refere que, ainda que o Ministério Público não tenha validado, de forma expressa, a apreensão de uma máquina de jogo (por suspeita da prática do crime de exploração ilícita de jogo) – previamente levada a cabo pelos órgãos de polícia criminal –, pode "*afirmar-se, com segurança, que o despacho que ordenou a perícia para esclarecimento das características e modo de funcionamento das máquinas contém subjacente o juízo de que a apreensão delas foi válida*", tendo essa validação, porque inequívoca, ocorrido de forma implícita.

mia relativamente às restantes nulidades processuais. A produção de prova proibida conduz, em regra, à proibição da sua valoração.

Perante a omissão da validação, pela autoridade judiciária competente, das apreensões cautelares levadas a cabo pelos órgãos de polícia criminal, nos termos do art. 249º nº 2 al. c) do CPP, não podemos desde logo concluir que esse meio de obtenção de prova se transfigurará numa prova proibida, não podendo ser utilizada no processo. Se o legislador pretendesse este resultado, teria, à semelhança do que sucede, *v.g.*, com o art. 179º nºs 1 e 2 do CPP (apreensão de correspondência), cominado com a nulidade as situações aí previstas, «*rectius*» a falta de validação das apreensões pela autoridade judiciária.

Assim, entendemos que a falta de validação das apreensões, por parte da autoridade judiciária competente (para as ordenar ou autorizar), configura uma violação de meros pressupostos formais ou procedimentais. Como já referido em sede própria, a jurisprudência dos tribunais superiores tem remetido essa violação, quer para o regime das nulidades sanáveis (art. 120º do CPP), quer para as irregularidades (art. 123º do CPP).[289]

No que concerne à falta de validação da autoridade judiciária, têm concluído aqueles tribunais, nos seus arestos, que, seja de forma expressa ou tácita, torna irregular a apreensão efectivada pelos órgãos de polícia criminal.[290] Deve, pois, essa irregularidade ser arguida pelo interessado no decurso do próprio acto, caso a ele tenha assistido, ou então, no prazo de 3 dias após ter conhecimento da sua prática, seja por intermédio de notificação para qualquer termo do processo, seja quando nele intervenha, através de qualquer acto praticado (art.

[289] *Cfr.* a nossa secção 3.3, intitulada: "*Efeitos da Prova Proibida*".

[290] Neste sentido, «*vide, et alii*», os Acórdãos: do TRG, de 10 de Janeiro de 2005, proc. 2189/04-1, rel. Maria Augusta; do TRL, de 06 de Novembro de 2007, proc. 4233/ /2007-5, rel. Emídio Santos; do TRP, de 17 de Janeiro de 2007, proc. 0644955, rel. Custódio Silva; e do TRC, de 09 de Janeiro de 2008, proc. 2/05.0GAAND.C1, rel. Jorge Gonçalves, todos acedidos e consultados em *www.dgsi.pt*, no dia 27 de Setembro de 2011.

123º nº 1 do CPP).[291] Poderá, no entanto, a irregularidade ser reparada oficiosamente pela autoridade judiciária competente (no caso das apreensões, o Ministério Público), quando, pela sua relevância material, possa afectar o valor do acto praticado (nº 2 do art. 123º do CPP).

4.3.5. Apreensões de Correspondência

Vista a apreensão cautelar de objectos intimamente relacionados com a prática de um crime, iremos agora debruçar-nos sobre uma apreensão em particular, a que incide sobre a correspondência.

A nossa Constituição da República acolhe, nos seus arts. 26º nº 1 e 34º nº 1, respectivamente, os direitos à reserva da intimidade da vida privada e à inviolabilidade da correspondência, devendo qualquer restrição – enquanto direitos pertencentes ao regime dos direitos, liberdades e garantias (enunciados no título II da CRP) –, expressamente consagrada na Constituição, obedecer à forma legal e "*limitar-se ao necessário para salvaguardar outros direitos ou interesses constitucionalmente protegidos*" (art. 18º nº 2 da CRP).

Integrando a correspondência a área da privacidade, e como corolário desse mesmo art. 18º nº 2, deve, qualquer ingerência das autoridades públicas, ocorrer somente nos "*casos previstos na lei em matéria de processo criminal*" (art. 34º nº 4 da CRP), não devendo essa intromissão na vida

[291] Tem sido considerado bastante limitado o prazo de 3 dias estabelecido pelo art. 123º nº 1 do CPP, para arguição das irregularidades, face, por vezes, à complexidade do processo e à natureza da própria irregularidade. Sem possibilidade de alargamento desse prazo face a estas circunstâncias, em sede de fiscalização concreta, pronunciou-se o Tribunal Constitucional pela sua inconstitucionalidade, por afectar as garantias de defesa (art. 32º nº 1 da CRP), ainda que visando concretizar o princípio da celeridade processual (*vide* Acórdão nº 42/2007, de 23 de Janeiro de 2007, proc. 950/2006, rel. MARIA FERNANDA PALMA, *in www.dgsi.pt*, acedido e consultado em 27 de Setembro de 2011). Já anteriormente havia decidido (Acórdão nº 406/98), com os mesmos fundamentos, que o prazo de 5 dias estabelecido no art. 287º nº 1 do CPP (contado da notificação da acusação), para requerimento de abertura de instrução (na versão anterior ao Decreto-Lei nº 317/95, de 27 de Novembro, já que actualmente aquele artigo estabelece 20 dias), era violador das garantias de defesa no processo criminal, previstas no art. 32º nº 1 da CRP.

privada mostrar-se abusiva, sob pena de nulidade da prova obtida (art. 32º nº 8 da CRP). No estrito cumprimento daquelas normas constitucionais, o Código de Processo Penal determina, no seu art. 126º nº 3 do CPP, a nulidade das provas obtidas mediante intromissão na vida privada sem o consentimento do seu titular, salvo quando a própria lei dele prescinde.

Em regra (art. 179º nº 1 do CPP), somente o juiz pode autorizar ou ordenar a apreensão de correspondência [competência exclusiva, arts. 179º nº 1 e 269º nº 1 al. c) do CPP], incumbindo-lhe tomar conhecimento do seu conteúdo em primeiro lugar, juntando-a ao processo ou restituindo-a a quem de direito, caso a considere, ou não, relevante para a prova (art. 179º nº 3 do CPP).

Quando nos referimos a correspondência, temos que considerar não só as cartas mas também "*encomendas, valores, telegramas*", ou qualquer outra forma análoga de comunicação entre pessoas.[292]

Conforme alude o Professor Costa Andrade[293], o que distingue a correspondência dos restantes escritos é o facto de estar fechada e, portanto, não imediatamente acessível – entendida esta inacessibilidade como todo

[292] Entre essas formas análogas de comunicação entre pessoas, destacamos as mensagens escritas, guardadas em suporte digital, recebidas mas não lidas. "*As mensagens electrónicas (sms) deixam de ter a essência de uma comunicação em transmissão para passarem a ser antes uma comunicação já recebida, que terá porventura a mesma essência da correspondência», em nada se distinguindo de uma «carta remetida por correio físico». E tendo sido já recebidas, «se já foram abertas e porventura lidas e mantidas no computador (ou no telemóvel, acrescenta-se) a que se destinavam, não deverão ter mais protecção que as cartas em papel em que são recebidas, abertas ou porventura guardadas numa gaveta, numa pasta ou num arquivo»*". *Cfr.* Acórdão do TRL, de 24 de Setembro de 2013, proc. 145/10.9GEALM.L2-5, rel. Vieira Lamim. No mesmo sentido, *v.g.*, os Acórdãos: do TRE, de 07 de Abril de 2015, proc. 13/15.8PAOLH-A, rel. Fernando Pina; e do TRG, de 12 de Outubro de 2009, proc. 1396/08.1PBGMR-A.G1, rel. Tomé Branco (todos acedidos e consultados em *www.dgsi.pt*, no dia 23 de Maio de 2017). Também as "*mensagens de correio electrónico ou registos de comunicações de natureza semelhante*", conforme resulta do art. 17º da Lei nº 109/2009, de 15 de Setembro (Lei do Cibercrime), às quais é aplicável, por força daquele artigo, o regime da apreensão de correspondência previsto no art. 179º do Código de Processo Penal. Neste sentido o Acórdão da TRL, de 13 de Outubro de 2004, proc. 5150/2005-3, rel. Carlos Almeida, *in www.dgsi.pt*, acedido e consultado em 27 de Setembro de 2011.

[293] *In* Costa Andrade (1999), pág. 758.

o "*obstáculo físico à tomada de conhecimento e que só seja ultrapassável à custa de uma actividade física que pode ou não (...) implicar uma ruptura material*". Refere ainda, aquele autor, que uma carta depois de aberta deixa de possuir aquela característica de inacessibilidade, deixando de ser considerada correspondência para efeitos do art. 179º nº 1 do CPP.

A garantia da inviolabilidade da correspondência (art. 34º nº 1 da CRP) abrange não só o seu próprio conteúdo, "*mas o tráfego como tal (espécie, hora, duração, intensidade de utilização)*".[294]

Também aqui se admite que, por razões de urgência ou perigo na demora, os órgãos de polícia criminal possam proceder à "*apreensão*", «*rectius*», retenção de correspondência, mesmo antes de receberem qualquer ordem ou autorização do juiz [competência exclusiva, arts. 179º nº 1 e 269º nº 1 al. c) do CPP]. Esta actuação cautelar, por parte dos órgãos de polícia criminal, terá ainda de obedecer aos requisitos cumulativamente previstos nas diversas alíneas do art. 179º nº 1 do CPP, dos quais está dependente o despacho do juiz que autoriza ou ordena a apreensão de correspondência.

Devemos, assim, estar perante correspondência expedida pelo suspeito ou que a ele seja dirigida, devendo o crime em investigação ser punível com pena de prisão superior, no seu máximo, a 3 anos, e, em todo o caso, a apreensão revestir grande interesse para a descoberta da verdade ou para a prova [art. 179º nº 1 als. a) a c) do CPP].

À semelhança do que dispõe o art. 187º nº 5 do CPP, a propósito das escutas telefónicas, também não será admissível, sob pena de nulidade, a apreensão de correspondência trocada entre o arguido e o seu defensor (salvo nos casos em que o juiz tenha fundadas razões para considerar que elas constituem objecto ou elemento de um crime), art. 179º nº 2 do CPP. Visa-se não só garantir a inviolabilidade das telecomunicações e da correspondência, como garantir o direito de defesa do próprio arguido, «*id est*», o direito de o arguido, juntamente com o seu defensor, organizar de forma eficaz e sigilosa a defesa.

[294] Neste sentido, «*vide*» Acórdão do TRL, de 23 de Junho de 2004, proc. 5845/2004, rel. CLEMENTE LIMA, *in www.dgsi.pt*, acedido e consultado em 27 de Setembro de 2011.

Muito respeitosamente discordamos do aresto do STJ[295], quando refere que, perante uma situação de urgência ou perigo na demora, *«os órgãos de polícia criminal possam efectuar apreensões de correspondência, mas tal acto fica sujeito a validação no prazo máximo de 72h pela "autoridade judiciária" (art. 178º nºs 4 e 5), isto é, pelo juiz».*

Desde logo, conforme referido «*supra*», não concordamos que o prazo de 72 horas seja para efectiva validação – pela autoridade judiciária – da apreensão efectuada pelos órgãos de polícia criminal, mas para sujeição a validação. Entendemos, ainda, que não pode a apreensão de correspondência, enquanto medida cautelar, ser tratada no âmbito das apreensões em geral [arts. 178º nºs 4 e 5 e 249º nº 2 al. c) do CPP], quando o legislador consagrou um regime especial nos arts. 179º e 252º do CPP.

Assim, se os órgãos de polícia criminal se deparam com determinada correspondência (que preenche os requisitos materiais contidos nas diversas alíneas do art. 179º nº 1 do CPP), e concluem, fundadamente, que ela pode conter informações úteis para a investigação de um crime, em risco de se perderem com a sua expedição, podem ordenar a suspensão da remessa, no local onde se encontre (*v.g.*, estações do correio), pelo período máximo de 48 horas, período dentro do qual o juiz se deve pronunciar pela sua convalidação (nº 3 do art. 252º do CPP).

Não obstante o disposto no art. 179º nº 3 do CPP, "*tratando-se de encomendas ou valores fechados susceptíveis de serem apreendidos*", pode o órgão de polícia criminal, por razões de urgência ou perigo na demora, ser o primeiro a tomar conhecimento do seu conteúdo, desde que, previamente, tenha informado desse facto, pelo meio mais célere, o juiz, e este tenha autorizado a sua abertura imediata (art. 252º nº 2 do CPP). Entendemos, no entanto, que esta última medida, dada

[295] Mais concretamente do seu Acórdão de 18 de Maio de 2006, proc. 06P1394, rel. SANTOS CARVALHO (mais precisamente do ponto III do seu sumário), *in www.dgsi.pt*, acedido e consultado em 27 de Setembro de 2011.

a necessidade de autorização do juiz para abertura da correspondência, não se afigura como uma verdadeira medida cautelar, tal como as temos vindo a caracterizar ao longo do nosso estudo.

Mas, qual a consequência para a apreensão, abertura ou suspensão de correspondência sem a devida ordem, autorização ou validação por parte da autoridade judiciária competente?

Vimos precedentemente que o regime das proibições de prova não deve ser confundido com o regime geral das nulidades (art. 118º nº 3 do CPP). Vimos, ainda, que, face ao conteúdo actual do art. 126º do CPP – decorrente do art. 32º nº 8 da CRP –, indubitavelmente se pode afirmar que a consequência (jurídica) para a prova obtida através de um método proibido (seja a proibição absoluta, nºs 1 e 2, ou relativa, nº 3) é a nulidade.

Vimos, também, que, face aos direitos relativos previstos no art. 126º nº 3 do CPP e à possibilidade da sua restrição, torna-se difícil distinguir quando é que se está perante uma intromissão susceptível de afectar a própria validade do meio de obtenção, ou perante meras violações de regras processuais.

O legislador, no art. 179º nºs 1 e 2 do CPP, pretendendo dissipar qualquer dúvida existente – face à inserção dos direitos à reserva da intimidade da vida privada e à inviolabilidade da correspondência naquele elenco do art. 126º nº 3 do CPP –, cominou, desde logo, com a nulidade as apreensões de correspondência levadas a cabo sem ordem ou autorização prévias do juiz.[296] Embora o legislador tenha somente usado a expressão "*sob pena de nulidade*", a apreensão de correspondência, fora dos requisitos legais, assume-se como um método proibido de prova, art. 126º nº 3 do CPP, devendo a conse-

[296] Como já tivemos oportunidade de nos pronunciar anteriormente, quando apreciámos as consequências da não validação das apreensões em geral, o legislador, no art. 178º do CPP, não fez essa cominação, levando-nos a concluir que também a falta de validação da apreensão, por parte da autoridade judiciária competente, tornaria não nula a apreensão efectuada pelos órgãos de polícia criminal, mas irregular (art. 123º do CPP).

quência jurídica ser retirada deste preceito, isto é, a proibição da sua valoração.[297]

Face ao exposto, podemos concluir que qualquer correspondência susceptível de apreensão [art. 179º nº 1 als. a) a c) e nº 2 do CPP], efectivamente apreendida, aberta ou suspensa sem a devida ordem, autorização ou validação, por parte do juiz, terá como inevitável cominação a nulidade, estando proibida a sua valoração.[298-299]

Questão pertinente, que nos compete, aqui, apresentar, diz respeito à fiscalização alfandegária exercida sobre pacotes e encomendas postais e utilização posterior do seu conteúdo no âmbito do Processo Penal. Conforme alude a Circular nº 7/95 da PGR, de 12 de Junho de 1995[300], a fiscalização, por parte das autoridades aduaneiras, da correspondência que lhes é chegada à alfândega, enquanto sua competência própria e em cumprimento da legislação aduaneira, não só nacional como comunitária (directamente aplicável na ordem interna, art. 8º nº 4 da CRP), "*é compatível com a garantia do sigilo da correspondência prevista nos ns. 1 e 4 do artigo 34º da Constituição da República*".

Assim, na senda da referida Circular, inserindo-se a fiscalização na competência própria das autoridades aduaneiras, não necessitam estas

[297] *Cfr.* Costa Andrade (2006), págs. 90 e sgts.

[298] Não desprezando, contudo, a posição que defende que, estando em causa as garantias de defesa do arguido no processo penal, poderá a prova proibida, desde que obtida, ser valorada com o intuito de fundamentar a inocência do arguido. Neste sentido, «*et alii*», Paulo de Sousa Mendes (2004), pág. 141; e Costa Andrade (2006), págs. 45/46. *Cfr.* a nossa secção 3.3, referente aos efeitos da prova proibida.

[299] A este propósito, misturando proibições de prova com o regime geral das nulidades, refere Maia Gonçalves (1999), no seu Código de Processo Penal Anotado (em anotação ao art. 179º), que estamos perante uma nulidade insusceptível de sanação (insanável), sendo que, "*tratando-se de acto judicial, da exclusiva competência do juiz, na alternativa da mencionada nulidade, só poderia estar ferido de inexistência jurídica (acto praticado a non judice), podendo constituir infracção criminal.*"

[300] Acedida e consultada em *www.pgr.pt/Circulares/textos/1995/1995_07.pdf*, no dia 02 de Outubro de 2011.

de qualquer intervenção das autoridades judiciárias, ainda que tenham que proceder à sua abertura, incumbindo esta tarefa "*aos funcionários dos CTT*", na presença, no entanto, daquelas autoridades (aduaneiras).

Não subscrevemos a conclusão daquela Circular, quando refere que: "*2. O sigilo da correspondência estatuído nos nºs 1 e 4 do artigo 34º da Constituição da República não abrange os pacotes e encomendas postais, contendo mercadorias, que devam ser apresentados a fiscalização alfandegária*". Obviamente que podem aquelas autoridades exercer a correspondente fiscalização, não passando, no entanto, pela sua apreensão ou abertura sem a devida autorização da autoridade judiciária competente. Poderá resultar, contudo, que, havendo dúvidas sobre a conformidade do conteúdo de determinado pacote ou encomenda postal com a respectiva declaração de mercadoria, a autoridade alfandegária – tendo em vista a emissão de despacho alfandegário – possa retê-la (não apreendê-la) até apresentação de documentação comprovativa adicional, ou "*desembalagem*" voluntária pelo interessado.[301]

Ainda que entendendo que os pacotes e encomendas postais, contendo mercadorias, se encontram abrangidos pelo sigilo da correspondência, julgamos não ser violador do supracitado art. 34º nºs 1 e 4 da CRP, porque adequado e proporcional, o acto de as autoridades alfandegárias, na sua função de verificação de conformidade da mercadoria com a declaração alfandegária, poderem visionar o interior da mesma, através de técnicas que permitam conferir de forma sumária o seu conteúdo, sem a abrir (*v.g.*, raios x).[302]

[301] *Cfr.*, a este propósito, *v.g.*, os arts. 46º nº 1, 140º nº 2 e 188º do Regulamento (UE) nº 952/ /2013 do Parlamento Europeu e do Conselho, de 09 de Outubro de 2013, diploma que estabelece o Código Aduaneiro da União (documento acedido e consultado em *http://eur-lex.europa.eu/LexUriServ/LexUriServ.do?uri=OJ:L:2013:269:0001:0101:PT:PDF*, no dia 23 de Maio de 2017).

[302] Neste sentido pronunciou-se o STJ, no seu Acórdão de 18 de Maio de 2006, proc. 06P1394, rel. Santos Carvalho, *in www.dgsi.pt*, acedido e consultado em 03 de Outubro de 2011.

Assim, havendo necessidade de proceder à apreensão de pacotes e encomendas postais apresentados a fiscalização alfandegária, por haver suspeitas da sua ligação com o crime, deve a autoridade alfandegária cingir-se, dado que entramos no campo da investigação criminal, aos preceitos do Código de Processo Penal afectos ao regime das apreensões de correspondência.

4.4. Identificação e Solicitação de Informações

4.4.1. Introdução

No âmbito do nosso estudo, iremos doravante desenvolver mais uma das medidas cautelares e de polícia, a identificação de suspeitos; que tem por finalidade, ainda que numa fase pré-processual, assegurar a prova pessoal[303], visando, ainda, um futuro contacto com o suspeito ou a sua apresentação em acto processual.

A norma em que vamos incidir (art. 250º do CPP) surge da necessidade de proceder à identificação de indivíduos suspeitos da prática de crimes, quando não possuidores de qualquer documento de identificação. Chegou-se a ponderar, aquando da elaboração daquele artigo, a possibilidade de se inserir uma alínea no art. 254º do CPP, prevendo a detenção com exclusiva finalidade de identificação. Abdicou-se, no entanto, dessa ideia, pela sua dúbia constitucionalidade, optando-se por criar um instrumento de identificação, contido no âmbito das medidas cautelares e de polícia, que, não obstante poder ser exercido numa fase anterior ao processo formal, porque preordenado aos seus fins, assume-se, ele próprio, como um verdadeiro acto processual.[304-305]

[303] A prova pessoal – contrariamente à prova real – resulta de uma acção da própria pessoa, através de declaração de factos conhecidos, do modo como são declarados e da postura do declarante. Estamos perante prova real ou pessoal passiva, sempre que não haja aquela intervenção pessoal, sendo a pessoa *"simples objecto de observação alheia"*, *v.g.*, *"no seu corpo ou nas suas qualidades psíquicas"*, mediante realização de exame. *In* Cavaleiro de Ferreira (1981), págs. 319/320. *Cfr.* «*supra*» a nota 273, relativa à distinção entre prova real e pessoal.

[304] Sobre a natureza das medidas cautelares e de polícia, «*vide supra*» a nossa subsecção 2.2.1.

Assim, face à importância da identificação de suspeitos na garantia das finalidades do processo penal, mas, concomitantemente, dada a susceptibilidade de colidir com os direitos fundamentais dos cidadãos visados, decidiu o legislador antever um rigoroso procedimento de identificação de suspeitos da prática de crimes, art. 250º do CPP, de modo a evitar, por parte dos órgãos de polícia criminal, controlos de identidade arbitrários e abusivos.

4.4.2. Lei nº 5/95, de 21 de Fevereiro

Embora o art. 250º do CPP, na sua versão originária (introduzida pelo Decreto-Lei nº 78/87, de 17 de Fevereiro), no que concerne à identificação de pessoas, acrescentasse mais do que o CPP de 1929, que não tinha norma semelhante, sentiu-se a necessidade de criar um procedimento de identificação que fosse além da exigência da "*identificação de pessoas que se encontrassem em lugar que estivesse aberto ao público e que fosse habitualmente frequentado por delinquentes*" (art. 250º nº 1 do CPP, na sua versão originária), alargando essa possibilidade de identificação por razões de segurança interna.[306]

Esta intenção não passou, no entanto, disso mesmo, dado que estaríamos perante um dever de identificação susceptível de privação da liberdade de pessoas não suspeitas de qualquer crime, por um período

[305] De referir que, aquando da entrada em vigor do Decreto-Lei nº 78/87, de 17 de Fevereiro (CPP vigente), o art. 27º da CRP, epigrafado de "*direito à liberdade e à segurança*", continha no seu nº 3 somente 5 alíneas [alíneas a) a e)]. Com a quarta revisão constitucional, operada através da Lei nº 1/97, de 20 de Setembro, são aditadas mais duas alíneas, entre elas a alínea g), com a seguinte redacção: "*g) Detenção de suspeitos, para efeitos de identificação, nos casos e pelo tempo estritamente necessários;*" A redacção do artigo manteve-se então, a partir daí, inalterada.

[306] *Cfr.* Proposta de Lei nº 85/VI (*in* DAR, nº 17/VI/3, 2ª Série-A, de 20 de Janeiro de 1994, pág. 241-242) que, após votação na generalidade, na especialidade e final global (art. 168º nº 2 da CRP), deu origem ao Decreto nº 161/VI da Assembleia da República (*in* DAR, nº 45/VI/3, 2ª Série-A, de 21 de Maio de 1994, pág. 782), acedidos e consultados em *www.parlamento.pt/DAR/Paginas/DAR2Serie.aspx*, no dia 06 de Outubro de 2011.

que se poderia prolongar até 6 horas e sem sequer estarem a frequentar local habitualmente acedido por delinquentes.[307]

Após uma tentativa fracassada de estabelecer um procedimento de identificação fundado em razões de segurança interna, a Assembleia da República viria a aprovar a Lei nº 5/95, de 21 de Fevereiro, cujo conteúdo, no entanto, tornou impraticável a sua conjugação com o art. 250º do CPP, então em vigor. Face às manifestas e ininteligíveis discordâncias, foi necessário proceder a alterações no próprio art. 250º do CPP, operadas pela Lei nº 59/98, de 25 de Agosto.[308]

Visou-se, com a Lei nº 59/98, de 25 de Agosto, harmonizar o regime estabelecido no art. 250º do CPP com o da Lei nº 5/95, de 21 de Fevereiro, aproveitando-se os aspectos mais positivos que cada um deles apresentava, de modo a afastar as incertezas na aplicação daqueles pre-

[307] Esta foi a motivação fornecida pelo Tribunal Constitucional (Acórdão nº 479/94, de 07 de Julho, proc. 208/94, rel. Monteiro Diniz, *in www.tribunalconstitucional.pt/tc/acordaos*, acedido e consultado em 06 de Outubro de 2011), aquando da apreciação preventiva da constitucionalidade do art. 1º nº 1 – adscrito no decreto nº 161/VI, da Assembleia da República –, suscitada pelo Presidente da República.

[308] Entre as discordâncias anunciadas, realça-se, desde logo, no art. 1º nº 1 da Lei nº 5/95, de 21 de Fevereiro, o facto de o procedimento de identificação abranger apenas os crimes ali previstos [crimes contra a vida e a integridades das pessoas, a paz e a Humanidade, a ordem democrática, os valores e interesses da vida em sociedade e o Estado (...)], enquanto que o art. 250º nº 1 não previa qualquer restrição, abrangendo qualquer suspeito da prática de crime que se encontrasse em local habitualmente frequentado por delinquentes. Relativamente ao art. 250º nº 3, a Lei nº 5/95, mais precisamente o seu art. 3º nº 1, restringia a condução ao posto policial aos casos em que era impossível a identificação, após esgotado todo um procedimento, ou em casos de recusa, reduzindo o máximo de 6 horas (estabelecido no art. 250º nº 3) para duas horas (art. 3º nº 1). Na vigência das duas normas, podia-se deter, para identificação, um cidadão suspeito da prática de um crime de furto (art. 203º do CP) até 6 horas, com base no art. 250º do CPP, enquanto que o suspeito da prática de um crime de homicídio (art. 131º do CP), crime enquadrável no art. 1º da Lei nº 5/95, só poderia permanecer no posto policial até um período máximo de duas horas (art. 3º nº 1 da Lei nº 5/95). Para além dos "*lugares abertos ao público*" (art. 250º do CPP), aquela Lei nº 5/95 admitiu ainda a possibilidade de identificação em qualquer lugar público e sujeito a vigilância policial (art. 1º nº 1).

ceitos; dando origem, assim, ao art. 250º, versão que se manteve inalterada até aos dias de hoje.[309]

Mas como é que a Lei nº 5/95, de 21 de Fevereiro, se compatibiliza com a redacção actual do art. 250º do CPP? Ou será que, como sustentam alguns autores, aquela Lei se encontra revogada tacitamente, ainda que expressamente o não tenha feito a norma revogatória contida no art. 8º da Lei nº 59/98, de 25 de Agosto?

Na esteira dos argumentos empregados no Parecer da PGR, nº 1/ /2008[310], tendemos a propender para a revogação tácita da Lei nº 5/95, desde a entrada em vigor da Lei 59/98, mais precisamente com a redacção dada, por esta última, ao art. 250º do CPP, com fundamento na incompatibilidade de ambas e na posterioridade desta.[311]

Mas vejamos se existem inconvenientes na consagração daquela revogação tácita. Apesar de o art. 250º do CPP não prever expressamente a obrigatoriedade do porte de documento de identificação – por parte de todos os cidadãos maiores de 16 anos, sempre que se encontrem em locais não reservados, ainda que sobre eles não impenda qualquer suspeita da prática de crime –, contrariamente ao que sucede na Lei nº 5/95, mais precisamente no seu art. 2º; o certo é que, mesmo neste diploma legal, existe "*um pitoresco dever geral de porte de identificação, cuja violação não é sancionada*".[312] Assim, embora obrigados a ser portadores de documento de identificação, os cidadãos maiores de 16 anos só estariam obrigados a fornecê-lo se isso lhes fosse exigível pelas razões referidas no art. 1º nº 1 da Lei nº 5/95. O mesmo decorre do art. 250º do CPP, «*id est*», a falta de documento de identificação, por parte de quem está obrigado a identificar-se (nº 1 do

[309] Intenção patente na própria exposição de motivos da Proposta de Lei nº 157/VII, publicada no DAR, nº 27/VII/3, 2ª Série-A, de 29 de Janeiro de 1998, págs. 481-517.

[310] *In* DR nº 8, 2ª Série, de 11 de Janeiro de 2008.

[311] Também Parecer da PGR, nº 7/2002, *in* DR nº 145, II Série, de 26 de Junho de 2002, págs. 11635 e sgts.; e nº 161/2004, *in* DR nº 8, II Série, de 11 de Janeiro de 2008, págs. 1524 e sgts.

[312] *Cfr.* o Parecer da PGR, nº 1/2008, *sup. cit.*, pág. 1531.

art. 250º), terá somente como "sanção" a sua sujeição a um rigoroso procedimento de identificação, que poderá resultar na sua condução ao posto policial.

A Lei nº 5/95, de 21 de Fevereiro, é, no entanto, bastante esclarecedora no que concerne às recusas de identificação, referindo expressamente, no seu art. 3º nº 1, que, após preenchidos os pressupostos da sua obrigatoriedade (art. 1º), aquela recusa pode levar à condução do identificando ao posto policial mais próximo. Semelhante previsão não existe no art. 250º do CPP, gerando aporias na doutrina e jurisprudência, como melhor veremos «*infra*», subsumindo, frequentemente, tal comportamento de recusa no tipo de crime de desobediência do art. 348º nº 1 al. b) do Código Penal.

4.4.3. Pressupostos de Identificação

Localizado no capítulo dedicado às medidas cautelares e de polícia, refere-nos o art. 250º nº 1 do CPP que, desde que existam "*fundadas suspeitas da prática de crimes*"[313], podem os órgãos de polícia criminal, como tal definidos no art. 1º al. c) do mesmo diploma legal, "*proceder à identificação de qualquer pessoa*", desde que esta se encontre num "*local público, aberto ao público ou sujeito a vigilância policial*". Podem ainda aquelas "*entidades ou agentes policiais*", naqueles locais, usar o mesmo mecanismo de identificação perante a suspeita de que, sobre determinada pessoa, se encontra pendente "*processo de extradição ou de expulsão*", de que possa ter "*penetrado ou permaneça irregularmente em território nacional*", ou de que haja contra si "*mandado de detenção*" (art. 250º nº 1, «*in fine*»).[314]

[313] Como melhor explicitaremos «*infra*» – na nossa secção 4.5.3, dedicada às revistas e buscas cautelares –, existem "*fundadas suspeitas da prática de crimes*" quando, através de certos factos e informações, "*um observador objectivo, valorando-os, possa ajuizar no sentido de se convencer*" que determinada pessoa pode ter praticado um crime. *Cfr.* CABRAL BARRETO (2005), pág. 95.

[314] A redacção actual deste art. 250º nº 1 foi introduzida pela Lei nº 59/98, de 25 de Agosto. A sua versão originária referia que: "*Os órgãos de polícia criminal podem proceder à*

Desde logo, podemos constatar que tal mecanismo contende forçosamente com direitos fundamentais dos cidadãos por ele visados, «*maxime*» o direito à liberdade (art. 27º da CRP), ao bom nome e reputação, à reserva da intimidade da sua vida privada e familiar (art. 26º nº 1 da CRP), bem como o direito de livre deslocação (art. 44º da CRP).[315]

Consultando o anunciado art. 27º da CRP, logo no seu nº 1, verificamos que aí se encontram inclusos quer o direito à liberdade quer o direito à segurança, apesar das dissemelhanças que os caracterizam.[316] Estes dois direitos contendem por vezes entre si, sendo necessário encontrar o equilíbrio entre a restrição do direito à liberdade dos cidadãos em prol da sua segurança.[317]

No que concerne ao direito à liberdade, prevê expressamente, o art. 27º nº 2 da CRP, a inadmissibilidade da sua privação (ainda que de forma parcial), salvo se derivada de "*sentença judicial condenatória*

identificação de pessoas encontradas em lugares abertos ao público habitualmente frequentados por delinquentes."

[315] O direito à reserva da intimidade da vida privada (art. 26º nº 1 da CRP) assenta no «*right of privacy*» anglo-saxónico, que se traduz no direito a ter uma vida tranquila e, sobretudo, sem qualquer interferência externa. Estabelece o art. 26º nº 2 da CRP que incumbe à lei estabelecer as devidas "*garantias efectivas contra a obtenção e utilização abusivas, ou contrárias à dignidade humana, de informações relativas às pessoas e famílias*". Na concretização deste direito, deve ser garantido o anonimato, ou seja, a "*reserva da identidade*" de todo o cidadão. *Cfr.* A. Sousa Pinheiro e Menezes de Oliveira (1994, Out/Dez), págs. 68 e sgts.

[316] No que concerne a estes dois direitos, referem os professores Gomes Canotilho e Vital Moreira (2007), em anotação ao art. 27º, que, "*embora distintos, estão intimamente ligados desde a sua formulação nas primeiras constituições liberais*". Relativamente ao primeiro, o direito à liberdade, engloba "*o direito à liberdade física, à liberdade de movimentos, ou seja, o direito de não ser detido, aprisionado, ou de qualquer modo fisicamente confinado a um determinado espaço, ou impedido de se movimentar*". Quanto ao direito à segurança, corresponde ao "*exercício seguro e tranquilo dos direitos, liberto de ameaças ou agressões*".

[317] A propósito das medidas restritivas das liberdades individuais, assentes em razões que decorrem da própria vida em sociedade, consultar o nosso capítulo 2, afecto às medidas de polícia.

pela prática de acto punido por lei com pena de prisão ou de aplicação judicial de medida de segurança", ou, então, nos casos explicitamente adscritos nas diversas alíneas do número 3, daquele mesmo artigo, entre eles, a "*detenção de suspeitos, para efeitos de identificação, nos casos e pelo tempo estritamente necessários*" [alínea g)].[318] Podemos, então, desde logo concluir que se encontra legitimada, expressamente pela própria Constituição, a restrição ao exercício daquele direito fundamental, incumbindo à lei ordinária estabelecer os casos em que tal se justifica, bem como os limites temporais da sua duração.

É deste modo que o art. 250º nº 1 do CPP possibilita aos órgãos de polícia criminal procederem à identificação de qualquer pessoa, desde que sobre ela recaiam fundadas suspeitas do cometimento de crimes[319] e se encontre em local público, aberto ao público ou sujeito a vigilância policial.

Pretende o legislador controlar o uso discricionário do mecanismo de identificação por parte dos órgãos de polícia criminal, devendo este cingir-se ou justificar-se pelas circunstâncias previstas no preceito aludido, mostrando-se, enquanto medida de polícia, necessário e adequado aos fins visados, evitando, entre outras, situações em que "*o poder e o status do infractor*" influam na actuação policial.[320]

O preceito em análise alarga, ainda, essa possibilidade de identificação às suspeitas de pendência de processo de extradição ou de expulsão (ainda que administrativa), entrada ou permanência irregular em

[318] Esta alínea foi introduzida pela Lei Constitucional nº 1/97, de 20 de Setembro (IV Revisão Constitucional). *Cfr.* acta da reunião de 03 de Outubro de 1996, da Comissão Eventual para a Revisão Constitucional, DAR nº 33, II Série-RC, bem como de 18 de Abril de 1997, DAR nº 77, II Série-RC, ambos *in www.parlamento.pt/DAR/Paginas/DAR2Serie.aspx*, acedidos e consultados em 10 de Outubro de 2011.

[319] Convém, desde já, ressalvar o facto de a nossa lei processual penal definir como suspeito, "*toda a pessoa relativamente à qual exista indício de que cometeu ou se prepara para cometer um crime, ou que nele participou ou se prepara para participar*" [art. 1º al. e) do CPP].

[320] Sobre esta propensão para tratamentos diferenciados em função da localização social do arguido, designadamente com a sua capacidade de acção, «*vide*» J. Figueiredo Dias (1992), págs. 459 e sgts.

território nacional ou dúvida sobre a existência de mandado de detenção, possibilidades também elas legitimadas pela própria Constituição [art. 27º nº 3 als. c) e f)].

Relativamente à entrada ou permanência irregular em território nacional, nos termos da Lei nº 23/2007, de 4 de Julho[321], será considerada ilegal a permanência, sempre que, no espaço delimitado pelas fronteiras nacionais (art. 6º), determinado cidadão estrangeiro (não titular da cidadania da União Europeia) permaneça sem a necessária autorização de residência ou autorização aceite após pedido de asilo (art. 181º nº 2), ou tenha entrado de forma ilegal em território nacional, nomeadamente sem qualquer documento de viagem ou outro substituto validamente reconhecido (art. 9º), visto de entrada (art. 10º), ou após lhe ter sido previamente recusada a entrada, pelos motivos constantes do art. 32º nºs 1 e 2, *v.g.*, razões de saúde pública.

A extradição consiste numa forma de cooperação internacional em matéria penal. Pode-se definir teleologicamente como:

> "*O instituto que consiste na entrega de uma pessoa que se encontra no território de um determinado Estado a outro Estado que a reclama, para aí ser julgada por factos que caem sob jurisdição deste último ou para cumprir pena em que aí foi condenada pelos tribunais desse Estado*".[322]

Dada a colisão da extradição com os direitos, liberdades e garantias dos cidadãos por ela visados, esta matéria vem regulada no art. 33º nº 3 e sgts. da CRP. Podendo, essa colisão de direitos, liberdades e garantias, ocorrer contra cidadãos nacionais, art. 33º nº 3 da CRP (contrariamente à expulsão, como veremos «*infra*»), deve a extradição ser sempre determinada por uma autoridade judicial (nº 7 do mesmo art. 33º).

[321] Diploma que aprovou o regime jurídico de entrada, permanência, saída e afastamento de estrangeiros do território nacional, publicado no DR nº 127, 1ª Série, de 4 de Julho de 2007, pág. 4290 e sgts.

[322] *In* Informação-Parecer da PGR, nº 176/2000, de 15 de Setembro de 2000, rel. Alberto Augusto Oliveira, em *www.dgsi.pt,* acedido e consultado em 10 de Outubro de 2011.

Contudo, ainda que a Lei Fundamental admita a extradição, fá-lo com reservas. Assim, nos termos do seu art. 33º nº 4, é admitida extradição, desde que não venha a ser aplicada ou executada, pelo país requisitante, "*pena ou medida de segurança privativa ou restritiva da liberdade com carácter perpétuo ou de duração indefinida*"[323], nem pena de morte, ou outra de que resulte lesão irreversível da integridade física (art. 33º nº 6 da CRP). Também não é admissível a extradição por causas políticas. No que concerne à extradição de cidadãos nacionais, a CRP só a admite em casos de terrorismo e de criminalidade internacional, em condições de reciprocidade estabelecidas em convenção internacional e desde que lhe sejam asseguradas, pela ordem jurídica do Estado requisitante, as garantias de um processo justo e equitativo (art. 33º nº 3 da CRP).[324]

Relativamente à expulsão, temos que demarcar dois tipos: a expulsão judicial e a administrativa (afastamento coercivo). Relativamente à primeira, a judicial, seja enquanto pena acessória ou medida autónoma, "*consiste no acto unilateral pelo qual o Estado, por considerações de interesse nacional de que é juiz soberano, obriga um estrangeiro que permaneça*

[323] De acordo com aquele art. 33º nº 4 da CRP, nos casos em que o Direito aplicável no país requisitante (que juntamente com Portugal faz parte de convenção internacional) prevê a aplicação de "*pena ou medida de segurança privativa ou restritiva da liberdade com carácter perpétuo ou de duração indefinida*", só será admitida a extradição se esse país garantir "*que tal pena ou medida de segurança não será aplicada ou executada*".

[324] *Cfr.* António Pinto Pereira (1999), págs. 13 e sgts., para mais desenvolvimentos sobre a extradição no nosso ordenamento jurídico, especialmente no que tange à extradição de nacionais – desde a Convenção Europeia de Extradição de 1957, assinada por Portugal em 27 de Abril de 1977, em que o nosso país recusava em absoluto, nos termos do seu art. 6º (conteúdo acolhido no art. 33º da CRP de 1976), extraditar os seus nacionais; até à revisão operada naquele art. 33º, pela Lei Constitucional nº 1/97, de 20 de Setembro, motivada pela Convenção relativa à Extradição entre os Estados Membros da União Europeia, de 26 de Setembro de 1996, em que Portugal passou a admitir a extradição dos seus cidadãos, nos termos do disposto no art. 33º nº 3 da CRP. Também o Parecer da PGR, de 19 de Setembro de 2002, nº PGRP00002111, rel. Fernanda Maçãs, em *www.dgsi.pt*, acedido e consultado em 11 de Outubro de 2011.

no seu território a abandoná-lo"[325], ainda que a sua entrada ou permanência em território nacional, ou a obtenção de autorização de residência, tenham decorrido em conformidade com as normas legais vigentes, ou o pedido de asilo tenha sido previamente aceite (art. 33º nº 2 da CRP e arts. 151º e sgts. da Lei nº 23/2007, de 4 de Julho).[326]

Quanto à expulsão administrativa (afastamento coercivo), resulta do estabelecido no art. 145º, da Lei nº 23/2007, que ela pode ter como fundamento o previsto no art. 134º nº 1 al. a), isto é, a "*entrada ou permanência ilegais em território nacional*". A decisão de afastamento coercivo é da competência do director nacional do SEF (art. 149º nº 1) e susceptível de impugnação judicial; dado que se trata de uma decisão administrativa, junto dos tribunais administrativos (art. 150º).[327]

Por último, como pressuposto de identificação, encontramos, no art. 250º nº 1, «*in fine*», do CPP, a suspeita de que possa haver sobre deter-

[325] *In* Parecer da PGR, nº 7/2002, pág. 11637, II – 2, publicado no DR nº 145, 2ª Série, de 26 de Junho.

[326] O direito de asilo é garantido, nos termos do art. 3º nº 1 da Lei nº 27/2008, de 30 de Junho, "*aos estrangeiros e aos apátridas perseguidos ou gravemente ameaçados de perseguição em consequência da sua actividade em favor da democracia, da libertação social e nacional da paz entre os povos, da liberdade e dos direitos da pessoa humana, exercida no Estado da sua nacionalidade ou da sua residência habitual*", ou ainda, "*em virtude da sua raça, religião, nacionalidade, opiniões políticas ou integração em certo grupo social*" (art. 3º nº 2 do mesmo diploma legal).

[327] Relativamente a cidadãos portugueses, não é admitida a sua expulsão do território nacional (art. 33º nº 1 da CRP). Na esteira do professor Jorge Miranda (2004), págs. 99 e sgts., esta é uma exteriorização da cidadania, enquanto direito fundamental dos cidadãos em se relacionarem livremente com o seu Estado, «*rectius*», com o território que o compõe. Relativamente aos cidadãos comunitários, "*enquanto titulares do direito de livre-circulação no espaço comunitário, apenas poderão ser objecto de expulsão, (...), quando ocorram razões de ordem pública, segurança pública ou saúde pública que a justifiquem, em conformidade com o disposto na Directiva nº 64/221/CEE, de 25 de Fevereiro de 1964, e nos artigos 12º e 13º do Decreto-Lei nº 60/93*" (*Cfr.* pág. 11642, 3ª conclusão do Parecer da PGR, nº 7/2002, publicado no DR nº 145, 2ª Série, de 26 de Junho. Deverão, no entanto, os diplomas referidos no parecer, porque revogados, ser substituídos, respectivamente pela Directiva nº 2004/38/CE, do Parlamento Europeu e do Conselho, de 29 de Abril, bem como pela Lei nº 37/2006, de 9 de Agosto).

minado indivíduo mandado de detenção. O mandado de detenção tem o seu regime previsto no art. 258º do CPP, podendo ser emitido pelo Juiz, pelo Ministério Público ou pela Autoridade de Polícia Criminal [art. 258º nº 1 al. a) e nº 3 do CPP][328], tendo como finalidade assegurar a presença do detido em acto processual, presidido por autoridade judiciária [art. 254º nº 1 al. b) do CPP] ou de polícia criminal, ou então, o cumprimento de uma pena ou medida de segurança privativas da liberdade.[329]

4.4.4. Procedimento e Meios de Identificação

Perante a restrição de direitos fundamentais, «*maxime*» do direito à liberdade, e como corolário do art. 27º nº 4 da CRP[330], deve o órgão de

[328] Em modo de curiosidade é de referir que, até à entrada em vigor do Decreto-Lei nº 377/77, de 06 de Novembro (entretanto revogado pelo actual CPP), quando a lei fazia alusão a "*mandados*", pretendia referir-se somente àqueles que eram expedidos pelo juiz, assumindo os do Ministério Público e das autoridades de polícia criminal, a designação de "*ordens*".

[329] Devemos ter em consideração, também, o mandado de detenção europeu, que consiste numa decisão de natureza judiciária, emitida num Estado da União Europeia para ser executada noutro Estado a ela pertencente, visando a sua detenção e posterior entrega àquele "*para efeitos de procedimento criminal ou para cumprimento de uma pena ou medida de segurança privativas da liberdade*" (art. 1º nº 1 da Lei nº 65/2003, de 23 de Agosto – diploma que aprovou o regime jurídico do mandado de detenção europeu, em cumprimento da Decisão Quadro nº 2002/584/JAI, do Conselho, de 13 de Junho). Também não será de descurar a existência do mandado de detenção internacional, cuja emissão compete ao Tribunal Penal Internacional – com jurisdição nos países subscritores do Estatuto de Roma do Tribunal Penal Internacional (adoptado em Roma, a 17 de Julho de 1998) –, para crimes de maior gravidade, com alcance internacional. Entre nós, o Estatuto de Roma do Tribunal Penal Internacional foi aprovado para ratificação pela Resolução da Assembleia da República nº 3/2002, sendo ratificado pelo Decreto do Presidente da República nº 2/2002, ambos publicados no Diário da República, nº 15, 1ª Série-A, de 18 de Janeiro de 2002.

[330] Refere este art. 27º nº 4 da CRP que: "*Toda a pessoa privada da liberdade deve ser informada imediatamente e de forma compreensível das razões da sua prisão ou detenção*". Já vimos que é admitida a "*detenção de suspeitos, para efeitos de identificação, nos casos e pelo tempo estritamente necessários*", art. 27º nº 3 al. g) da CRP.

polícia criminal que procede à identificação, após provar a sua qualidade, informar o suspeito dos motivos que fundamentam a medida, bem como dos meios por que poderá provar a identificação[331], a saber, o bilhete de identidade ou passaporte[332], sendo cidadão português; ou então, título de residência, bilhete de identidade, passaporte ou documento que o substitua, no caso de cidadão estrangeiro (art. 250º nºs 2 e 3 do CPP). Na ausência dos documentos «*supra*» aludidos, é admitida a exibição de "*documento original, ou cópia autenticada, que contenha o seu nome completo, a sua assinatura e a sua fotografia*" (nº 4 do mesmo art. 250º).

Como não existe nenhum regime geral sancionatório da falta de documento de identificação, é muito comum os suspeitos da prática de crimes, quando abordados pelas forças policiais, não serem possuidores de qualquer documento identificativo.[333]

Assim, dada a importância da identificação dos suspeitos da prática de crimes, no decurso de processo eventualmente instaurado (pode não o ser, *v.g.*, nos crimes semi-públicos, pelo não exercício do direito de queixa por parte do seu titular), prevê, ainda, o legislador, três formas alternativas de identificação, tendentes a suprir a falta de documento de identificação ou equivalente legal. Assim, poderá o suspeito comunicar, com os meios no local disponíveis, com pessoa da sua confiança, para que esta apresente o seu documento de identificação no local da abordagem policial. Poderá, ainda, o órgão de polícia criminal deslocar-se, juntamente com o suspeito, ao local onde supostamente se encontra o documento de identificação deste último.

[331] A omissão destas formalidades, por parte do órgão de polícia criminal, constitui mera irregularidade, sujeita ao regime do art. 123º do CPP.

[332] Devendo ser aqui acrescentado o cartão de cidadão, criado pela Lei nº 7/2007, de 5 de Fevereiro.

[333] Mesmo a Lei 5/95, de 21 de Fevereiro – que afirmámos «*supra*» encontrar-se revogada tacitamente pelo art. 250º do CPP –, apesar de prever, no seu art. 2º nº 1, que "*os cidadãos maiores de 16 anos devem ser portadores de documento de identificação sempre que se encontrem em lugares públicos, abertos ao público ou sujeitos a vigilância policial*", não comina com qualquer sanção o incumprimento dessa obrigação.

Na impossibilidade de identificação, através de documento próprio do suspeito, poderá a sua identidade ser reconhecida por pessoa devidamente identificada (através de documento de identificação ou equivalente legal), devendo esta garantir a exactidão dos dados pessoais por si fornecidos.[334]

4.4.5. Identificação Coactiva

Frustrado o procedimento de identificação «*supra*» aduzido, o suspeito pode ser conduzido, pelo órgão de polícia criminal, ao posto policial mais próximo, podendo forçar a sua permanência nesse local, em sítio apropriado (nunca os quartos de detenção), "*pelo tempo estritamente indispensável à identificação*"; não podendo, nunca, o espaço temporal que dista entre a sua abordagem em "*lugar público, aberto ao público ou sujeito a vigilância policial*" e o abandono das instalações policiais, ser superior a 6 horas (art. 250º nº 6, 1ª parte, do CPP), sob pena de estarmos perante uma detenção ilegal, subsumível nos tipos de crime de abuso de poder (art. 382º do CP) e sequestro (art. 158º do CP).[335-336]

[334] Até à entrada em vigor da Lei nº 19/2013, de 21 de Fevereiro – que aditou o art. 348º-A, com epígrafe "*falsas declarações*", ao Código Penal –, esta era uma prática a evitar pelos órgãos de polícia criminal, já que, mesmo que a pessoa devidamente identificada atestasse dados falsos fornecidos pelo suspeito, não resultava daí qualquer sanção criminal.

[335] Em sede de apreciação preventiva da constitucionalidade da versão originária do art. 250º nº 3 do CPP, ainda na ausência do actual art. 27º nº 3 al. g) da CRP, pronunciou-se o Tribunal Constitucional, no seu Acórdão nº 7/87, proc. 302/86, pontos 1 al. j), 2.11 e 3 (11º), (*in* DR nº 33, I Série, de 09 de Fevereiro de 1987), pela sua conformidade com a Constituição, alegando que a retenção no posto policial até seis horas, apesar de não caber na letra da norma contida no, então, art. 27º nº 2 da CRP, não a viola, dado constituir um acto instrumental necessário e adequado para atingir os objectivos previstos naquele preceito constitucional. Aquando da introdução do art. 27º nº 3 al. g) na CRP [Lei Constitucional nº 1/97, de 20 de Setembro (IV Revisão Constitucional)], novamente a questão das 6 horas foi discutida, optando-se, no entanto, por deixar para a lei ordinária a sua quantificação, referindo somente, a lei fundamental: a "*detenção de suspeitos, para efeitos de identificação, nos casos e pelo tempo estritamente necessários*". Pertinente, no que concerne à introdução daquele art. 27º nº 3 al. g) na CRP, a já referida acta da reunião de 03 de Outubro

No que concerne à identificação de menores com idade compreendida entre os 12 e os 16 anos, pela suspeita da prática de facto qualificado pela lei como crime, o procedimento observará as formalidades estabelecidas no Código de Processo Penal, com as seguintes especificidades. Na impossibilidade de identificação através de documento ou equivalente, e caso seja necessário conduzir o menor à Esquadra, deve sempre o órgão de polícia criminal contactar os seus pais, o seu representante legal ou pessoa que tenha a sua guarda de facto, sendo que, a ser conduzido, a sua permanência naquele local deverá restringir-se ao tempo indispensável à sua identificação, nunca ultrapassando as 3 horas.[337]

No prazo de seis horas (ou de 3 horas, no caso de menores com idade compreendida entre os 12 e os 16 anos), sendo impossível uma identificação cabal do suspeito, poderão ser realizadas complementarmente provas dactiloscópicas, fotográficas ou outras análogas, visando recolher elementos intrínsecos ou naturais. Nessa circunstância, pode ainda o identificando ser convidado a "*indicar residência onde possa ser encontrado e receber comunicações*" (art. 250º nº 6, 2ª parte do CPP).[338]

de 1996, da Comissão Eventual para a Revisão Constitucional, DAR nº 33, II Série-RC, bem como de 18 de Abril de 1997, DAR nº 77, II Série-RC, ambas *in www.parlamento.pt/DAR/Paginas/DAR2Serie.aspx*, acedidas e consultadas em 15 de Outubro de 2011.

[336] A propósito das 6 horas – previstas no art. 250º nº 6 do CPP, como tempo máximo para identificar um suspeito –, no direito francês «*la rétention ne peut excéder **quatre** heures*» [article 78-3 du Code de Procédure Pénale Française (CPPF), *in www.legifrance.gouv.fr*, acedido e consultado em 15 de Outubro de 2011]. No direito alemão, nos termos do § 163c (2) da Strafprozessordnung (StPO): «*Eine Freiheitsentziehung zum Zwecke der Feststellung der Identität darf die Dauer von insgesamt zwölf Stunden nicht überschreiten*» (*in http://dejure.org/gesetze/StPO*). Numa tradução livre do original, significará: "*A privação da liberdade para fins de identificação não pode exceder o prazo máximo de **12 horas***".

[337] *Cfr.* art. 50º als. a) e b) da Lei nº 166/99, de 14 de Setembro – diploma que aprovou a Lei Tutelar Educativa –, publicada no DR nº 215, I Série-A, de 14 de Setembro de 1999, pág. 6320-6351.

[338] Estas provas dactiloscópicas recolhidas ao suspeito (pessoa determinada) visam, através de perícia lofoscópica, a sua comparação com outras recolhidas no local da prática do ilícito criminal, deixadas pelo seu autor (pessoa indeterminada). O Decreto-Lei nº 252/

No âmbito do procedimento de identificação aludido, deve ser sempre facultada ao identificado a possibilidade de contactar com alguém da sua confiança (nº 9 do art. 250º do CPP). No caso de estarmos perante a condução de menores com idade compreendida entre os 12 e os 16 anos, ao posto policial, é obrigatória a comunicação imediata com os seus pais, representante legal ou com quem tenha a sua guarda de facto [art. 50º al. a) da Lei Tutelar Educativa].

Concluídos os motivos da condução ao posto policial, isto é, efectivada a identificação cabal do suspeito, os órgãos de polícia criminal podem deparar-se com dois cenários. No primeiro, sendo confirmadas as suspeitas motivadoras de todo o procedimento de identificação, é elaborado o correspondente auto de identificação circunstanciado, que será transmitido ao Ministério Público, no mais curto prazo, que não pode exceder 10 dias (art. 248º nº 1 do CPP), juntamente com as provas de identificação entretanto realizadas. Num segundo cenário, não se confirmando as suspeitas, elabora-se, mesmo assim, o correspondente auto de identificação, devendo, no entanto, sempre que solicitado pelo identificado, e na sua presença, ser destruídas as provas de identificação produzidas (art. 250º nº 7 do CPP).[339]

/2000, de 16 de Outubro (*in* DR nº 239, 1ª Série-A, de 16 de Outubro de 2000, págs. 5749 e sgts.), refere, no seu art. 6º nºs 1 e 2, que, "*com vista ao estabelecimento ou confirmação da identidade de estrangeiros ou apátridas, o SEF pode recorrer aos meios de identificação civil, incluindo a obtenção de fotografias e impressões digitais*", podendo ter "*acesso directo à informação de identificação civil e criminal constante dos ficheiros informáticos de identificação civil e criminal do Ministério da Justiça, bem como à informação de interesse criminal contida nos ficheiros de outros organismos*". Da mesma faculdade goza a Polícia Judiciária, podendo aceder livremente à informação relativa à identificação civil e criminal constante nos ficheiros magnéticos dos serviços do Ministério da Justiça, ou nos ficheiros informáticos de outros organismos nacionais ou internacionais. *Cfr.* art. 9º da Lei nº 37/2008, de 6 de Agosto (*in* DR nº 151, 1ª Série, de 6 de Agosto de 2008, págs. 5281 e sgts.).

[339] Na esteira do professor Paulo Pinto de Albuquerque (2008), pág. 667, § 6, a possibilidade de os órgãos de polícia criminal, após decidirem, de forma autónoma, pela não confirmação da suspeita, poderem eles próprios destruir as provas de identificação, sig-

No decurso do procedimento de identificação, poderão ainda ser pedidas, de forma legítima, quer ao suspeito, quer a qualquer outra pessoa passível de as proporcionar, informações úteis relativas ao crime "*e, nomeadamente, à descoberta e à conservação de meios de prova que poderiam perder-se antes da intervenção da autoridade judiciária*" (art. 250º nº 8 do CPP).[340]

4.4.6. Recusa de Identificação de Suspeito da Prática de Crime

Referimos que a identificação de suspeitos tem como finalidade assegurar a prova pessoal e a apresentação do suspeito em acto processual. Pode acontecer que o suspeito a identificar não tenha interesse nessa identificação. Não poucas as vezes, alegam não possuir qualquer documento de identificação, terem domicílio em local distante daquele onde ocorre o procedimento, ou não terem qualquer familiar ou amigo que ateste a veracidade dos dados por si fornecidos. Outros, mais extremistas, recusam-se mesmo a fornecer a identificação aos órgãos de polícia criminal. Mas qual a consequência legal desta recusa de identificação, após solicitação pelos órgãos de polícia criminal, nos termos do art. 250º do CPP?

Existem autores a considerar que tal conduta se deve subsumir no tipo de crime de desobediência, após a devida cominação [art. 348º nº 1 al. b) do CP], dado estarmos perante a violação de um dever (de identificação) cuja desconsideração é atentatória de um bem jurídico, consubstanciado no respeito pelas funções de autoridade pública.[341-342]

nifica atentar, de forma grave, contra o poder de direcção do inquérito do Ministério Público (263º do CPP).

[340] No que tange a este pedido de informações e à possibilidade de o arguido se recusar a fornecê-las, com base no art. 59º do CPP, «*vide*» o capítulo 4.3.3.1 do nosso estudo, referente à colheita de informações cautelares.

[341] *Cfr, v.g.*, Leal Henriques e Simas Santos (2004), pág. 1510. Também, Parecer da PGR, nº 13/96, que refere logo no seu sumário: "6 – *O não acatamento de ordens de identificação, proferidas ao abrigo das disposições mencionadas nas conclusões anteriores, pode implicar o cometi-*

Contrariamente ao que sustentam esses autores, a nossa opinião propende no sentido de considerar que a detenção para identificação, como tal designada pela nossa CRP [art. 27º nº 3 al. g)] – legitimando o órgão de polícia criminal a privar da liberdade determinado suspeito, conduzindo-o ao posto policial e obrigando-o (mesmo coercivamente) a aí permanecer por um período temporal que, contado desde a abordagem policial, se poderá prorrogar até 6 horas –, afasta a ideia de que a recusa à identificação, após a devida cominação funcional, preenche o tipo de crime do art. 348º nº 1 al. b) do CP (desobediência simples).

Nem faria muito sentido que, face à possibilidade de deter um suspeito pelo tempo indispensável para identificação, que se poderá alongar até às 6 horas [art. 250º nº 6 do CPP, *cjg.* art. 27º nº 3 al. g) da CRP], se optasse por cominar a recusa de identificação com o crime de desobediência, que, verificado em flagrante, justificaria uma detenção que se poderia prolongar até às 48 horas [art. 254º nº 1 al. a) do CPP].[343]

mento do crime de desobediência do artigo 388 do Código Penal, na redacção anterior à actual, e pode implicar o cometimento do crime do artigo 348 do Código Penal vigente" (*in www.dgsi.pt*, acedido e consultado em 20 de Outubro de 2011). Ver ainda o Parecer da PGR, nº 28/2008, o qual refere que, no âmbito das competências atribuídas às Polícias Municipais, podem estas exigir a identificação de infractores, podendo o não acatamento dessa ordem integrar a prática do crime de desobediência (8ª conclusão da pág. 35872 do DR nº 155, 2ª Série, de 12 de Agosto de 2008). Também os Srs. Conselheiros Messias Bento e Bravo Serra, *in* Declaração de Voto do Acórdão do TC, nº 479/94, de 07 de Julho de 1994, proc. 208/94, rel. Cons. Monteiro Diniz, em *www.tribunalconstitucional.pt/tc/acordaos/*, acedido e consultado em 20 de Outubro de 2011.

342 Assim caracterizado o bem jurídico por Teresa Beleza (2000), pág. 105; traduzido no "*interesse administrativo do Estado em que as ordens legítimas dos seus agentes ou autoridades sejam cumpridas*". Outros autores, como Cristina Líbano Monteiro (2001b), pág. 350, entendem que, com a incriminação, visa-se a protecção da "*autonomia intencional do Estado*", ou a "*autonomia intencional do funcionário*", como pretende Paulo Pinto de Albuquerque (2008), pág. 825.

343 Sem considerar o facto de que, na falta de disposição legal, punir como "*desobediência*" o desrespeito à cominação administrativa ou funcional [art. 348º nº 1 al. b) do CP] repre-

Além do mais, se o legislador pretendesse cominar a recusa de identificação com o crime de desobediência, tê-lo-ia feito, à semelhança do que fez no art. 141º nº 3 do CPP, em sede de primeiro interrogatório judicial, responsabilizando penalmente a falta de resposta às questões atinentes à identidade; ou então no art. 342º nº 2 do CPP, pelo mesmo motivo, em sede de julgamento. Admitimos que a cominação (administrativa ou funcional) com o crime de desobediência seria uma forma muito mais eficaz de demover eventuais recusas de identificação, por parte de quem não quer ser "*apanhado*", mas, ao mesmo tempo, violadora de princípios fundamentais, «*maxime*», o princípio da subsidiariedade ou intervenção mínima do direito penal (art. 18º nº 2 da CRP).[344]

Entendemos, pois, que o dever de identificação, para ser assegurado, não necessita de se socorrer do crime de desobediência, encontrando-se devidamente salvaguardada a sua eficácia prática através dos mecanismos previstos no art. 250º nº 6 do CPP (sanção processual), e consequentemente justificada a conduta do órgão de polícia criminal; que, a actuar para além dos pressupostos daquele artigo, vê subsumida a sua conduta num tipo legal de crime (*v.g.*, sequestro, art. 158º do CP), para além de outras consequências civis ou disciplinares.

senta uma clara dissonância com o princípio da legalidade (art. 1º nº 1 do CP e art. 29º nº 1 da CRP); exigindo que a lei seja certa, escrita, prévia e estrita [*Cfr.* Figueiredo Dias (2007), pág. 177], sendo que, só a previsão de factos descritos e declarados passíveis de pena, em lei prévia, evitará que os cidadãos possam ser surpreendidos com a criminalização de um determinado comportamento.

[344] A propósito desta função de «*ultima ratio*» do direito penal, veja-se o pertinente Acórdão do TC, nº 108/99 (proc. 469/98, rel. Messias Bento, de 10 de Fevereiro de 1999, *in www.tribunalconstitucional.pt/tc/acordaos/*, acedido e consultado em 21 de Outubro de 2011); que justifica o recurso a sanções criminais quando não seja "*possível o recurso a outras medidas de política social, igualmente eficazes, mas menos violentas*". Limita-se assim, a sua utilização, "*à defesa das perturbações graves da ordem social e à protecção das condições sociais indispensáveis ao viver comunitário*". A "*necessidade social*" assume-se "*como critério decisivo da intervenção do direito penal*".

Também o mesmo se passará nos casos em que haja necessidade de realizar provas, *v.g.*, dactiloscópicas ou fotográficas. Fazendo parte do procedimento de identificação, não deverá a sua recusa ser cominada com o crime de desobediência; mas, enquanto consequência do dever geral de identificação, poderá o órgão de polícia criminal usar de "razoável coacção", por forma a obter uma impressão digital ou fotografia susceptível de constituir prova contra quem se pretende dela escapar.

Também não poderemos concordar com o Parecer da PGR, nº 13/96 – convicção, aliás, perfilhada pelo Parecer da mesma Procuradoria, nº 28/2008[345] –, quando refere que: "*Enquanto a autoridade puder lançar mão do meio compulsório referido*" (art. 250º do CPP), "*ele surge como substituto de uma reacção criminal por desobediência. No entanto, tal não impede, a nosso ver, que esgotados sem êxito os meios compulsórios referidos e reiterada a ordem de identificação, o indivíduo renitente não venha a cometer o crime de desobediência*".

Na esteira do Acórdão do TC, nº 479/94[346], entendemos que a identificação coactiva (art. 250º nº 6 do CPP) – possibilitando a permanência de suspeitos no posto policial, num espaço temporal que poderá atingir as 6 horas –, configura uma verdadeira privação da liberdade, "*já que o identificando durante este lapso temporal fica circunscrito ao espaço confinado das instalações de um posto policial, de todo impedido de circular e de livremente se movimentar*", «*id est*», estamos perante uma verdadeira detenção.[347]

[345] No que concerne ao Parecer nº 13/96, *vide* DR nº 286, 2ª Série, de 12 de Dezembro de 1997, págs. 15247 e sgts. Relativamente ao Parecer nº 28/2008, DR nº 155, 2ª Série, de 12 de Agosto de 2008, pág. 35868.

[346] Acórdão de 07 de Julho de 1994, proc. 208/94, rel. Monteiro Diniz, *in www.tribunalconstitucional.pt/tc/acordaos*, acedido e consultado em 21 de Outubro de 2011.

[347] Neste sentido, *cfr.*, *et alii*, Sousa Pinheiro e Menezes de Oliveira (1994, Out/Dez), págs. 77 e sgts. A própria CRP, no seu art. 27º nº 3 al. g), prevê a "*detenção de suspeitos, para identificação*", arredando eventuais dúvidas sobre a verdadeira natureza da identificação coactiva. A nossa CRP, após a quarta revisão constitucional, operada através da Lei nº 1/ /97, de 20 de Setembro, expressou-se neste sentido ao aditar, no seu art. 27º, a alínea g),

Neste sentido, ao admitirmos aquela possibilidade acolhida nos Pareceres da Procuradoria-Geral da República, anteriormente citados, estaríamos a admitir a detenção por um período que poderia atingir as 54 horas. Senão, vejamos: perante uma recusa de identificação de um suspeito, segue-se a possibilidade da sua condução ao posto policial, podendo, nos termos do art. 250º nº 6 do CPP, aí permanecer até 6 horas, contadas desde a abordagem policial. No entanto, e seguindo aquele entendimento, dado que estamos perante a prática de um crime de desobediência – natureza pública [art. 348º nº 1 al. b) do CP], praticado em flagrante delito (arts. 255º nº 1 e 256º do CPP) –, ele estaria sujeito, para além dessas 6 horas, a ficar detido por um prazo que se poderia alongar até às 48 horas, a fim de ser "*apresentado a julgamento sob a forma sumária*" [art. 254º nº 1 al. a) do CPP]. Somando o tempo máximo de identificação coactiva (6 horas) ao tempo máximo de detenção (48 horas), conclui-se que o suspeito, posteriormente constituído arguido [art. 58º nº 1 al. c) do CPP], poderia permanecer detido por um período até 54 horas, o que é inadmissível, sob pena de violação do disposto no art. 28º nº 1 da CRP, bem como no art. 254º nº 1 al. a) do CPP.

A reforçar a nossa convicção – de que a recusa de identificação não deve ser cominada com o crime de desobediência –, está o facto de a Lei nº 5/95, de 21 de Fevereiro, entretanto revogada tacitamente pela actual versão do art. 250º (operada pela Lei nº 59/98, de 25 de Agosto), prever expressamente, no seu art. 3º nº 1, como consequência da recusa de identificação por parte do suspeito, a sua condução ao posto policial mais próximo.[348]

com a seguinte redacção: "*g) Detenção de suspeitos, para efeitos de identificação, nos casos e pelo tempo estritamente necessários*".

[348] Estabelece o art. 3º nº 1, da Lei nº 5/95, que: "*Nos casos de impossibilidade de identificação, nos termos do artigo anterior, ou nos casos de recusa de identificação, terá lugar um procedimento de identificação que consiste em conduzir o identificando ao posto policial mais próximo, onde permanecerá pelo tempo estritamente necessário à identificação e que não poderá, em caso algum, exceder duas horas*".

4.4.7. Procedimento de Identificação do Autor de uma Contra-ordenação

Questão que muitas dúvidas tem levantado, no âmbito da actividade policial, objecto, aliás, de instauração de processos disciplinares e criminais a alguns elementos pertencentes àqueles efectivos, é a de saber qual o procedimento a adoptar perante um suspeito da prática de uma contra-ordenação que não seja possuidor de qualquer documento de identificação ou equivalente legal, ou que, em casos mais extremos, se recusa a identificar-se.

À semelhança do que referimos anteriormente, relativamente à identificação de suspeitos da prática de crimes, existem autores que consideram que também a recusa de identificação, nestes casos, enquanto conduta violadora de um dever de identificação, surgido aquando da violação de um tipo de ilícito contra-ordenacional[349], se deve subsumir no tipo de crime de desobediência, após efectuada a devida cominação [art. 348º nº 1 al. b) do CP], pelos mesmos motivos «*supra*» invocados, nomeadamente pelo facto de tal recusa ser atentatória das funções de autoridade pública.[350]

[349] Neste sentido, refere o art. 49º do Decreto-Lei nº 433/82, de 27 de Outubro (regime que institui o ilícito de mera ordenação social e respectivo processo), que: "*As autoridades administrativas competentes e as autoridades policiais podem exigir do agente de uma contra-ordenação a respectiva identificação*". Este "*poder*" de exigir a identificação, bem como o "*poder*" de proceder à identificação, previsto no art. 250º nº 1 do CPP, configuram, segundo o nosso entendimento, mais do que um dever por parte do suspeito, mas uma verdadeira sujeição àquele procedimento. Assim, preenchidos os elementos objectivos, legitimadores do procedimento de identificação, o órgão de polícia criminal pode, se ele próprio os entender preenchidos (critério subjectivo), pedir a identificação da pessoa suspeita, ficando esta sujeita àquele procedimento.

[350] «*Vide*», *v.g.*, o Parecer da PGR, nº 28/2008, que defende a possibilidade de as "*polícias municipais, no exercício das suas competências de fiscalização do cumprimento das normas de estacionamento de veículos e de circulação rodoviária*", exigirem "*aos agentes das contra-ordenações que verifiquem a respectiva identificação, podendo a sua recusa implicar o cometimento de um crime de desobediência*" (9ª conclusão da pág. 35872 do DR nº 155, 2ª Série, de 12 de Agosto de 2008). Ao nível da doutrina, de ressalvar o entendimento de António Beça Pereira (2007), pág. 103; de que, face à actual previsão do art. 49º do Decreto-Lei nº 433/82, de

Também aqui, à semelhança do que admitimos «*supra*», cominar tal recusa de identificação com o crime de desobediência seria uma forma eficaz de dissuadir quem o pretende fazer, aspirando inviabilizar todo o processo contra-ordenacional.[351] No entanto, tal cominação seria violadora do princípio da subsidiariedade do direito penal, como tal consagrado no art. 18º nº 2 da CRP. O legislador não teve, no entanto, em consideração este princípio quando, no art. 47º da Lei-Quadro das Contra-Ordenações Ambientais, cominou com o crime de desobediência a recusa de identificação, quando solicitada pela autoridade administrativa competente.[352]

Ora, se, face a uma suspeita da prática de crime, concluímos que a recusa de identificação não pode ser cominada com o crime de desobediência, muito menos o poderá ser quando essa recusa ocorre no âmbito de uma contra-ordenação, cujo desvalor é muito menor.

Tendo em consideração a teoria do bem jurídico como critério delimitativo da intervenção penal, podemos afirmar que, num Estado de Direito Democrático, "*o direito penal só pode intervir onde se verifiquem lesões insuportáveis das condições comunitárias essenciais ao livre desenvolvimento e realização da personalidade de cada homem*".[353] Deverá haver, pois, uma rela-

27 de Outubro – perante o poder, aí atribuído às autoridades administrativas competentes e autoridades policiais, de exigir ao autor de uma contra-ordenação a respectiva identificação –, qualquer "*recusa injustificada*" é susceptível de ser cominada com o crime de desobediência.

[351] Deve a decisão condenatória que aplica coima ou sanções acessórias conter, sob pena da sua invalidade, "*a identificação dos arguidos*" [art. 58º nº 1 al. a) do Decreto-Lei nº 433/82, de 27 de Outubro (regime que institui o ilícito de mera ordenação social e respectivo processo)].

[352] A Lei-quadro das Contra-Ordenações Ambientais foi aprovada pela Lei nº 50/2006, de 29 de Agosto, publicada no DR nº 166, 1ª Série, de 29 de Agosto de 2006, págs. 6264 e sgts. Estabelece o seu art. 47º, anteriormente referido, que: "*As autoridades administrativas competentes podem exigir ao agente de uma contra-ordenação a respectiva identificação, sob pena de crime de desobediência*".

[353] *Cfr.* FIGUEIREDO DIAS, «*apud*» LUÍS NUNES DE ALMEIDA (*in* Acórdão do TC, nº 650/93, de 4 de Novembro de 1993, proc. 451/91, em *www.tribunalconstitucional.pt/tc/acordaos*, acedido e consultado em 24 de Outubro de 2011).

ção entre a intervenção do direito penal e correlativa pena, e o bem jurídico a proteger com essa intervenção; ou seja, o direito penal somente deverá intervir como «*ultima ratio*» – quando os outros ramos do direito falhem –, protegendo subsidiariamente certos bens jurídicos tidos como fundamentais, não sendo lícito recorrer a ele a fim de sancionar violações de não evidente dignidade penal, como é o caso dos ilícitos de mera ordenação social.

Face ao exposto, somos, pois, da opinião de que, face a um ilícito sem dignidade penal (contra-ordenação), não deverão ser cominadas com o crime de desobediência as recusas de identificação.[354] Ainda que possa estar em causa, como já referimos «*supra*», o "*respeito pelas funções de autoridade pública*", a "*autonomia intencional do Estado*" ou a "*autonomia intencional do funcionário*", estamos perante uma incriminação ao serviço da Administração Pública, que põe em causa aquele critério de delimitação da intervenção penal, estabelecido pela teoria do bem jurídico.

No entanto, hodiernamente, as contra-ordenações constituem a principal área de actividade da polícia (*v.g.*, infracções rodoviárias, ruído em excesso, consumo de estupefacientes e substancias psicotrópicas). Apesar de os bens jurídicos tutelados pelos diplomas contra-ordenacionais não revestirem a importância ética daqueles que são tutelados pelas normas penais, necessário se torna, no entanto, que a repressão dessas infracções seja dotada de mecanismos eficazes de fiscalização e controlo, de modo a permitir a aplicação da correspondente sanção.[355]

Impõe-se, necessariamente, para a prossecução do processo contra-ordenacional, munir a actividade policial de instrumentos legais, aptos a proceder à identificação do seu autor, sob pena da sua não responsabili-

[354] No mesmo sentido parece apontar CRISTINA LÍBANO MONTEIRO (2001a, Jan/Mar), pág. 75, nota 9.

[355] Ainda que admitamos que os bens jurídicos protegidos pelas normas contra-ordenacionais não revestem a mesma importância social daqueles que são tutelados pelas normas penais, o certo é que a violação daquelas normas poderá resultar em lesão de bens jurídicos fundamentais. Veja-se, *v.g.*, o caso do vizinho que reiteradamente ouve música à meia-noite, provocando ruído de vizinhança [arts. 3º al. r), 24º e 28º nº 1 als. h) e i) do Decreto-Lei nº 9/2007, de 17 de Janeiro, diploma que aprovou o Regulamento Geral do Ruído]. Esta conduta, não obstante subsumível numa norma contra-ordenacional,

zação. Consciente dessa necessidade, o legislador estabeleceu, no art. 49º do Decreto-Lei nº 433/82, de 27 de Outubro[356], a possibilidade de as autoridades administrativas competentes, bem como as autoridades policiais, poderem *"exigir ao agente de uma contra-ordenação a respectiva identificação"*, incumbindo-lhes, ainda, *"tomar as medidas necessárias para impedir o desaparecimento de provas"* (art. 48º nº 1 do RGCO) – onde se incluirá a elaboração cabal do auto de notícia por contra-ordenação, prova documental da constatação daquela infracção e respectiva autoria.[357]

O RGCO, na sua versão originária (na esteira do seu predecessor, Decreto-Lei nº 232/79, de 24 de Julho), ia mais longe na sua previsão, permitindo, no art. 49º, às autoridades administrativas competentes e às autoridades policiais, em caso de flagrante delito, *"deter o indivíduo pelo tempo necessário à identificação"* (nº 2), nos casos em que esta não fosse possível de imediato, não devendo nunca, essa detenção, exceder as 24 horas (nº 3).

A previsão da possibilidade de detenção para identificação do agente de uma contra-ordenação (nºs 2 e 3 do art. 49º) viria a ser eliminada com a alteração ao RGCO, operada pelo Decreto-Lei nº 244/95, de 14 de Setembro, dada a discrepância das vinte e quatro horas com as seis do art. 250º nº 3 do CPP (versão originária) e com as duas do art. 3º nº 1 da Lei nº 5/95, de 21 de Fevereiro; bem como pela sua dúbia constitucionalidade.

No que à constitucionalidade concerne, é importante referir que, aquando da aludida alteração (em 1995), a nossa CRP apenas admitia a privação da liberdade dos cidadãos nos casos previstos no seu art. 27º nºs 2 e 3 als. a) a e), não cabendo, a detenção para identificação do agente de uma contra-ordenação, nessa previsão, nem constituía (contraria-

é susceptível de ofender a integridade física (saúde) de quem não consegue descansar (art. 25º da CRP).

[356] Este diploma veio aprovar o Regime Geral das Contra-Ordenações (RGCO), substituindo o Decreto-Lei nº 232/79, de 24 de Julho, então em vigor.

[357] O auto de notícia (art. 243º do CPP) tem o valor probatório dos documentos autênticos e autenticados (art. 169º, «*ex vi*» art. 99º nº 4 do CPP), considerando-se provados os factos materiais nele constantes, *"enquanto a autenticidade do documento ou a veracidade do seu conteúdo não forem fundadamente postas em causa"*.

mente ao art. 250º nº 3 do CPP) um acto instrumental necessário e adequado para atingir os objectivos previstos nesse preceito constitucional.

Contudo, na quarta revisão constitucional (Lei Constitucional nº 1//97, de 20 de Setembro) são aditadas mais duas alíneas ao nº 3 do art. 27º da CRP, entre elas a alínea g), com a seguinte redacção: "*g) Detenção de suspeitos, para efeitos de identificação, nos casos e pelo tempo estritamente necessários*". Este preceito (que se mantém inalterado) não esclarece qual a natureza da suspeita, se estamos perante suspeitos da prática de crime ou de infracção contra-ordenacional.[357a]

Do ponto de vista constitucional, podemos aferir, pela consulta do art. 32º nº 10 da CRP, que existe uma equiparação entre as garantias dos processos criminal e contra-ordenacional, em termos de direito de audiência e defesa. No que concerne ao recurso, garantido no processo criminal (art. 32º nº 1 da CRP), encontra-se igualmente garantido aos cidadãos no processo contra-ordenacional (contencioso administrativo), sempre que se vejam lesados por qualquer acto material (art. 268º nºs 4 e 5 da CRP), onde se inclui a identificação na qualidade de suspeitos de uma contra-ordenação.

O próprio Decreto-Lei nº 433/82 não afasta essa equiparação, atribuindo, no seu art. 48º nº 2, direitos e deveres às autoridades policiais, equivalentes aos que lhe são conferidos em matéria criminal.

Face ao exposto, e perante a falta de formalismos na exigência estabelecida no «*supra*» referido art. 49º, propendemos em considerar que, no âmbito contra-ordenacional, serão aplicáveis as directrizes do art. 250º do CPP, por força da subsidiariedade patente no art. 41º nº 1 do Decreto-Lei nº 433/82, de 27 de Outubro, sempre que o seu

[357a] Se, antes da entrada em vigor da alínea g) do art. 27º da CRP, "suspeito" deveria ter o sentido densificado pelas leis de processo penal – constituindo, "*a detenção de suspeitos para identificação*", um acto instrumental necessário e adequado ao cumprimento das medidas previstas nos nºs 2 e 3 – *cfr.*, Ac. TC nº 7/87, de 9 de Janeiro de 1987, proc. 302/86, rel. Mário de Brito, in *http://www.tribunalconstitucional.pt/tc/acordaos/* (acedido e consultado em 31 de Maio de 2017) –, após a sua entrada em vigor "*fica em aberto o sentido de suspeito para efeitos de detenção para identificação*". *Vide*, J.J. Gomes Canotilho e Vital Moreira (2007), pág. 483.

autor não seja possuidor de documento de identificação ou se recuse a identificar.[358-359-360]

Somente esta solução permite resolver o problema sentido pelas forças policiais, quando se deparam, em flagrante delito, com uma contra-ordenação, cujo autor, não se recusando a identificar, alega, no entanto, não possuir qualquer documento de identificação; não sendo possível certificar, no local, a sua identidade, com a exactidão e certeza

[358] Neste sentido – relativamente a uma infracção no âmbito do Regulamento Geral do Ruído, aprovado pelo Decreto-Lei nº 9/2007, de 17 de Janeiro (regime contra-ordenacional), mas sem tecer grandes argumentos –, pronunciou-se o TRP, no seu Acórdão de 27 de Outubro de 2010, proc. 421/09.3GBVNG.P1, rel EDUARDA LOBO, *in www.dgsi.pt*, acedido e consultado em 24 de Outubro de 2011.

[359] Refere o anunciado art. 41º nº 1 que: "*Sempre que o contrário não resulte deste diploma, são aplicáveis, devidamente adaptados, os preceitos reguladores do processo criminal*". Esta solução foi, aliás, adoptada pela Lei nº 30/2000, de 29 de Novembro, diploma que estabelece o regime jurídico aplicável ao consumo de estupefacientes e substâncias psicotrópicas (regime contra-ordenacional), mais precisamente no seu art. 4º nº 2; estabelecendo que, nos casos de impossibilidade de se proceder à identificação de determinado consumidor "*no local e no momento da ocorrência, poderão as autoridades policiais, se tal se revelar necessário, deter o consumidor para garantir a sua comparência perante a comissão, nas condições do regime legal da detenção para identificação.*"

[360] Relativamente a menores com idade inferior a 16 anos – nos termos do art. 10º do Regime Geral das Contra-ordenações, RGCO (Decreto-Lei nº 433/82, de 27 de Outubro) –, não lhes poderá ser imputada a responsabilidade contra-ordenacional, por falta do requisito da culpa. Contrariamente ao que sucede com a inimputabilidade criminal, não existe nenhuma medida tutelar educativa aplicável aos factos ilícitos por si praticados, qualificados pela lei como contra-ordenações, nem um procedimento de identificação semelhante ao do art. 50º da Lei nº 166/99, de 14 de Fevereiro (Lei Tutelar Educativa). Tendo ainda em consideração o art. 30º nº 3 da CRP – aplicável, segundo o nosso entendimento, às contraordenações, por ser a única solução conciliável com os seus fins justificativos, a saber, a prevenção e repressão de novas infracções (não a obtenção de receitas). Neste sentido, *v.g.*, Ac. do Supremo Tribunal Administrativo, de 12 de Março de 2008, proc. 01053/07, rel. BRANDÃO DE PINHO, *in www.dgsi.pt*, acedido e consultado em 30 de Maio de 2017 – e inexistindo normas semelhantes às contidas no art. 135º nº 7 als. b) e c), do Código da Estrada, e no art. 8º nºs 4 e 5 do Regime Geral das Infracções Tributárias – RGIT (para o qual remete, *v. g.*, o art. 8º nº 1 da Lei nº 28/2006, de 04 de Julho (Transgressões em Transportes Colectivos de Passageiros), a responsabilidade contra-ordenacional será intransmissível aos seus pais ou tutores. Excluída a responsabilidade contra-

necessárias. Perante a situação fáctica anunciada, sendo impossível qualquer meio de identificação alternativo (*v.g.*, alguém que apresentasse o seu documento de identificação) e estando vedada a sua condução ao posto policial, restaria aos agentes de autoridade anotar os dados pessoais verbalmente fornecidos pelo autor da infracção. É claramente inadmissível esta via, sob pena de se desacreditar o processo contra-ordenacional, bem como, nesse âmbito, a própria autoridade, credibilidade e eficácia policial.[361]

ordenacional, o facto ilícito praticado pelo menor apenas poderá ser tido em conta para efeitos de responsabilidade civil, esta extensível aos seus progenitores. Neste caso, a identificação do menor terá que decorrer no local da verificação da infracção, nunca podendo ser conduzido ao Posto Policial.
Até à entrada em vigor da Lei nº 83-C/2013, de 31 de Dezembro (Orçamento do Estado 2014), se um menor, com idade inferior a 16 anos, fosse surpreendido a usufruir de sistema de transporte colectivo de passageiros sem título de transporte válido, não lhe poderia ser aplicada qualquer coima devido à sua inimputabilidade, nem a mesma poderia ser transmitida aos seus pais. Actualmente, o art. 8º nº 1, da Lei nº 28/2006, de 04 de Julho, remete as transgressões em transportes colectivos de passageiros para o Regime Geral das Infracções Tributárias (RGIT), sendo competente para a instauração e instrução de processos de contraordenação e aplicação de coimas o serviço de finanças da área do domicílio fiscal do agente de contra-ordenação. No caso de a infracção ser praticada por menor, serão, agora, solidariamente responsáveis os seus pais, por via do art. 8º nºs 4 e 5 do RGIT.

[361] A polícia tem constatado que a maioria dos autores de contra ordenações não possui qualquer documento de identificação. Outra coisa não seria de esperar face ao entendimento da não aplicação do art. 250º do CPP (pela subsidiariedade expressa no art. 41º nº 1 do Decreto-Lei nº 433/82, de 27 de Outubro). 1º – Os infractores estão conscientes de que, sem documento de identificação, podem assumir verbalmente outra identidade; 2º – Da falta de documento de identificação não resulta qualquer sanção (pelo menos, no processo crime, são "*sancionados*" com a identificação coactiva). Nem mesmo a Lei 5/95, de 21 de Fevereiro (ora revogada tacitamente), ao determinar, no seu art. 2º nº 1, a obrigatoriedade do porte de documento de identificação, por parte de todos os cidadãos maiores de 16 anos, estabelecia qualquer sanção para a sua violação; Foi, entretanto, aditado ao Código Penal – pela Lei nº 19/2013, de 21 de Fevereiro – o art. 348º-A, com epígrafe "*falsas declarações*. Este veio punir os dados sobre a identidade, falsamente declarados perante autoridade pública, agravando o facto de eles virem a integrar um auto de notícia (por contra-ordenação), cujo valor probatório é equiparado ao dos documentos autênticos e autenticados (art. 169º, «*ex vi*» art. 99º nº 4 do CPP). O conteúdo daquele artigo 348º-

Esta solução, por nós adoptada, é aquela que melhor se adequa ao princípio da proporcionalidade, como tal entendido na 2ª parte do art. 18º nº 2 da CRP. Como visto «*supra*», a adopção do procedimento de identificação previsto no art. 250º do CPP, «*ex vi*» art. 41º nº 1 do Decreto-Lei nº 433/82, de 27 de Outubro, relativamente à posição doutrinal que entende que a recusa de identificação deve ser cominada com o crime de desobediência, art. 348º nº 1 al. b) do CP, permite cumprir o princípio da subsidiariedade do direito penal, possibilitando, ainda, a protecção do bem jurídico "*função de autoridade pública*", de forma eficaz, através de um mecanismo menos ofensivo do que o recurso à sanção penal.

Relativamente à condução ao posto policial de quem não possui qualquer documento de identificação – apanágio de quem se pretende furtar à responsabilidade contra-ordenacional –, para além de indispensável do ponto de vista social, sob pena da sua ineficácia, corresponde a uma restrição de direitos, liberdades e garantias, necessária,

A não é, contudo, uma inovação no ordenamento jurídico nacional. Ele encontrava-se, quase «*ipsis verbis*», no art. 22º do Decreto-Lei nº 33.725, de 21 de Junho de 1944 – que viria a ser revogado pelo art. 53º al. a) da Lei nº 33/99, de 18 de Maio (diploma que veio regular a identificação civil e a emissão do bilhete de identidade de cidadão nacional), deixando uma lacuna no que concerne à situação aludida. Tentou-se supri-la, subsumindo a falsidade das declarações sobre a identidade – prestadas a agente da autoridade – no tipo de crime de falsificação de documentos [art. 256º nº 1 al. d) do CPP], com o argumento de que estaríamos não perante uma falsificação de documento, mas uma "*falsidade em documento*" (sabendo, o identificando, que a sua identificação iria integrar, posteriormente, um auto de notícia, neste caso por contraordenação, e pretendendo com as falsas declarações causar prejuízo "*a outra pessoa ou ao Estado*", com correlativo benefício próprio). Esta tentativa de suprimento, contudo, foi sendo negada pelos Tribunais da Relação, considerando que "*o segmento normativo da alínea d) do nº 1 do artigo 256º do CP (...) apenas pode incluir a acção de quem tem o domínio de facto ou de direito sobre a produção do documento, e não de quem declara factos falsos para que constem de documento elaborado por outrem. Esta última acção, consistente apenas em declarar facto falso para que conste em documento, extravasa a tipicidade, que exige concomitantemente a feitura do documento*". *Cfr., e.g.*, Acórdão do TRC, de 26 de Março de 2014, proc. 18/10.5TATND.C1, rel. Maria Oliveira, *in www.dgsi.pt*, acedido e consultado em 30 de Maio de 2017. Para mais desenvolvimentos sobre o crime de falsificação de documentos, «*vide*» Helena Moniz (2004), pág. 181 e sgts.

nos termos da 2ª parte do art. 18º nº 2 da CRP, "*para salvaguardar outros direitos ou interesses constitucionalmente protegidos*", a saber, as funções de autoridade ao serviço do interesse público.[362] A restrição dos direitos, liberdades e garantias, como meio de "*satisfazer as justas exigências da moral, da ordem pública e do bem-estar numa sociedade democrática*", é uma possibilidade admitida no art. 29º nº 2 da Declaração Universal dos Direitos do Homem (DUDH), «*ex vi*» art. 16º nº 2 da CRP.

Em abono da nossa convicção está o facto de que, desde o momento da abordagem de um suspeito da prática de um ilícito contra-ordenacional, ele vê-se, desde logo, privado da sua liberdade. Essa privação não começa somente quando ele é conduzido ao posto policial. Há situações, até, em que a condução ao posto policial poderá ser menos ofensiva dos direitos fundamentais. Assim, teremos, *v.g.*, o caso de determinado indivíduo que é abordado num local onde é sobejamente conhecido e respeitado. Permanecer nesse local, iria certamente afectar o seu bom-nome e reputação, bem como a sua imagem (art. 26º nº 1 da CRP), o que não aconteceria se fosse conduzido ao posto policial, recôndito dos olhares curiosos.[363]

4.4.8. Identificação Preventiva de Suspeitos

Vimos anteriormente que, após a entrada em vigor do Decreto-Lei nº 78/87, de 17 de Fevereiro (diploma que aprovou o CPP actual), foi intenção do legislador[364] alargar o conteúdo do então art. 250º nº 1[365],

[362] *Cfr.*, neste sentido, os argumentos empregados no Acórdão do TC, nº 108/99 (de 10 de Fevereiro de 1999, proc. 469/98, rel. Messias Bento), *in www.tribunalconstitucional.pt/tc/acordaos*, acedido e consultado em 26 de Outubro de 2011.

[363] Tem-se constatado que, muitas das vezes, são os próprios suspeitos a pedir a sua condução ao posto policial para evitar a sua exposição em público, sobretudo quando não possuem documento de identificação e esperam que alguém o venha apresentar – ou atestar a veracidade dos dados pessoais por si fornecidos –, ao local da identificação.

[364] Esta tentativa foi materializada na já referida proposta de Lei nº 85/VI (*in* DAR nº 17/VI/3, 2ª Série-A, de 20 de Janeiro de 1994, págs. 241-242), que, após votação na generalidade, na especialidade e final global (art. 168º nº 2 da CRP), deu origem ao Decreto nº 161/VI da Assembleia da República (*in* DAR nº 45/VI/3, 2ª Série-A, de 21

de modo a possibilitar a identificação de pessoas por razões de segurança interna.

Tal desígnio viria, no entanto, a ser recusado, dado que "*uma pessoa insuspeita da prática de qualquer crime e em local não frequentado habitualmente por delinquentes*" iria ser tratada como se fosse ou como se ali estivesse, sujeitando-se a um procedimento de identificação susceptível de privar a sua liberdade, por um período que se podia prorrogar até 6 horas.[366]

Não obstante falhada a tentativa de incluir, naquele procedimento, a identificação de pessoas por razões de segurança interna, o certo é que a Lei de Segurança Interna (LSI) continuou a prever a possibilidade de exigir a identificação, não como medida instrumental de combate ao crime, mas como medida de polícia especialmente vocacionada para uma prevenção sem fronteiras.[367]

A segurança interna tem por finalidade a concretização de um direito fundamental, o direito à segurança (art. 27º da CRP). Como já tivemos oportunidade de referir anteriormente, a sua garantia constitui

de Maio de 1994, pág. 782). Ambos em *www.parlamento.pt/DAR/Paginas/DAR2Serie.aspx*, acedidos e consultados em 28 de Outubro de 2011.

[365] Na sua versão originária, o art. 250º nº 1 do CPP tinha o seguinte conteúdo: "*Os órgãos de polícia criminal podem proceder à identificação de pessoas encontradas em lugares abertos ao público habitualmente frequentados por delinquentes.*"

[366] Neste sentido concluiu o Acórdão do TC nº 479/94, de 07 de Julho, proc. 208/94, rel. Monteiro Diniz (*in www.tribunalconstitucional.pt/tc/acordaos*, acedido e consultado em 26 de Outubro de 2011), aquando da apreciação preventiva da constitucionalidade do art. 1º nº 1 – contido no Decreto nº 161/VI, da Assembleia da República –, suscitada pelo Presidente da República.

[367] *Cfr.* o art. 16º nº 2 al. b) da Lei nº 20/87, de 12 de Junho, diploma entretanto revogado pelo art. 37º nº 1 da Lei nº 53/2008, de 29 de Agosto (LSI vigente). De forma semelhante, no direito alemão, para além das disposições dos §§ 81b, 163b e 163c da «*Strafprozessordnung*» (StPO) – que, na sua conjugação, resultam num conteúdo muito semelhante ao art. 250º do CPP –, encontramos a «*Polizeigesetz*» (*in http://dejure.org/gesetze/PolG/26.html*, acedida e consultada em 26 de Outubro de 2011), que, no seu § 26 (1) e (2), confere à polícia, enquanto medida cautelar especialmente vocacionada para a prevenção criminal, a possibilidade de proceder à identificação de pessoas em caso de perigo para a segurança e ordem públicas, podendo conduzi-las ao posto policial em caso de recusa de identificação ou quando esta não for comprovada.

uma das finalidades da actividade policial.[368] Encontramos a definição de segurança interna vertida no art. 1º nº 1 da LSI, devendo todas as medidas de polícia, previstas naquele diploma legal, dirigir-se às suas finalidades, em especial, a protecção da vida e integridade das pessoas, a paz pública e a ordem democrática, designadamente contra o terrorismo[369], a criminalidade violenta ou altamente organizada[370], a sabotagem e a espionagem[371], bem como destinadas "*a prevenir e reagir a acidentes graves ou catástrofes, a defender o ambiente e a preservar a saúde pública*" (art. 1º nº 3 da LSI).

Enquanto medida de polícia prevista na lei (art. 272º nº 2 da CRP) – a ser levada a cabo pelos agentes das forças e serviços de segurança, previstos no art. 25º nº 2 da LSI –, a "*identificação de pessoas suspeitas que se encontrem ou circulem em lugar público, aberto ao público ou sujeito a vigilância policial*" [art. 28º nº 1 al. a) da LSI], não deve ser utilizada para além do estritamente necessário, obedecendo a exigências de adequa-

[368] «*Vide supra*» a nossa divisão 1.3.1.2, relativa à "*garantia de segurança interna*".

[369] A definição legal de terrorismo é-nos fornecida pelo art. 1º al. i) do CPP, como "*as condutas que integram os crimes de organizações terroristas, terrorismo, terrorismo internacional e financiamento do terrorismo*". Sobre os crimes de organizações terroristas, terrorismo, terrorismo internacional e financiamento do terrorismo, consultar os arts. 2º a 5º-A da Lei nº 52/2003, de 22 de Agosto, diploma que aprovou a Lei de combate ao terrorismo, em cumprimento da Decisão Quadro nº 2002/475/JAI, do Conselho, de 13 de Junho, publicada no DR nº 193, 1ª Série-A, de 22 de Agosto de 2003, págs. 5398 e sgts.

[370] No que tange à criminalidade violenta, nos termos do art. 1º al. j) do CPP, engloba as condutas que dolosamente se dirigem contra a vida (arts. 131º a 142º do CP), a integridade física (arts. 143º a 152º-B do CP), a liberdade pessoal (arts. 153º a 162º do CP), a liberdade e autodeterminação sexual (arts. 163º a 178º do CP) ou a autoridade pública (arts. 347º a 358º do CP), e forem puníveis com pena de prisão de máximo igual ou superior a 5 anos. Relativamente à criminalidade altamente organizada, nos termos do art. 1º al. m) do CPP, abrange as condutas que integram crimes de associação criminosa (art. 299º do CP), tráfico de pessoas (art. 160º do CP), tráfico de armas (art. 87º da Lei nº 5/2006, de 23 de Fevereiro), tráfico de estupefacientes ou de substâncias psicotrópicas (salvo o tráfico de menor gravidade, art. 25º, «*ex vi*» art. 51º nº 1 do Decreto-Lei nº 15/93, de 22 de Janeiro), corrupção (arts. 372º a 374º-B do CP), tráfico de influências (art. 335º do CP), participação económica em negócio ou branqueamento (respectivamente arts. 377º e 368º-A do CP).

[371] Respectivamente arts. 329º e 317º do CP.

ção e proporcionalidade (art. 2º nº 2 da LSI, *cjg.* arts. 18º nº 2 e 272º nº 2, «*in fine*», da CRP).[372]

Assim, como corolário do princípio da proporcionalidade «*lato sensu*», ou da proibição de excesso, contido no art. 272º nº 2, 2ª parte, da CRP – na sua tríplice condição de necessidade, adequação e proporcionalidade «*stricto sensu*» –, deve a medida anunciada revelar-se como imprescindível, tendo como período máximo "*o estritamente indispensável para garantir a segurança e a protecção de pessoas e bens e desde que haja indícios fundados de preparação de actividade criminosa ou de perturbação séria ou violenta da ordem pública*" (art. 30º da LSI). Deve essa medida mostrar-se idónea para atingir aqueles fins, não devendo o sacrifício imposto aos direitos fundamentais dos visados (restrição do direito à liberdade, bom nome e reputação, reserva da intimidade da vida privada e de deslocação) ser excessivo, relativamente aos benefícios que se pretendem alcançar.

Observando o art. 28º nº 1 al. a) da LSI, podemos concluir que a "*identificação de pessoas suspeitas que se encontrem ou circulem em lugar público, aberto ao público ou sujeito a vigilância policial*", é mais ampla do que a "*identificação de suspeito*" prevista no art. 250º nº 1 do CPP. Desde logo, sendo bastante amplo o conceito de segurança interna, abrangendo diversas áreas[373] em prol da protecção da vida, da integridade das pessoas, da paz pública e da ordem democrática, também a noção de sus-

[372] A medida de polícia anunciada é, em regra, aplicada pelos agentes das forças e serviços de segurança (art. 25º nº 2 da LSI), após determinação das autoridades de polícia previstas no seu art. 26º; salvo em caso de urgência e de perigo na demora, em que poderá ser mesmo determinada por aqueles, devendo, no entanto, ser de imediato comunicada à autoridade de polícia, de modo a ser por ela validada (art. 32º nº 2 da LSI). Para mais desenvolvimento sobre as medidas de polícia, «*vide*» o capítulo 2 do presente estudo.

[373] Nessa sua amplitude, serão de considerar todas as medidas tendentes à protecção das pessoas e da sua liberdade, não só dirigidas à prevenção de condutas criminosas susceptíveis de afectar os bens jurídicos essenciais dos cidadãos, mas também à prevenção e reacção contra acidentes graves ou catástrofes, defesa do ambiente e preservação da saúde pública. *Cfr.* art. 1º nº 3 da Lei nº 53/2008, de 29 de Agosto (LSI).

peito, para efeitos de segurança interna, será mais ampla do que a que nos é fornecida pelo art. 1º al. e) do CPP.[374]

Além do maior âmbito de aplicação do art. 28º nº 1 al. a) da LSI, logo, maior susceptibilidade de a medida contender com os direitos fundamentais dos cidadãos, a sua aplicação é menos exigente, bastando o respeito pelos princípios «*supra*» enunciados. Esta facilidade de adopção pode levar a entidade policial a privilegiar o seu uso, em detrimento da medida prevista no art. 250º do CPP. Desde logo, estando perante uma medida de dupla função[375], haverá situações em que é difícil distinguir, pela sua sobreposição, qual o regime legal que a Polícia está a adoptar: o do art. 28º nº 1 al. a) da LSI; ou do art. 250º do CPP.

Não obstante a susceptibilidade de a medida contender com direitos fundamentais, a lei não acautela eventuais excessos da sua adopção, não a sujeitando a um controlo por parte da autoridade judiciária competente. Assim, bastará tão-somente que uma autoridade de polícia (qualquer uma), entendendo (ou querendo entender) que determinado indivíduo é suspeito [art. 28º nº 1 al. a) da LSI], determine que se proceda à sua identificação. Nos casos em que não exista determinação da autoridade de polícia e, por razões de urgência e de perigo na demora, não seja possível obter de forma prévia a sua autorização, pode o indivíduo suspeito ser identificado por qualquer agente das forças ou serviços de segurança, devendo a medida ser de imediato comunicada, de modo a ser confirmada por aquela autoridade de polícia.[376]

[374] Nas palavras de ALBERTO COSTA (PS) – aquando da discussão da Proposta de Lei nº 85/VI (que viria a dar origem à Lei nº 5/95) –, com base em razões de segurança interna, "*passa a ser irrestritamente exigível a identificação de qualquer pessoa que se encontre ou circule em qualquer lugar público ou sujeito a vigilância policial*". *Cfr.* o Diário da Assembleia da República, I Série, nº 41, de 25 de Fevereiro de 1994, pág. 1398. Afirmação também citada na nota nº 34 do Parecer da PGR, nº 161/2004, relator ESTEVES REMÉDIO, *in www.dgsi.pt*, acedido e consultado em 28 de Outubro de 2011.

[375] Sobre as medidas de dupla função, «*vide*» a nossa subsecção 1.4.5, a propósito das funções da polícia.

[376] Já anteriormente tivemos oportunidade de lançar uma crítica à opção do legislador. Pressupôs este que autoridade de polícia é sinónimo de proficiência, sapiência, rectidão, imparcialidade ou probidade. Como em toda a regra existe excepção, também aqui poderá

Mas, será que, de modo a evitar excessos na adopção da medida de identificação, levada a cabo por razões de segurança interna, não se poderia usar o critério legal da necessidade, adequação e proporcionalidade, previsto no art. 250º do CPP?

Vimos, anteriormente, que o legislador tentou incluir, no procedimento contido na versão originária do art. 250º do CPP (introduzida pelo Decreto-Lei nº 78/87, de 17 de Fevereiro), a identificação de pessoas, tendo por base razões de segurança interna. Essa sua intenção foi vedada pelo Tribunal Constitucional, já que seria violadora do art. 27º nºs 1, 2 e 3 a possibilidade de uma pessoa insuspeita da prática de qualquer crime poder vir a ser sujeita a identificação policial, através de um procedimento susceptível de a privar da liberdade por um período até seis horas, com base na invocação de razões de segurança interna.[377]

Nessa altura, contudo, o art. 27º da CRP, mais precisamente o seu nº 3, não continha no seu elenco a actual alínea g).[378] Face ao seu conteúdo – permitindo a "*detenção de suspeitos, para efeitos de identificação*" –, e porque o legislador constitucional não esclarece qual a natureza da

haver situações em que, *v.g.*, um Comandante de Esquadra, acabado de sair do Instituto Superior de Ciências Policiais e Segurança Interna (ISCPSI) – autoridade de polícia nos termos do art. 10º nº 1 al. e) da Lei Orgânica da PSP, «*ex vi*» art. 26º da LSI –, na ânsia de mostrar serviço na sua Esquadra e de mostrar «*auctoritas*» aos seus subalternos, determine ou confirme identificações baseadas em juízos de probabilidade, abdicando de qualquer grau de suspeita efectiva. Na situação traçada existe uma clara violação dos direitos fundamentais dos cidadãos visados, que não encontra justificação no princípio da proporcionalidade em sentido amplo. Essa violação poderá, até, por muito grave que seja, nunca chegar ao conhecimento da autoridade judiciária, já que o visado pode temer represálias (quer activas quer omissivas) pela sua denúncia.

[377] *Cfr.* o Acórdão do TC nº 479/94, de 07 de Julho, proc. 208/94, rel. Monteiro Diniz, *in www.tribunalconstitucional.pt/tc/acordaos* (acedido e consultado em 28 de Outubro de 2011), proferido aquando da apreciação preventiva da constitucionalidade do art. 1º nº 1 – contido no Decreto nº 161/VI, da Assembleia da República –, suscitada pelo Presidente da República.

[378] Já vimos que esta alínea g) viria somente a ser introduzida no art. 27º nº 3 na quarta revisão constitucional, operada através da Lei nº 1/97, de 20 de Setembro, com a seguinte redacção: "*g) Detenção de suspeitos, para efeitos de identificação, nos casos e pelo tempo estritamente necessários;*".

suspeita, será de admitir, actualmente, que o procedimento de identificação, por razões de segurança interna, assuma algum paralelismo com o disposto no art. 250º do CPP, permitindo a condução ao posto policial em caso de insuficiência ou de recusa de identificação, por um período estritamente necessário, que nunca deverá ultrapassar as 6 horas desde a abordagem policial.[379]

Como já referimos, sendo mais vasto o âmbito de aplicação do art. 28º nº 1 al. a) da LSI, relativamente ao do art. 250º do CPP, necessário se torna, para que não se desvirtue o conteúdo daquela norma, que a actuação policial se revele eficaz. Contudo, e à semelhança do que sucede com o art. 250º do CPP, estando em causa a possibilidade de a medida afectar os direitos, liberdades e garantias do cidadão, incumbirá às autoridades judiciárias competentes o controlo dos seus limites e pressupostos legitimadores, através de instrumento semelhante ao relatório previsto no art. 253º do CPP.

Ainda em sede de medidas de prevenção da criminalidade, é de realçar a possibilidade conferida pelo art. 109º nº 3 da Lei nº 5/2006, de 23 de Fevereiro (Lei das Armas), às forças de segurança, no âmbito de operações especiais de prevenção criminal, de proceder à identificação das pessoas que se encontrem na delimitação geográfica da operação, podendo estas ser conduzidas ao posto policial, no caso de não ser possível a sua identificação completa no local (possibilidade semelhante à que se encontra prevista no art. 250º nº 6 do CPP, em sede de medidas cautelares e de polícia).[380]

[379] Essa possibilidade já se verifica, como veremos de seguida, nas operações especiais de prevenção criminal, art. 109º nº 3 da Lei das Armas. Também, no ordenamento jurídico alemão, a «*Polizeigesetz*» (*in http://dejure.org/gesetze/PolG/26.html*), especialmente vocacionada para a prevenção criminal, prevê essa possibilidade no seu § 26 (1) e (2).

[380] As operações especiais de prevenção criminal têm como finalidade, nos termos do art. 109º nº 1 da Lei das Armas (RJAM), "*controlar, detectar, localizar, prevenir a introdução, assegurar a remoção ou verificar a regularidade da situação de armas, seus componentes ou munições ou substâncias ou produtos a que se refere a presente lei, reduzindo o risco de prática de infracções previstas no presente capítulo, bem como de outras infracções que a estas se encontrem habitualmente associados ou ainda quando haja suspeita de que algum desses crimes possa ter sido cometido como forma de levar a cabo ou encobrir outros*".

A realização destas operações especiais de prevenção criminal, porque restritiva de direitos fundamentais, está dependente de prévia e atempada comunicação ao Ministério Público, "*através do procurador-geral distrital com competência territorial na área geográfica visada*", devendo ser delimitada quer temporal quer geograficamente (art. 110º nºs 1 e 2 da Lei nº 5/2006). À semelhança do que referimos anteriormente, o legislador, de modo a evitar excessos, estabeleceu algum paralelismo com o art. 250º do CPP, sujeitando o procedimento de identificação – levado a cabo no âmbito destas operações – ao princípio da necessidade, adequação e proporcionalidade, sobretudo no que concerne à condução ao posto policial.

Ainda assim, entendemos que ao controlo prévio por parte do Ministério Público se deve acrescentar, também, um controlo posterior dos limites e pressupostos legitimadores da medida preventiva, através de relatório semelhante ao previsto no art. 253º do CPP.

4.5. Revistas e Buscas Cautelares

4.5.1. Introdução

Na prossecução do nosso estudo, iremos, doravante, centrar a nossa atenção nas revistas e buscas, mormente naquelas que são realizadas no âmbito das medidas cautelares e de polícia.

Visa-se, através das revistas e das buscas, descobrir objectos ocultos, intimamente relacionados com a prática de um crime, cometido ou a cometer, e a sua apreensão, de modo a servirem como prova no processo penal. Assim, servem as revistas e as buscas, sobretudo, para se efectivarem as apreensões[381], além de se poderem também destinar à detenção

[381] A aliança entre estes três meios de obtenção de prova era mais apertada no CPP de 1929, onde, no seu art. 203º, eram todos tratados em conjunto. Estabelecia o art. 203º do CPP de 1929 que: "*Quando haja indícios de que alguma pessoa tem em seu poder papéis ou outros objectos cuja apreensão for necessária para a instrução do processo, ou quando o arguido ou outra pessoa que deva ser presa se tenha refugiado em lugares daquela natureza, o juiz, em despacho fundamentado, oficiosamente, a requerimento do Ministério Público, da parte acusadora ou do arguido admitido a intervir no processo, indicará as razões da suspeita e mandará proceder à busca e apreensão ou prisão*".

de arguido ou outra pessoa, quando se encontre em local reservado ou não livremente acessível ao público.

Face ao exposto, entendemos que é nas apreensões que, verdadeiramente, a intervenção cautelar dos órgãos de polícia criminal encontra justificação, enquanto salvaguarda de eventuais meios de prova, sendo as revistas e buscas uma "*ferramenta*" empregada para alcançar e recolher os meios de prova, através das apreensões. Ainda assim, por uma questão de sistemática processual, o legislador optou por consagrar, no art. 251º do CPP, as revistas e buscas de âmbito cautelar, levadas a cabo pelos órgãos de polícia criminal, por sua própria iniciativa, separando-as do regime geral das revistas e buscas, regulado nos arts. 174º e sgts.

Estes meios de obtenção de prova, configurados ou não como medida cautelar e de polícia, fazem contrapor à tutela dos direitos fundamentais interesses de perseguição dos culpados e de realização da justiça. Como qualquer medida restritiva de direitos, liberdades e garantias, deve a sua utilização estar devidamente autorizada na lei, fundamental e ordinária, devendo as restrições mostrar-se necessárias, adequadas e proporcionais à salvaguarda de outros direitos ou interesses constitucionalmente protegidos (art. 18º nº 2 da CRP). Devem, pois, as entidades policiais, na sua tarefa quer de prevenção quer de investigação dos crimes – de modo a evitar restrições desnecessárias, desadequadas e desproporcionais dos direitos fundamentais dos cidadãos –, cumprir rigorosamente a legalidade.

4.5.2. Revistas e Buscas Não Domiciliárias

Vamos, então, começar por debruçar-nos sobre as revistas e as buscas não domiciliárias, com especial incidência sobre as levadas a cabo no âmbito das medidas cautelares e de polícia.

No nosso Código de Processo Penal, à semelhança do que sucede, *v.g.*, no «*Code de Procédure Pénale*» francês (CPPF), o regime das revistas (*fouilles*) e das buscas não domiciliárias (*perquisitions*) tem um tratamento singular, quer enquanto meio de obtenção de prova (art. 174º do CPP), quer como medida cautelar e de polícia (art. 251º do CPP). Também, *v.g.*, no âmbito da segurança interna, enquanto medidas de polícia de natureza preventiva, o legislador unificou ambos os regimes [art. 29º al. a) da LSI].[382] Mas vejamos em que consiste cada um desses meios de obtenção de prova.

4.5.2.1. As Revistas

No que concerne à revista, refere-nos o art. 174º nº 1 do CPP que ela será admissível, independentemente da hora, sempre que haja indícios de que alguém oculta, na sua pessoa, quaisquer objectos relacionados com um crime ou susceptíveis de constituir meio de prova. Quando nos referimos a indícios, reportamo-nos às *"suspeitas, indicações, sinais ou quaisquer outros elementos que apontem no sentido de que os objectos"*, susceptíveis de servir de meio de prova, se ocultam em determinada pessoa.[383]

Contrariamente a outras normas do Código, o legislador não classificou os indícios através de locuções como *"fundados"* [*v.g.*, art. 174º nº 5 al. a) do CPP], *"fortes"* (*v.g.*, art. 200º nº 1 do CPP) ou *"suficientes"* (*v.g.*, art. 277º nº 2 do CPP), levando a concluir que a medida se bastará com a existência de simples indícios, podendo estes simplesmente corresponder *"a um estado de suposição a que se chegou analisando a realidade transmitida para investigação com recurso a raciocínio lógico fundado nas regras da experiência"*.[384]

Estando, no entanto, perante uma medida de polícia susceptível de confluir com a esfera íntima do visado (direito à integridade moral, à identidade pessoal e intimidade da vida privada, arts. 25º nº 1 e 26º nº 1 da CRP), deverá, nos termos dos arts. 18º nº 2 e 272º nº 2 da CRP,

[382] Refere o art. 29º al. a) da LSI (Lei nº 53/2008, de 29 de Agosto) que: *"São medidas especiais de polícia: a) A realização, em viatura, lugar público, aberto ao público ou sujeito a vigilância policial, de buscas e revistas para detectar a presença de armas, substâncias ou engenhos explosivos ou pirotécnicos, objectos proibidos ou susceptíveis de possibilitar actos de violência e pessoas procuradas ou em situação irregular no território nacional ou privadas da sua liberdade;"*.

[383] «*Vide*» Acórdão do TRP, de 05 de Novembro de 1997, proc. 9710888, rel. Milheiro de Oliveira, sumário em *www.dgsi.pt*, acedido e consultado em 28 de Outubro de 2011.

[384] *Cfr.* Acórdão do TRC, de 03 de Março de 2010, proc. 359/09.4GBOBR-A.C1, rel. Maria Pilar de Oliveira (*in www.dgsi.pt*, acedido e consultado em 28 de Outubro de 2011).

existir um juízo de necessidade, adequação e proporcionalidade «*lato sensu*» na decisão de proceder à revista, em função dos indícios existentes.[385-386]

Questão que importa esclarecer, no preceito em análise (art. 174º nº 1 do CPP), tem que ver com o conceito de "*pessoa*". A ocultação na pessoa não significa somente o corpo humano propriamente dito, mas também tudo o que lhe é acessório num dado momento, como seja a sua roupa, a carteira, uma mochila, etc.[387]

Mas, mesmo o corpo humano terá limites. Como exemplo, lembremos as constantes tentativas, por parte dos correios da droga, de esconder no seu corpo este produto ilícito.[388] Obviamente, são necessários

[385] Se, após a notícia de um crime de furto no interior de uma viatura, os órgãos de polícia criminal vêem um indivíduo com uma mochila, este poderá tornar-se suspeito não somente pela factualidade apontada, mas, também, pelo facto de "*ser conhecido como usual praticante de crimes semelhantes (sem que isto tenha de ser um estigma sobre ele, mas factos são factos, e suspeitas criam-se com base em ilações e suposições que muitas vezes têm de partir de bases voláteis e meramente intelectuais)*". Neste sentido, o Acórdão do TRC, de 16 de Março de 2011, proc. 3082/09.6PCCBR.C1, rel. PAULO GUERRA, *in www.dgsi.pt*, acedido e consultado em 28 de Outubro de 2011.

[386] O facto de os elementos da GNR serem conhecedores de diversas denúncias que identificam determinado indivíduo como traficante de estupefacientes é suficiente para que suspeitem que ele possa ser portador daqueles produtos, encontrando-se legitimada a realização de uma revista (*Cfr.* o Acórdão do STJ, de 27 de Janeiro de 1998, proc. 97P1045, rel. SOUSA GUEDES, *in www.dgsi.pt*, acedido e consultado em 28 de Outubro de 2011). Esta possibilidade é reforçada pelo art. 53º nº 1 do Decreto-Lei nº 15/93, de 22 de Janeiro – diploma que veio definir o regime jurídico aplicável ao tráfico e consumo de estupefacientes e substâncias psicotrópicas –, que refere: "*Quando houver indícios de que alguém oculta ou transporta no seu corpo, estupefacientes ou substâncias psicotrópicas, é ordenada revista e, se necessário, procede-se a perícia*".

[387] Neste sentido, não será de considerar como revista, a procura coactiva de objectos relacionados com o crime – susceptíveis de poderem servir de prova –, numa viatura, como se lhe refere o art. 109º nº 3 da Lei nº 5/2006, de 23 de Fevereiro (diploma que aprovou o Regime Jurídico das Armas e suas Munições). Trata-se sim de uma busca.

[388] Como exemplo, o célebre caso do recluso que traficava droga no Estabelecimento Prisional de Coimbra, escondendo o produto no ânus, após este lhe ser entregue pela namorada no horário das visitas (*in* Jornal "*Correio da Manhã*", de 04 de Maio de 2010, em *www.cmjornal.xl.pt*, acedido e consultado em 29 de Outubro de 2011). Ou então o indivíduo

conhecimentos específicos para detectar esse produto, não bastando a informação que nos é fornecida pelos sentidos. É neste contexto que o art. 53º do Decreto-Lei nº 15/93, de 22 de Janeiro (regime jurídico aplicável ao tráfico e consumo de estupefacientes e substâncias psicotrópicas), prevê, perante situações como a exposta, a possibilidade, quer da realização de revistas, quer de perícias em unidade hospitalar ou outro estabelecimento adequado, com as especificidades que as caracterizam.

As revistas devem sempre respeitar a dignidade pessoal do visado, bem como o seu pudor; neste caso, sempre que isso não ponha em causa a sua própria realização (art. 175º nº 2 do CPP). Respeitando as opiniões contrárias, entendemos que a desconsideração pela dignidade e pudor, de quem é sujeito a uma revista, configura uma mera irregularidade, não resultando, «*de per si*», que a prova obtida não possa ser valorada. Na esteira de COSTA ANDRADE, somos levados a concluir que a norma do art. 175º nº 2 do CPP não tutela a informação fornecida pelo revistando, mas outros interesses. Estamos, pois, perante uma regra de produção de prova, que visa "*dirigir o curso da obtenção da prova sem excluir a prova*", isto é, sem proibir a sua valoração. Assim, não vemos que o vício seja tão grave que haja de impor o recuo dos interesses da investigação em prol do sentimento de pudor dos visados ou da sua dignidade pessoal.[389]

Entendemos, no entanto, que, não obstante a revista poder incidir sobre qualquer pessoa, desde que haja indícios de que ela oculta objectos relacionados com qualquer tipo de crime (independentemente da sua gravidade), deve ser respeitada a dignidade e o pudor dos visados sempre que estejamos perante "*bagatelas penais*", em que, claramente,

que ocultava no estômago 500 gramas de haxixe. Foi detido no aeroporto do Porto, proveniente de Marrocos (*in* Jornal "*Expresso*", de 14 de Janeiro de 2010, em *www.expresso.pt*, acedido e consultado em 29 de Outubro de 2011).

[389] *Cfr.* COSTA ANDRADE (2006), págs. 84/85. Em sentido contrário, entende MARQUES FERREIRA (1989), pág. 265, que, nos casos em que a revista não respeita o pudor do visado, ofendendo a sua integridade física ou moral, a diligência será nula, nos termos dos arts. 32º nº 8 da CRP e 126º do CPP.

existe uma desproporcionalidade entre o interesse visado e o bem jurídico preterido.[390-391]

4.5.2.2. As Buscas Não Domiciliárias

As buscas, tal como as «*supra*» citadas revistas, consistem "*na procura coactiva de uma coisa ou de um vestígio, contra ou independentemente da vontade de quem o detém*".[392] Esta procura coactiva incide sobre os locais, excluindo-se, desse âmbito, a indumentária ou a bagagem pessoal do visado, que, como vimos, se enquadram no âmbito das revistas. Poderá, ainda, ser realizada busca com o intuito de proceder à detenção de

[390] Entre as "*bagatelas penais*", temos a considerar aqueles crimes que, atenta a sua gravidade e grau de danosidade social, não justificam a aplicação de qualquer sanção penal, ainda que reunidos todos os pressupostos de punibilidade. Relativamente a eles, o legislador penal criou o instituto da dispensa de pena (art. 74º do CP) – crimes puníveis com pena de prisão não superior a seis meses ou só com multa não superior a 120 dias, após cumpridos os requisitos constantes nas alíneas do art. 74º nº 1 do CP. «*Vide*» Acórdão do TRG, de 08 de Junho de 2009, proc. 813/08-2, rel. FILIPE MELO, *in www.dgsi.pt*, acedido e consultado em 01 de Novembro de 2011.

[391] Assim, por exemplo, havendo indícios de que uma cidadã oculta uma carta, na sua pessoa, contendo juízos ofensivos da honra e consideração de outra (porque esta própria a viu), destinada a ser entregue ao marido desta, entendemos que, ainda que estejam reunidos os pressupostos objectivos para a realização da revista, ela não deverá ocorrer no caso de não ser possível a sua realização por intermédio de um elemento policial do sexo feminino. Estamos perante os designados crimes contra a honra (arts. 180º e sgts.), em regra, de natureza particular, para os quais o legislador afasta, até, a possibilidade de detenção em flagrante delito (art. 255º nº 4 do CPP). Pelo contrário, entendemos que, havendo indícios de que uma cidadã oculta arma de fogo na sua pessoa, não sendo possível a revista por nenhum elemento policial do mesmo sexo, ela deverá, face à gravidade do crime indiciado, ser realizada mesmo por um elemento do sexo masculino.

[392] *Cfr.* PAOLO TONINI, «*apud*» Acórdão do TRL, de 31 de Março de 2004, proc. 8171/ /2003-3, rel. TELO LUCAS, *in www.dgsi.pt*, acedido e consultado em 01 de Novembro de 2011. Se os órgãos de polícia criminal entram no domicílio após autorização da ofendida, não estamos perante uma busca, se, no interior dessa residência, o suspeito foi voluntariamente ao "*quarto de arrumos*" buscar a arma (pressão de ar) com que deu um tiro no pé daquela, não tendo as entidades policiais desenvolvido qualquer actividade investigatória. Conclusão retirada do Ac. do TRL, *sup. cit.*

arguido ou de outra pessoa, quando se encontrem em lugares reservados ou não livremente acessíveis ao público.

Nos termos do estabelecido no art. 174º nº 2 do CPP, encontra-se legitimada a busca sempre que existam indícios de que objectos relacionados com o crime, "*ou o arguido ou outra pessoa que deva ser detida, se encontram em local reservado ou não livremente acessível ao público*" (*v.g.*, um automóvel ou uma oficina).

Como já referimos anteriormente para as revistas, também aqui o legislador, contrariamente a outras normas do Código (*v.g.*, art. 200º nº 1 do CPP), não classificou os indícios com expressões como "*fortes*" ou "*suficientes*". Assim, não estarão obrigados os órgãos de polícia criminal a partir da certeza da existência de objectos relacionados com o crime (ou de arguido, ou pessoa que deva ser detida), mas da suposição construída a partir de um "*raciocínio lógico fundado nas regras da experiência*", face à presença de determinados sinais, vestígios ou indicações.[393] Este estado de coisas que legitima a busca aproxima-se da «*probable cause*» americana.[394]

[393] *Cfr.* o já referido Acórdão do TRC, de 03 de Março de 2010, proc. 359/09.4GBOBR-A.C1, rel. MARIA PILAR DE OLIVEIRA. Também, do mesmo Tribunal, o Acórdão de 18 de Novembro de 2009, proc. 329/09.2JALRA.C1, rel. JOSÉ EDUARDO MARTINS, ambos *in www.dgsi.pt*, acedidos e consultados em 01 de Novembro de 2011.

[394] Consultando a 4ª Emenda da Constituição americana, concluímos que o legislador fez depender a realização das buscas de uma "*causa provável*" (probable cause). Assim, numa tradução livre do original, estabelece a «*Fourth Amendment to the United States Constitution*» que: *O direito do povo à segurança nas suas pessoas, nas suas casas, papéis e restantes bens, não deve ser violado, através da realização de buscas e apreensões excessivas, nem mandados deverão ser emitidos, senão baseados em causa provável, devidamente fundamentada em juramento ou afirmação, devendo em particular, descrever o local da busca, bem como as pessoas a capturar, ou as coisas a apreender. Cfr.* a versão original em *www.caselaw.lp.findlaw.com/data/constitution/amendment04*, acedida e consultada em 02 de Novembro de 2011. Assim, *v.g.*, no caso Delaware v. Prouse (1979), a polícia, numa acção de fiscalização de trânsito, encontrou droga no interior de uma viatura. O Supremo Tribunal americano decidiu que aquela medida preventiva não legitimava a busca realizada, alegando que este meio de obtenção de prova estaria sempre, sob pena da sua ilegalidade, dependente de uma "*causa provável*". *In www.supreme.justia.com/us/440/648/case.html*, acedido e consultado em 02 de Novem-

4.5.3. Revistas e Buscas Cautelares

Regra geral, as revistas e as buscas (não domiciliárias) "*são autorizadas ou ordenadas por despacho pela autoridade judiciária competente*" (art. 174º nº 3 do CPP). Esta é, no entanto, uma regra com excepções, já que os órgãos de polícia criminal podem efectuar uma revista ou uma busca não domiciliária sem prévia autorização da autoridade judiciária, quer nos termos do art. 174º nº 5 do CPP, quer do art. 251º do mesmo diploma legal.

Não obstante os órgãos de polícia criminal poderem actuar, quer numas, quer noutras, sem prévia autorização da autoridade judiciária competente, temos, no entanto, que distinguir o seu regime. As revistas e buscas previstas no art. 251º do CPP constituem uma forma suplementar (enquanto medida cautelar) relativamente às previstas no art. 174º nº 5 do CPP, estas inseridas no regime geral.[395]

Além dos 3 casos tipificados neste nº 5 do art. 174º, cuja análise individual irá ser posteriormente desenvolvida, o legislador consagra a possibilidade de realização de revistas e buscas com intuito cautelar (art. 251º do CPP), de modo a salvaguardar meios de prova que, a não serem precavidos, poderiam perder-se ou alterar-se, inviabilizando todo o processo e tornando irrealizável a justiça penal. Mesmo neste âmbito cautelar, as revistas e as buscas não se afastam do regime regra, previsto nos arts. 174º a 177º do CPP, acrescendo-lhe, agora, a necessidade e a urgência da intervenção para a salvaguarda dos meios de prova.[396]

bro de 2011. Também, no caso United States v. Ross (1982), o Supremo Tribunal americano decidiu que estava legitimada a realização de uma busca numa viatura, por parte da polícia, já que, segundo denúncia anónima, se estaria a traficar droga no seu interior. Estaria, pois, cumprido o requisito da "*probable cause*", previsto na 4ª Emenda. *In www.supreme.justia.com/us/456/798*, acedido e consultado em 02 de Novembro de 2011.

[395] Neste sentido, «*vide*» FARIA COSTA (1994), pág. 233.

[396] Apelidámos, na subsecção 4.5.5, de "*excepcionais*" as revistas e buscas realizadas ao abrigo do art. 174º nº 5 do CPP, porque, como veremos, vão além da necessidade e urgência para salvaguarda de meios de prova. Mesmo no art. 174º nº 5 al. a) do CPP, a realização das revistas e buscas encontra-se legitimada face à necessidade e urgência, não de conservação e manutenção de objectos susceptíveis de constituir prova, mas de evitar a lesão de bens jurídicos essenciais, colocados em risco por determinadas condutas criminosas.

Sobre a admissibilidade constitucional das revistas e buscas efectuadas pelos órgãos de polícia criminal, sem autorização prévia do juiz, pronunciou-se afirmativamente o Tribunal Constitucional, em sede de fiscalização preventiva, no seu Acórdão 7/87, de 09 de Janeiro[397], por não contenderem com o art. 32º nº 6 da CRP (correspondente ao actual art. 32º nº 8), nem constituírem uma "*abusiva intromissão na vida privada*", dadas as exigências estabelecidas nas alíneas do art. 174º nº 4 do CPP (actual nº 5).

Não obstante a sua natureza cautelar, tal não significa que os órgãos de polícia criminal possam efectuar revistas e buscas de forma discricionária. Existem pressupostos que têm que ser cumulativamente observados antes da realização daqueles actos. Só assim eles se converterão em meios de obtenção de prova, após a devida validação por parte da autoridade judiciária, art. 174º nº 6, «*ex vi*» art. 251º nº 2 do CPP.

Pura medida de polícia, destinada a acautelar a perda ou alteração de objectos susceptíveis de constituir prova, é aquela que se encontra vertida no art. 251º nº 1 al. a) do CPP. De acordo com aquela norma, poderão os órgãos de polícia criminal proceder à "*revista de suspeitos em caso de fuga iminente* ou de detenção" (fora de flagrante delito), bem como a buscas nos locais onde sejam encontrados (salvo no domicílio), sem autorização da autoridade judiciária competente, sempre que houver fundadas razões para crer que eles ocultam objectos relacionados com o crime, susceptíveis de servir de prova e na eventualidade de desaparecerem ou se deteriorarem.

Estamos, pois, perante medidas necessárias e inadiáveis, a adoptar pelos órgãos de polícia criminal em determinadas situações, sob pena de se perderem provas relevantes para o sucesso da investigação criminal e consequente apuramento da verdade material, supostamente escondidas na pessoa visada pela revista, ou no local da busca.[398]

[397] *In* DR nº 33, 1ª Série, de 09 de Fevereiro de 1987, ponto 1 al. d), 2.6 e 3 (5º), ou *www.tribunalconstitucional.pt/tc/acordaos*, acedido e consultado em 02 de Novembro de 2011.

[398] Conforme exposto no aresto do STJ, de 04 de Janeiro de 2004, proc. 05P767, rel. PEREIRA MADEIRA (*in www.dgsi.pt*, acedido e consultado em 05 de Novembro de 2011): "*Estes procedimentos cautelares, justamente porque o são, não podem prescindir do imediatismo da decisão e da acção, sob pena de a investigação criminal ser relegada ainda mais para o rol das inutilidades*".

A actuação dos órgãos de polícia criminal, ao abrigo do art. 251º nº 1 al. a) do CPP, encontra legitimidade somente nos rigorosos limites estabelecidos naquele preceito legal. É necessário que o visado pelas revistas e buscas seja um suspeito.[399] Sendo suspeito, exige-se, ainda, que aqueles meios de obtenção de prova só possam ser levados a cabo no caso de "*fuga iminente ou de detenção*", havendo "*fundada razão*" para supor que, através da sua realização, irão ser encontrados objectos relacionados com o crime, que de outra forma correriam o risco de se perder.

Esta é uma norma que, num olhar menos atento, aparenta sobrepor-se ao art. 174º nº 5 al. c) do CPP. No entanto, o que o legislador pretendeu não foi consagrar a possibilidade de os órgãos de polícia criminal efectuarem revistas e buscas por sua iniciativa, nos casos de detenção em flagrante delito – possibilidade consagrada naquela alínea c) do art. 174º nº 5 do CPP –, mas de detenção fora de flagrante delito, bem como naqueles casos em que a fuga é iminente, não obstante inexistir flagrante delito.[400]

Assim, é legítima a actuação dos órgãos de polícia criminal, ao abrigo do art. 251º nº 1 al. a) do CPP, havendo indícios de que, na pessoa visada, ou no local onde ela se encontra, se ocultam objectos relacionados com um crime, cometido ou a cometer, seja a título de autoria ou mera participação. A suspeita que legitima a actuação dos órgãos de polícia criminal tem que ser fundada, isto é, sustentada por um fundamento razoável. Desse modo, poder-se-á considerar suspeita uma pessoa, quando, através de certos factos ou informações, "*um observador objectivo, valorando-os, possa ajuizar no sentido de se convencer*" que ela poderia ter praticado um crime.[401-402]

[399] A definição de suspeito é-nos fornecida pelo próprio CPP, no seu art. 1º al. e), como sendo: "*toda a pessoa relativamente à qual exista indício de que cometeu ou se prepara para cometer um crime, ou que nele participou ou se prepara para participar*".

[400] *Cfr.* MAIA GONÇALVES (1999), pág. 489, nota 3; e PAULO PINTO DE ALBUQUERQUE (2008), pág. 668, nota 2.

[401] *Cfr.* CABRAL BARRETO (2005), pág. 95.

[402] É admissível a realização de busca numa viatura – porque razoável a suspeita –, sustentada no facto de o arguido "*ter efectuado manobra de inversão de marcha*" quando surpreen-

Não obstante a revista do art. 251º nº 1 al. b) do CPP se encontrar situada no capítulo denominado *"das medidas cautelares e de polícia"*, entendemos que a sua finalidade não é o acautelamento de objectos susceptíveis de constituir prova, mas a prevenção de condutas criminosas, detectando armas ou outros objectos com aptidão para a prática de actos de violência. Por esse motivo, iremos dedicar-lhe especial atenção na subsecção seguinte, dedicada às revistas e buscas de carácter preventivo.

4.5.3.1. A Validação

O legislador, consciente da possibilidade de os órgãos de polícia criminal poderem abusar desta medida de polícia, para além de a delimitar por critérios de necessidade e urgência, obrigou aqueles elementos policiais – após actuação ao abrigo das alíneas a) e b) do art. 251º nº 1 do CPP – a comunicá-la, de imediato, ao juiz de instrução, visando a sua apreciação e posterior validação (art. 174º nº 6, «*ex vi*» art. 251º nº 2 do CPP). Somente as revistas e buscas devidamente validadas por

dido por uma patrulha da GNR, e, após ter saído do veículo automóvel, ter trancado as portas do mesmo. Esse circunstancialismo, *"conexionado com a hora a que os factos ocorreram (5h 30m da madrugada) e a frequência da utilização de veículos no tráfico de estupefacientes, é adequado, quando interpretado à luz da experiência comum, a levantar suspeitas de ocultação, no veículo, de produtos dessa natureza, a impor detenção do arguido e actuação com vista a evitar o periculum in mora na apreensão de tais objectos relacionados com o crime de tráfico"* (Acórdão do STJ, de 07 de Abril de 2005, proc. 05P767, rel. PEREIRA MADEIRA, *in www.dgsi.pt*, acedido e consultado em 05 de Novembro de 2011). É admissível a realização de uma revista, baseada no facto de os visados *"se encontrarem num local habitualmente frequentado por indivíduos conotados com o tráfico/consumo de estupefacientes e (...) terem tentado abandonar o local ao aperceberem-se dos agentes da PSP."* Já não será, no entanto, admissível, a revista sustentada no facto de *"uma pessoa se encontrar num local frequentado por indivíduos conotados com o tráfico/consumo de estupefacientes"*, por não ser possível *"ajuizar de forma objectiva"* que quem aí se encontre tenha na sua posse produtos estupefacientes. *"Porém, ainda que o referido facto legitimasse a suspeita da PSP, o certo é que este órgão de polícia criminal só poderia proceder à revista em caso de fuga iminente ou detenção do suspeito."* «*Vide*» Acórdão do TRL, de 06 de Novembro de 2007, proc. 4746/2007-5, rel. EMÍDIO SANTOS, *in www.dgsi.pt*, acedido e consultado em 05 de Novembro de 2011.

aquela autoridade judiciária (de forma expressa ou tácita) serão integradas no processo enquanto meio de obtenção de prova.[403]

Subscrevendo a posição do professor PAULO PINTO DE ALBUQUERQUE, entendemos que, não obstante o art. 251º nº 2 do CPP remeter expressamente para o conteúdo do art. 174º nº 6 do mesmo diploma legal, esta remissão pretende somente "*fixar a obrigatoriedade da sindicância pela autoridade judiciária competente, o requisito temporal (...) e a sanção*" para a sua inobservância.[404] Conforme refere aquele autor, não se compreenderia por que razão o legislador, no que concerne às revistas e buscas não domiciliárias, atribuiria poderes ao Ministério Público para as autorizar ou ordenar, antes ou durante o inquérito, não o fazendo quando estivesse em causa a sua validação nessas mesmas fases.

Assim, face ao exposto, não vemos qualquer razão que obste a que, na fase de inquérito ou de "*pré-inquérito*", seja o próprio Ministério Público a apreciar e validar as revistas e buscas (não domiciliárias) realizadas por iniciativa dos órgãos de polícia criminal; já que, ele próprio é competente para as autorizar ou ordenar, através do correspondente despacho (art. 174º nº 3 do CPP), não cabendo esses actos no elenco previsto no art. 269º do CPP – actos cuja competência para ordenar ou autorizar compete exclusivamente ao juiz de instrução.

Refere o art. 174º nº 6, «*ex vi*» art. 251º nº 2 do CPP, que as revistas e buscas de âmbito cautelar – realizadas por iniciativa dos órgãos de polícia criminal – devem ser de imediato comunicadas, sob pena da sua nulidade (não podendo ser valoradas), ao juiz de instrução (leia-se, à autoridade judiciária competente), de modo a serem por este (ou esta)

[403] Partilhamos da opinião de que a validação das revistas e das buscas pode ocorrer de forma tácita. Isso acontece quando, v.g., a prova obtida através daqueles meios serve para fundamentar "*o despacho que determinou que o arguido aguardasse os ulteriores termos processuais sujeito à medida de coacção de permanência na habitação*". «*Vide, et alli*», Acórdão do TRG, de 10 de Janeiro de 2005, proc. 2189/04-1, rel. MARIA AUGUSTA, *in www.dgsi.pt*, acedido e consultado em 06 de Novembro de 2011.

[404] PAULO PINTO DE ALBUQUERQUE (2008), pág. 669, nota 4.

apreciadas e validadas. A adopção, pelo legislador, na norma mencionada, do conceito vago ou indeterminado, "*imediatamente*", tem gerado dúvidas no intérprete e aplicador da norma, sobre qual o seu sentido e alcance no contexto legal em que se insere.

Visando, a comunicação, o controlo judiciário de uma medida restritiva de direitos fundamentais, ela deverá ocorrer de imediato, isto é, num prazo razoável que nunca deverá ultrapassar as 48 horas. Este prazo encontra justificação no facto de o legislador, nas revistas e buscas não domiciliárias, efectuadas por órgão de polícia criminal aquando de detenção em flagrante delito por crime a que corresponda pena de prisão [art. 174º nº 5 al. c) do CPP], ter omitido aquela exigência de imediata comunicação. Neste caso, a comunicação ocorre no momento da apresentação do detido, no prazo máximo de 48 horas [art. 254º al. a) do CPP], possibilitando à autoridade judiciária competente, nesse momento, apreciá-las e validá-las.[405]

4.5.4. Revistas e Buscas de Carácter Preventivo

Para além das revistas cautelares – destinadas a precaver a perda ou deterioração de objectos susceptíveis de constituir prova –, encontramos, ainda, no Capítulo II do CPP, epigrafado "*das medidas cautelares e de polícia*", mais precisamente no art. 251º nº 1 al. b) do CPP, a possibilidade de os órgãos de polícia criminal procederem a revistas cautelares, já não com finalidades probatórias, mas de segurança.

[405] Neste sentido, o Acórdão do TC nº 285/2007, de 08 de Maio de 2007, proc. 180/2007, rel. Pamplona de Oliveira, *in www.tribunalconstitucional.pt/tc/acordaos*, acedido e consultado em 10 de Novembro de 2011. Este prazo de 48 horas – que entendemos como razoável para comunicação das revistas e buscas cautelares, realizadas sem ordem ou autorização prévia da autoridade judiciária competente – foi o prazo adoptado, pelo legislador, nas revistas e buscas levadas a cabo, nas mesmas condições, no âmbito da segurança interna. Assim, refere a Lei nº 53/2008, de 29 de Agosto, diploma que aprovou a Lei de Segurança Interna (LSI), no seu art. 33º nº 1, que as revistas e buscas de segurança, levadas a cabo nos termos do art. 29º al. a) devem ser, sob pena de nulidade, comunicadas ao tribunal competente "*no mais curto prazo, que não pode exceder quarenta e oito horas (...)*".

Esta diligência assume, neste caso, uma natureza preventiva de carácter excepcional, visando o acautelamento de actos criminosos, quer em actos processuais – por parte de quem pretende a eles participar ou assistir –, quer aquando da condução de suspeitos ao posto policial para identificação (art. 250º nº 6 do CPP)[406] – "*sempre que houver razões para crer que ocultam armas ou outros objectos*", susceptíveis de serem usados na prática de actos de violência.[407]

Após termos analisado estas revistas de natureza preventiva, enquadradas no Processo Penal, iremos agora examinar outras com a mesma natureza, mas extra-processuais. Comecemos pelas revistas e buscas enquanto medidas de polícia especialmente vocacionadas para o âmbito segurança interna, «*id est*», para a protecção da vida e integridade das pessoas, da paz pública e da ordem democrática, designadamente contra o terrorismo, a criminalidade violenta ou altamente organizada, a sabotagem e a espionagem, bem como destinadas "*a prevenir e reagir a acidentes graves ou catástrofes, a defender o ambiente e a preservar a saúde pública*" (art. 1º nº 3 da Lei de Segurança Interna, LSI).[408]

Assim, de modo a atingir os fins anunciados, poderão os agentes das forças e serviços de segurança – elencados no art. 25º nºs 2 e 3 da LSI[409] –, enquanto medida especial de polícia, realizar revistas e bus-

[406] Entendemos que caberá aqui, além da condução de suspeitos ao posto policial, também a condução de quem, apesar de não ser suspeito da prática de qualquer crime, deva ser detido, por ordem do juiz, por ter faltado injustificadamente a acto presidido por autoridade judiciária, desde que regularmente notificado ou convocado (art. 116º nºs 1 e 2 do CPP).

[407] Esta é uma medida preventiva ou de segurança, quer dos agentes policiais, quer de outros cidadãos que possam entrar em contacto com o suspeito; sendo, ainda, uma medida de protecção dos próprios suspeitos, que, em alguns casos, tendem a assumir comportamentos auto-destrutivos.

[408] Aprovada pela Lei nº 53/2008, de 29 de Agosto, publicada no DR nº 167, 1ª Série, de 29 de Agosto de 2008.

[409] A saber: "2 – (...): *a) A Guarda Nacional Republicana; b) A Polícia de Segurança Pública; c) A Polícia Judiciária; d) O Serviço de Estrangeiros e Fronteiras; e) O Serviço de Informações de*

cas em viaturas, locais públicos, abertos ao público ou sujeitos a vigilância policial, destinadas a detectar "*a presença de armas, substâncias ou engenhos explosivos ou pirotécnicos, objectos proibidos ou susceptíveis de possibilitar actos de violência*", bem como para detectar pessoas procuradas ou que se encontrem em situação irregular no território nacional ou privadas da sua liberdade [art. 29º al. a) da LSI].[410]

Enquanto medida de polícia, não deve ser utilizada para além do estritamente necessário, obedecendo a exigências de necessidade, adequação e proporcionalidade (arts. 2º nº 2 e 30º da LSI, *cjg.* arts. 18º nº 2 e 272º nº 2, «*in fine*», da CRP).[411]

A utilização, em Processo Penal, das provas recolhidas no âmbito desta medida especial de polícia, está dependente da prévia autorização ou posterior validação pelo juiz de instrução do local onde ela tiver sido realizada, sob pena de nulidade (art. 33º nºs 1, 3 e 4 da LSI). Deve, por isso, a revista ou a busca, ser comunicada – pela entidade que procedeu à sua realização – no mais curto prazo, nunca superior a 48 horas, devendo o juiz de instrução apreciá-la e eventualmente validá-la, no prazo máximo de 8 dias (art. 33º nº 1 da LSI).

Contrariamente ao que defendem alguns autores[412], entendemos que as revistas e as buscas inseridas no âmbito das medidas especiais de polícia [art. 29º al. a) da LSI], ainda que deem origem a alguma

Segurança. 3 – Exercem ainda funções de segurança, nos casos e nos termos previstos na respectiva legislação: a) Os órgãos da Autoridade Marítima Nacional; b) Os órgãos do Sistema da Autoridade Aeronáutica."

410 A medida de polícia anunciada pode ser determinada pelos agentes das forças e serviços de segurança (art. 25º nº 2 da LSI), em caso de urgência e de perigo de demora. Na falta destes pressupostos, é uma medida levada a cabo por aqueles, somente após determinação das autoridades de polícia previstas no art. 26º daquela lei. Ainda que por iniciativa própria dos agentes das forças e serviços de segurança, deve a medida ser de imediato comunicada à autoridade de polícia, em ordem à sua validação (art. 32º nº 2 da LSI).

411 Para mais desenvolvimento sobre as medidas de polícia, «*vide supra*» o capítulo 2 do nosso estudo.

412 «*Et alii*», M. M. Guedes Valente (2009), págs. 254/255 (revistas) e 259/260 (buscas não domiciliárias).

detecção prevista naquela alínea, não se transfigurarão em revistas e buscas cautelares (art. 251º nº 1 do CPP). Ainda que se possa proceder à apreensão cautelar da prova daí resultante [art. 249º nº 2 al. c) do CPP], as revistas ou buscas que estiveram na sua origem não satisfizeram os pressupostos e fundamentos exigíveis para as revistas e buscas cautelares, previstas no CPP. A sua apreciação e validação, enquanto medida destinada a prevenir um perigo, terá por base a sua conformação com os pressupostos próprios das medidas de polícia, designadamente a sua necessidade, adequação e proporcionalidade, relativamente aos fins preventivos por ela visados (arts. 18º nº 2 e 272º nº 2 da CRP, e arts. 2º nº 2 e 30º da LSI).

Porque a realização das revistas e das buscas converge inevitavelmente com os direitos fundamentais dos cidadãos por elas visados, defendemos que, ainda que elas sejam previamente determinadas pelas autoridades de polícia, ou por estas posteriormente confirmadas (art. 32º nº 1 e 2 da LSI), e ainda que não verificadas as detecções anunciadas no seu art. 29º al. a), devem, essas medidas, ser sempre comunicadas à autoridade judiciária competente, através de instrumento semelhante ao relatório previsto no art. 253º do CPP, de modo a ser exercido o controlo da sua legalidade.

Existem, ainda, no nosso ordenamento jurídico, outras normas que possibilitam a realização de revistas e buscas preventivas ou de segurança. Desde logo, a Lei nº 34/2013, de 16 de Maio, que consagra, *v.g.*, a possibilidade de os seguranças privados – no âmbito do conteúdo funcional da especialidade de assistente de recinto desportivo – efectuarem, no controlo de acesso aos recintos desportivos, revistas de prevenção e de segurança aos espectadores (independentemente de qualquer suspeita), "*com o estrito objetivo de impedir a entrada de objetos e substâncias proibidas ou suscetíveis de gerar ou possibilitar atos de violência*".[413] Consentir a realização desta revista pessoal de pre-

[413] Esta possibilidade encontra-se prevista, quer no art. 19º nº 1 da Lei nº 34/2013, de 16 de Maio – diploma que regula o exercício da actividade de segurança privada –, quer no

venção e segurança é, aliás, condição de acesso ao recinto desportivo por parte dos espectadores interessados [art. 22º nº 1 al. g) da Lei nº 39/2009, de 30 de Julho]. Neste caso, a revista está coberta pelo consentimento dos visados, ainda que obtido à custa da sua paixão pelo desporto.

No âmbito da prevenção criminal, podem as forças de segurança desenvolver operações especiais "*com a finalidade de controlar, detectar, localizar, prevenir a introdução, assegurar a remoção ou verificar a regularidade da situação de armas, seus componentes ou munições ou substâncias ou produtos a que se refere*" o Regime Jurídico das Armas e suas Munições, podendo compreender, em função da necessidade, revistas e buscas não domiciliárias.[414]

A propósito das revistas e buscas previstas no art. 109º nº 3 do Regime Jurídico das Armas e suas Munições (RJAM), são de referir dois aspectos. O primeiro tem que ver com o facto de a norma tratar como revista a procura coactiva, numa viatura, de objectos relacionados com o crime e susceptíveis de poderem servir de prova, quando se trata, na verdade, de uma busca (art. 174º nºs 1 e 2 do CPP). O segundo, com o facto de o legislador, naquele art. 109º nº 3, possibilitar às forças de segurança a realização de buscas no local onde se encontrem os visados,

art. 25º nº 1 da Lei nº 39/2009, de 30 de Julho. Este último diploma veio estabelecer o "*regime jurídico do combate à violência, ao racismo, à xenofobia e à intolerância nos espectáculos desportivos, de forma a possibilitar a realização dos mesmos com segurança*"; revogando, no seu art. 52º, a Lei nº 16/2004, de 11 de Maio, diploma que havia aprovado as "*medidas preventivas e punitivas a adoptar em caso de manifestação de violência associadas ao desporto*". O alargamento da possibilidade de efectuar revistas, aos assistentes de recinto desportivo, justifica-se pelo facto de os elementos que compõem as forças de segurança serem insuficientes para proceder, de forma eficaz, à revista de todos os espectadores, na maioria dos espectáculos desportivos. A sua natureza é meramente preventiva e de segurança, ou seja, sempre que sejam detectados objectos ou substâncias proibidas pela lei, devem aqueles assistentes reportar os factos aos órgãos de polícia criminal, para que estes adoptem as medidas cautelares de polícia adequadas.

[414] Neste sentido, «*vide*» art. 109º da Lei nº 5/2006, de 23 de Fevereiro, diploma que aprovou o Regime Jurídico das Armas e suas Munições.

entre os motivos aí previstos, no caso de "*condução ao posto policial, por não ser possível a identificação suficiente*". Parece-nos que sujeitar uma pessoa a uma busca, só porque ela não tem identificação bastante, é desproporcional aos fins preventivos, violando, dessa forma, o princípio da proporcionalidade «*lato sensu*», consagrado no art. 272º nº 2 da CRP (corolário do art. 18º nº 2, da Lei Fundamental).

Também preocupações preventivas e de segurança exigem que sejam adoptados especiais procedimentos nos internamentos de menores (com idade compreendida entre os 12 e os 16 anos) em centros educativos, entre eles, as revistas. Desse modo, prevê o art. 170º al. b) da Lei nº 166/99, de 14 de Setembro (Lei Tutelar Educativa), a faculdade de o "*pessoal dos centros educativos*", enquanto medida preventiva e de vigilância, poder realizar "*revistas pessoais, bem como às roupas e objectos pessoais dos menores internados*". Esta possibilidade vem regrada no Regulamento Geral e Disciplinar dos Centros Educativos.[415]

Assim, nos termos do art. 39º nº 17, deste último diploma legal, pode "*o pessoal do centro devidamente habilitado para o efeito*", quando razões de segurança o justifiquem, "*proceder à revista dos educandos após a realização da visita*", não obstante a possibilidade de essas visitas serem submetidas previamente a revistas pessoais, bem como aos seus veículos (buscas), logo à entrada do centro educativo, por pessoal habilitado (art. 86º nº 3).

Essas revistas também poderão ocorrer após a saída dos educandos de locais onde existam utensílios ou materiais perigosos (*v.g.*, salas de formação), de modo a precaver o seu uso indevido (art. 79º nº 2). Enquanto medida preventiva, poderão, também, ser efectuadas revistas pessoais aos educandos (bem como a todos os seus objectos), sempre "*que existam fundadas suspeitas de introdução ou existência de substâncias ou objectos perigosos, proibidos por lei ou regulamento*", devendo essa diligência respeitar sempre a sua dignidade pessoal [art. 84º nº 1 al. b) e nº 2].

[415] Decreto-Lei nº 323-D/2000, de 20 de Dezembro, publicado *in* DR, 1ª Série-A, nº 292, de 20 de Dezembro de 2000.

Sempre que sejam encontrados objectos ou substâncias proibidas, quem efectua a revista procede à sua apreensão imediata nos termos do previsto no art. 87º nº 1.

No que concerne às revistas e buscas de segurança, o Código da Execução das Penas e Medidas Privativas da Liberdade[416] – aplicável aos reclusos maiores de 16 anos – vai mais longe, prevendo como medidas de segurança, «*inter alia*», a revista pessoal e a busca ao espaço de alojamento do recluso (art. 88º nº 2). Quanto à revista pessoal, deve ser efectuada quando não se possa recorrer, com êxito, a instrumentos de detecção, devendo, à semelhança do que sucede com as revistas do CPP (art. 175º nº 2), ser respeitada a dignidade, a integridade e o sentimento de pudor do recluso (art. 89º nº 1 da Lei nº 115/ /2009). Nos casos em que a revista pessoal implique o desnudamento, por haver suspeitas de que o recluso oculta, na sua pessoa, objectos não permitidos[417], deve ser precedida de autorização do director do estabelecimento prisional e decorrer em local reservado, de forma a respeitar a sua privacidade (art. 89º nº 2).

Também, relativamente aos visitantes dos reclusos, são tomadas medidas de segurança, sendo submetidos a revistas pessoais de segurança, estando, relativamente a eles, proibida a revista por desnudamento (art. 63º nºs 4 e 5 da Lei nº 115/2009).

No que tange às buscas ao espaço de alojamento do recluso – nos termos do art. 89º nº 5, do diploma que temos vindo a referir –, elas deverão ocorrer com respeito pelos objectos da sua pertença e, se possível, na sua presença. Não obstante o espaço de alojamento do recluso ser um espaço reservado e não livremente acessível ao público, a busca ali realizada por Guardas Prisionais, enquanto medida de segurança necessária "*na vida interna de um estabelecimento prisional*", "*não carece*

[416] Aprovado pela Lei nº 115/2009, de 12 de Outubro, publicado no DR nº 197, 1ª Série, de 12 de Outubro de 2009.

[417] Quando a ocultação implique intrusão corporal (para a sua extracção), ela deverá ocorrer "*sob orientação médica e autorizada pelo tribunal de execução de penas*" (art. 89º nº 4 da Lei nº 115/2009, de 12 de Outubro.

de qualquer despacho de autoridade judiciária, não depende do consentimento dos reclusos, nem tão pouco da verificação dos pressupostos aludidos no art. 174 nº 4 do CPP".[418]

4.5.5. Revistas e Buscas de Natureza Excepcional

Analisámos, nas secções precedentes, dois tipos de revistas e de buscas. As primeiras, de âmbito cautelar, destinadas a obviar a perda ou deterioração de objectos susceptíveis de constituir prova, e as segundas, de carácter preventivo, realizadas por motivos de segurança. Além deste tipo de revistas e buscas, encontramos outro que visa, de forma excepcional, acautelar bens jurídicos fundamentais como a vida ou a integridade física das pessoas, art. 174º nº 5 al. a) do CPP, podendo ser levadas a cabo, mesmo sem ordem ou autorização prévias da autoridade judiciária competente.

Em todos os casos consagrados, estamos perante um afastamento ao princípio regra estabelecido no art. 174º nº 3 do CPP[419], afastamento este que não contende, no entanto, com os princípios fundamentais que devem subsistir no nosso ordenamento jurídico. A privacidade dos cidadãos somente cede perante valores manifestamente superiores, entre eles, a protecção da vida ou da integridade física [art. 175º nº 5 al. a) do CPP].

Poderão ainda, excepcionalmente, os órgãos de polícia criminal, "ainda *que sem prévia autorização da autoridade judiciária*" (regra geral, art. 174º nº 3 do CPP), proceder a revistas e buscas não domiciliárias, quando os visados consintam ou na sequência de detenção em flagrante por crime a que corresponda pena de prisão [art. 174º nº 5 als. b) e c) do CPP]. Analisemos separadamente cada uma dessas excepções.

[418] Assim decidiu o Acórdão do TRP, de 27 de Junho de 2007, proc. 0712812, rel. MARIA DO CARMO SILVA DIAS, *in www.dgsi.pt*, acedido e consultado em 11 de Novembro de 2011.

[419] Estabelece o art. 174º nº 3 do CPP que: "*As revistas e as buscas são autorizadas ou ordenadas por despacho da autoridade judiciária competente, devendo esta, sempre que possível, presidir à diligência.*"

Examinando o art. 174º nº 5 al. a) do CPP, verifica-se que, na situação aí prevista, os órgãos de polícia criminal deparam-se com uma situação de urgência e de perigo na demora que excede propósitos de conservação e manutenção de objectos susceptíveis de constituir prova. Existe urgência e perigo na demora face a um grave risco para a vida ou para a integridade de qualquer pessoa, originado pela "*prática iminente*" de terrorismo, criminalidade violenta ou altamente organizada.[420]

Para se encontrar legitimada uma revista ou uma busca nestes termos, é, pois, necessário, estarmos perante actos enquadráveis no conceito de terrorismo, criminalidade violenta ou altamente organizada e haver indícios fundados da prática iminente desses actos, com consequente perigo para a vida ou integridade física de qualquer pessoa.

Face à previsão normativa do «*supra*» mencionado art. 174º nº 5 al. a) do CPP, somos tentados a concluir que, estando em causa a prática iminente de condutas criminosas, raros serão os casos em que não estamos, simultaneamente, perante uma situação de flagrante delito (art. 256º do CPP)[421], susceptível de detenção [art. 255º nº 1 al. a) do CPP], esta enquadrável na alínea c) do art. 174º nº 5 do CPP. Neste sentido, parece-nos que a norma só terá razão de existir nos casos em que os actos preparatórios das condutas criminosas – integradoras dos conceitos de terrorismo, criminalidade violenta ou altamente organizada – não sejam puníveis[422]; pois, no caso em que os actos preparató-

[420] A propósito do conceito de terrorismo, criminalidade violenta ou altamente organizada, confrontar as notas deixadas na nossa subsecção 4.4.8, afecta à identificação preventiva de suspeitos.

[421] No que concerne ao flagrante delito, o art. 256º do CPP prevê 3 situações distintas: "*flagrante delito em sentido estrito (está cometendo); quase flagrante delito (acabou de cometer); e presunção legal de flagrante delito (o agente é perseguido ou, mesmo não sendo perseguido é encontrado – já não no local do crime – acompanhado de objectos ou sinais do crime)*". Distinção efectuada, «*et alii*», no Acórdão do TRC, de 16 de Março de 2005, proc. 395/05, rel. BELMIRO ANDRADE, *in www.dgsi.pt*, acedido e consultado em 12 de Novembro de 2011.

[422] Os actos preparatórios não são puníveis, salvo disposição legal em contrário (art. 21º do CP). Imaginemos o seguinte exemplo: "A", pertencente a uma organização terrorista

rios são puníveis, ou constituem um crime autónomo, haverá lugar à detenção em flagrante delito, logo, legitimada a realização da revista ou da busca por via do art. 174º nº 5 al. c) do CPP.

Mesmo a tentativa – nos crimes integradores dos conceitos de terrorismo, criminalidade violenta ou altamente organizada – dará sempre lugar à detenção em flagrante delito.[423] Assim, em regra, a tentativa é punível quando a lei o determinar, ou, quando esta nada estipule, "*se ao crime consumado respectivo corresponder pena superior a três anos de prisão*" (art. 23º nº 1 do CP). Nas condutas criminosas integradoras dos conceitos enunciados no art. 174º nº 5 al. a) do CPP – quando consumadas – as penas máximas de prisão são superiores a 3 anos, em todas elas, logo, a tentativa será sempre punível.[424] Assim, a tentativa de um

(art. 2º nº 1 da Lei nº 52/2003, de 22 de Agosto), decide fabricar uma substância explosiva para praticar o tipo de crime p. e p. no art. 272º nº 1 al. b) do CP, crime integrador da noção de terrorismo nos termos do art. 2º nº 1 al. c), «*ex vi*» art. 4º nº 1 da Lei nº 52/2003, de 22 de Agosto. O fabrico da substância explosiva é, pois, um acto preparatório que, para além de poder constituir um crime autónomo (art. 86º da Lei nº 5/2006, de 23 de Fevereiro) é, como tal, punível nos termos do art. 275º do CP, bem como do art. 2º nº 4 da «*supra*» referida Lei nº 52/2003. Assim, dada a possibilidade de deter em flagrante delito aquele membro de organização terrorista, estaria legitimada a revista ou a busca pela alínea c) do art. 174º nº 5, mostrando-se supérflua a sua alínea a).

[423] Nos termos da lei penal substantiva, existe tentativa "*quando o agente praticar actos de execução de um crime que decidiu cometer, sem que este chegue a consumar-se*" (art. 22º nº 1 do CP). Segundo este mesmo artigo, agora no seu nº 2, são actos de execução: "*a) Os que preencherem um elemento constitutivo de um tipo de crime; b) Os que forem idóneos a produzir o resultado típico; ou c) Os que, segundo a experiência comum e salvo circunstâncias imprevisíveis, forem de natureza a fazer esperar que se lhes sigam actos das espécies indicadas nas alíneas anteriores*".

[424] Assim, no que concerne ao terrorismo, é-nos definido no art. 1º al. i) do CPP, como integrando os crimes de "*organizações terroristas, terrorismo, terrorismo internacional e financiamento do terrorismo*". Sobre os crimes de organizações terroristas, terrorismo, terrorismo internacional e financiamento do terrorismo, consultar os arts. 2º a 5º-A da Lei nº 52/2003, de 22 de Agosto, diploma que aprovou a Lei de Combate ao Terrorismo. Da consulta dos referidos preceitos, podemos concluir que, em todos eles, as penas máximas de prisão são superiores a 3 anos. Relativamente à criminalidade violenta, de acordo com o art. 1º al. j) do CPP, engloba as condutas que dolosamente se dirigem contra a vida (arts. 131º a 142º do CP), a integridade física (arts. 143º a 152º-B do CP), a liberdade pessoal (arts.

crime integrador do conceito de terrorismo, criminalidade violenta ou altamente organizada, dará também lugar à detenção em flagrante delito, legitimando a realização de uma revista ou de uma busca [art. 174º nº 5 al. c) do CPP].

Aparte a crítica anunciada, a norma contida naquele art. 174º nº 5 al. a) revela-se, ainda, de difícil aplicação por parte dos órgãos de polícia criminal, já que lhes exige avaliar, de forma prévia, tendo em consideração os indícios presentes, quando é que o crime (elencado naquela alínea) está em iminência de execução e se essa iminência coloca em grave risco a vida ou a integridade de alguém. Só dessa forma serão legítimas as revistas ou as buscas efectuadas. Esta difícil tarefa obriga, sob pena de nulidade, a uma comunicação imediata ao juiz de instrução criminal, tendo em vista a sua apreciação e consequente validação (art. 174º nº 6 do CPP).

Perante a susceptibilidade de as revistas e as buscas colidirem com os direitos fundamentais dos visados, é compreensível a exigência legal da sua comunicação ao juiz de instrução, de modo a ser exercido o controlo jurisdicional da sua legalidade. Uma revista ou uma busca – levada a cabo pelos órgãos de polícia criminal, nos termos do art. 174º nº 5 al. a) do CPP – imediatamente comunicada, mas não validada pelo juiz de instrução, por falta de fundamento, tem como efeito a proibição da prova através dela obtida, art. 32º nº 8 da CRP (abusiva intromissão na vida privada) e art. 126º nº 3 do CPP; podendo ser, no entanto, usada

153º a 162º do CP), a liberdade e autodeterminação sexual (arts. 163º a 178º do CP) ou a autoridade pública (arts. 347º a 358º do CP) e forem puníveis com pena de prisão de máximo igual ou superior a 5 anos, logo, maior que 3 anos. Por último, e no que tange à criminalidade altamente organizada, nos termos do art. 1º al. m) do CPP, abrange as condutas que integram crimes de associação criminosa (art. 299º do CP), tráfico de pessoas (art. 160º do CP), tráfico de armas (art. 87º da Lei nº 5/2006, de 23 de Fevereiro), tráfico de estupefacientes ou de substâncias psicotrópicas (salvo o tráfico de menor gravidade, art. 25º, *ex vi* art. 51º nº 1 do Decreto-Lei nº 15/93, de 22 de Janeiro), corrupção (arts. 372º a 374º-B do CP), tráfico de influências (art. 335º do CP), participação económica em negócio ou branqueamento (respectivamente arts. 377º e 368º-A do CP). A todos estes crimes corresponde pena máxima de prisão superior a 3 anos.

contra quem a obteve, no caso de a sua conduta constituir crime (art. 126º nº 4 do CPP). Diferente será a consequência para a omissão de apreciação/validação, depois de efectuada aquela comunicação. Neste caso, estamos perante uma nulidade, mas "*substancialmente diversa das nulidades enumeradas no artigo 32º nº 8 da CRP*", por não conflituar com as garantias de defesa do arguido no processo penal.[425]

Não obstante a nulidade, a necessidade de combater eficazmente o tipo de criminalidade do art. 174º nº 5 al. a) do CPP leva a que a sua sanação posterior, praticando o acto omitido, se mostre *adequada, necessária e proporcionada para sustentar a legitimidade e eficácia do poder punitivo do Estado, realizando a justiça e assegurando a paz social*". É certo, no entanto, que irá existir uma incerteza acerca da legalidade da revista ou da busca – realizada nos termos do art. 174º nº 5 al. a) do CPP –, no espaço temporal que dista entre o momento da sua realização e o da respectiva apreciação. Poderão, até, vir a ser consideradas inválidas, após terem dado origem a outros meios de prova. Ainda assim, não serão afectadas as garantias de defesa do arguido (art. 32º nº 1 da CRP), já que, a acontecer, a invalidade da revista ou da busca comunicar-se-á à prova que delas dependeu, nos termos do art. 122º do CPP.[426]

Ainda a propósito da validação das revistas e das buscas pelo juiz de instrução, entendemos que ela não carece de ser efectivada de forma expressa e autónoma, sendo aceitável a validação tácita. Assim, *v.g.*, se for validada uma detenção e eventualmente fixada uma medida de coacção, sustentadas nos meios de prova obtidos por intermédio daquelas diligências, é inequívoca também a sua validação.[427]

[425] Neste sentido, o Acórdão do TC nº 192/2001, de 8 de Maio, proc. nº 517/2000, rel. Artur Maurício, *in www.tribunalconstitucional.pt/tc/acordaos*, acedido e consultado em 20 de Novembro de 2011.

[426] *Cfr.* o Acórdão do TC nº 192/2001, *sup. cit.*

[427] *Cfr.* Acórdão do TC nº 278/2007, de 2 de Maio, proc. nº 397/07, rel. Mário Torres, *in www.tribunalconstitucional.pt/tc/acordaos*. Também o Acórdão do STJ, de 15 de Dezembro de 1998, proc. 98P1081, rel. Martins Ramires, sumário *in www.dgsi.pt*; ambos acedidos e consultados em 25 de Novembro de 2011.

No que concerne ao prazo para a sua comunicação, contrariamente ao que sucede noutros ordenamentos jurídicos, como o italiano[428], o nosso CPP não estabelece um prazo máximo para a sua efectivação, referindo somente que esta deve ocorrer de forma imediata. Assim, se, no âmbito de uma revista ou de uma busca realizada nos termos do art. 174º nº 5 al. a) do CPP, houver arguidos detidos, é admissível a comunicação daquela diligência ao juiz de instrução dentro do prazo máximo para apresentação a primeiro interrogatório judicial, «*id est*», 48 horas (art. 28º nº 1 da CRP e art. 141º nº 1 do CPP). Sendo este um prazo razoável, estando em causa a privação da liberdade dos cidadãos, não se justificaria um prazo mais curto para a comunicação, só porque com a detenção foram também realizadas revistas e buscas.[429]

Outro dos casos em que os órgãos de polícia criminal poderão, de forma excepcional, proceder à realização de revistas ou de buscas

[428] Nos termos do estabelecido no art. 352 nº 4 do «*Códice di Procedura Penale*» (*in www.altalex.com*, acedido e consultado em 25 de Novembro de 2011), o "*ufficiale di polizia giudiziaria*", após a realização de uma busca sem prévia autorização da autoridade judiciária, deve comunicar a esta a diligência no prazo máximo de 48 horas, em ordem à sua validação no mesmo prazo.

[429] Neste sentido, o Acórdão do TC nº 274/2007, de 02 de Maio, proc. 360/2007, rel. Benjamim Rodrigues; bem como o nº 278/2007, do mesmo relator (ambos acedidos e consultados em *www.tribunalconstitucional.pt/tc/acordaos*, no dia 25 de Novembro de 2011). Da mesma opinião, o Acórdão do TC nº 285/2007 (de 8 de Maio de 2007, proc. 180/ /2007, rel. Carlos Oliveira, *in www.tribunalconstitucional.pt/tc/acordaos*, acedido e consultado em 25 de Novembro de 2011). Após referir que "*imediatamente*" significa "*de modo imediato, sem demora, urgentemente, o mais rapidamente possível*", conclui que "*a comunicação da efectivação da busca dentro do prazo de quarenta e oito horas não afecta o controlo judicial a posteriori que se teve por constitucionalmente devido*". Como já tivemos oportunidade de argumentar anteriormente, são limitados os casos em que estamos perante uma situação enquadrável no art. 174º nº 5 al. a) do CPP, e não em situação de flagrante delito, susceptível de detenção [art. 255º nº 1 al. a) do CPP], esta enquadrável no art. 174º nº 5 al. c) do CPP; não se exigindo, neste caso, a comunicação imediata da revista ou da busca à autoridade judiciária, podendo ocorrer concomitantemente à apresentação do(s) arguido(s) detido(s).

– ainda que sem ordem ou autorização prévias da autoridade judiciária competente –, encontra-se estabelecido na alínea b) do mesmo art. 174º nº 5 do CPP. Estamos perante situações em que os próprios visados autorizam antecipadamente aquelas diligências, de forma livre e esclarecida. Essa manifestação de vontade deve ficar documentada, por qualquer forma, de modo a conferir "*segurança na administração da justiça penal*", evitando incertezas sobre a sua prestação efectiva, "*natureza e âmbito*".[430-431]

Quando o legislador se reporta aos visados [art. 174º nº 5 al. b) do CPP], pretende abarcar todos os indivíduos que possam ter objectos relacionados com o crime ou susceptíveis de servir de prova (art. 174º nº 1 do CPP), podendo, muitas das vezes, não corresponder à pessoa que tem a disponibilidade do local onde irá incidir a busca (nos casos em que aqueles objectos "*se encontram em lugar reservado ou não livremente acessível ao público*", art. 174º nº 2 do CPP).

De forma breve, vejamos algumas questões pertinentes, relativas ao consentimento. Desde logo, uma delas prende-se com o facto de o visado pela revista ou pela busca, arguido em processo penal, ser "*cego, surdo, mudo, analfabeto, desconhecedor da língua portuguesa, menor de 21 anos,*

[430] *Cfr.* Acórdão do TRG, de 16 de Outubro de 2006, proc. 791/06-1, rel. Fernando Monterroso, *in www.dgsi.pt,* acedido e consultado em 25 de Novembro de 2011. Constatamos que o nosso CPP não exige especiais formalidades para o consentimento, bastando que ele seja anterior à realização da revista ou da busca e fique, de qualquer forma, documentado; podendo, até, ser prestado na forma verbal, desde que posteriormente se materialize em documento. Assim, os Acórdãos do TRL, de 13 de Janeiro de 2000, proc. 0070679, rel. Alberto Mendes; e de 29 de Janeiro de 2003, proc. 0210993, Marques Salgueiro, ambos *in www.dgsi.pt* (do primeiro, somente o respectivo sumário), acedidos e consultados em 27 de Novembro de 2011

[431] A propósito da prova por documento, veja-se o art. 164º nº 1 do CPP, onde é entendida como a "*declaração, sinal ou notação corporizada em escrito ou qualquer outro meio técnico, nos termos da lei penal*". Também a lei penal substantiva [art. 255º al. a) do CP] nos fornece uma noção de documento, consistindo numa "*declaração corporizada em escrito, ou registada em disco, fita gravada ou qualquer outro meio técnico (...), idónea para provar facto juridicamente relevante*".

ou se suscitar a questão da sua inimputabilidade ou da sua imputabilidade diminuída" [art. 64º nº 1 al. d) do CPP]. Neste caso, não obstante a obrigação de se sujeitar àquelas diligências probatórias [art. 61º nº 3 al. d) do CPP] – e porque a revista ou busca, efectuada nos termos da referida alínea b) do nº 5 do art. 174º, constitui acto processual[432] –, é obrigatória a assistência de defensor [sob pena de nulidade insanável, art. 119º al. c) do CPP][433], de modo a suprir as capacidades diminuídas do arguido, devendo, nesse caso, ficar também documentada a sua anuência.

Sendo o visado um suspeito ainda não constituído arguido, tem direito, perante a suspeita da prática de crime, materializada pela revista ou pela busca, a assumir aquela qualidade a seu pedido (art. 59º nº 2 do CPP)[434], devendo, a partir desse momento, ser-lhe "*assegurado o exercício de direitos e de deveres processuais*" (art. 60º do CPP), mesmo no âmbito de diligências probatórias.

Mesmo não exercendo esse seu direito de ser constituído como arguido, entendemos que o facto de o suspeito (cego, analfabeto, desconhecedor da língua portuguesa, menor de 21 anos ou que indicie inimputabilidade ou imputabilidade diminuída) consentir a realização

[432] *Cfr.*, «*supra*», a nossa subsecção 2.2.1, referente à natureza das medidas de polícia e sua inclusão nos actos processuais [posição defendida por DAMIÃO DA CUNHA (1993), pág. 143; contrariamente ao que defende PAULO DÁ MESQUITA (2003), págs. 130 e sgts.].

[433] Com diferente entendimento o TRC, considerando que a realização de uma busca, sendo o visado desconhecedor da língua portuguesa, "*sem a presença de defensor integra uma simples nulidade sanável sujeita ao regime do artigo 120º, nº 3, que não uma nulidade insanável submetida ao regime do antecedente artigo 119º, alínea c)*". «*Vide*» Acórdão de 06 de Dezembro de 2006, proc. 264/06.6JELSB-A.C1, rel. BRÍZIDA MARTINS, *in www.dgsi.pt*, acedido e consultado em 27 de Novembro de 2011.

[434] Através desta sua manifestação de vontade, o suspeito, como tal definido no art. 1º al. e) do CPP, torna-se num sujeito processual, sendo, a partir desse momento, titular de direitos e correlativos deveres, integradores do seu estatuto (art. 61º do CPP). Entre esses direitos (do arguido): o "*de ser assistido por defensor em todos os actos processuais em que participar e, quando detido, comunicar, mesmo em privado, com ele*" [art. 61º nº 1 al. f) do CPP].

daquelas diligências probatórias (susceptíveis de integrar o processo) não dispensa a nomeação de defensor, sob pena de nulidade daquela diligência processual e, consequentemente, do meio de prova através dela obtido (art. 122º nº 1 do CPP).

Sendo o consentimento, em regra, prestado através de documento escrito, ao qual o visado apõe a sua assinatura, deve este ler e compreender o significado daquela aposição, devendo, pois, a sua vontade, resultar de um processo de formação livre e esclarecida.[435-436] Face àquelas fragilidades, ainda que o visado não exerça o direito de ser constituído arguido (art. 59º nº 2 do CPP), entendemos que deverá ser, ainda aqui, aplicável o art. 64º nº 1 al. d) do CPP, norma destinada a proteger os arguidos particularmente débeis.

No caso de o visado ser desconhecedor da língua portuguesa, surdo, deficiente auditivo ou mudo, deve ser-lhe nomeado ainda um intérprete idóneo (arts. 92º nº 2 e 93º do CPP), sob pena de nulidade [art. 120º nº 2 al. c) do CPP]. Nunca poderá o consentimento do visado, desconhecedor da língua portuguesa, ser prestado na sua língua materna, por violação do art. 92º nº 1 do CPP (obrigatoriedade de os actos serem praticados na língua portuguesa).[437]

[435] Do elenco: "*cego, surdo, mudo, analfabeto, desconhecedor da língua portuguesa, menor de 21 anos (...) inimputabilidade ou (...) imputabilidade diminuída*", previsto no art. 64º nº 1 al. d) do CPP, excluímos, propositadamente, o facto de o visado ser surdo ou mudo, já que são circunstâncias que não o impedem de apreender o sentido e o alcance da declaração que irá ler (ou escrever) e subscrever.

[436] Se os órgãos de polícia criminal, perante um visado analfabeto, materializam o seu consentimento em documento, apondo a sua impressão digital juntamente com a expressão: "*a buscada, apesar de não saber assinar, percebeu e vai apor a sua impressão digital do dedo indicador direito em consentimento da busca*"; isso não prova que ele tenha entendido o sentido e o alcance daquela aposição, sendo inválido o consentimento assim obtido. *Cfr.* Acórdão do TRL, de 22 de Outubro de 2008, proc. 6945/2008-3, rel. Carlos Almeida. Também o Acórdão do TRC, de 14 de Janeiro de 2009, proc. 275/08.7GBVNO-A.C1, rel. Vasques Osório (ambos acedidos e consultados em *www.dgsi.pt*, no dia 28 de Novembro de 2011).

[437] *Cfr.* Acórdão do TRC, de 06 de Dezembro de 2006, proc. 264/06.6JELSB-A.C1, rel. Brízida Martins, *in www.dgsi.pt*, acedido e consultado em 28 de Novembro de 2011.

A análise anterior permite-nos concluir que o consentimento expresso do visado legitima sempre a realização das revistas e buscas pelos órgãos de polícia criminal, independentemente da hora e mesmo que se trate de buscas em domicílios, como veremos «*infra*». Mas, será que uma vez prestado o consentimento, de forma livre, esclarecida e documentada, ele valerá até à realização profícua da diligência, ou será que, motivado pelo arrependimento (natural ou induzido por terceiro), poderá o visado revogá-lo durante a sua execução?

Partindo da lei penal substantiva, constatamos que o consentimento, nos termos do art. 38º nº 4 do CP, "*pode ser livremente revogado até à execução do facto*". De acordo com o preceito, após iniciada a revista ou a busca, o consentimento prestado não poderia mais ser revogado. Mas, o consentimento do art. 38º nº 4 do CP é um consentimento justificante de um comportamento típico. Pode, no entanto, o consentimento, ser ele próprio um elemento do tipo. Assim, *v.g.*, encontra-se afastada do tipo de crime de violação de domicílio, a conduta de quem se introduz em habitação alheia com o respectivo consentimento de quem dispõe daquele espaço (art. 190º nº 1 do CP).[438] Observando o art. 190º nº 1 do CP, verificamos que, ainda que exista consentimento, ele pode ser revogado, sendo típica a conduta de quem, após intimado a retirar-se do domicílio, nele permanecer.

Analisando a norma contida no art. 174º nº 5 al. b) do CPP, podemos concluir que, contrariamente ao que sucede com a alínea a) do mesmo nº 5, por força do seu nº 6, o legislador não impõe – no caso de revistas e de buscas efectuadas sem ordem ou autorização da autoridade judiciária competente, mas com o consentimento do visado –, a sua imediata comunicação àquela entidade. Primeiro, porque, havendo consentimento do visado, não existe qualquer violação de direitos fun-

[438] O consentimento afasta ainda a tipicidade (estão em causa bens jurídicos disponíveis), «*inter alia*»: do art. 149º nº 1 (ofensas à integridade física, com as limitações constantes no nº 2), art. 191º (introdução em local vedado ao público), art. 192º nº 1 (devassa da vida privada), art. 194º nº 1 (violação de correspondência ou de telecomunicações) e do art. 199º nº 1 (gravações e fotografias ilícitas), todos do CP.

damentais dos cidadãos (*v.g.*, reserva da intimidade da vida privada ou do domicílio), por parte dos órgãos de polícia criminal, «*volenti non fit injuria*»; segundo, porque os pressupostos previstos na alínea a) do art. 174º nº 5 do CPP exigem um controlo muito mais apertado do que o mero consentimento do visado, por qualquer forma documentado [art. 174º nº 5 al. b) do CPP].

Face ao exposto, se o consentimento do visado afasta, do tipo legal de crime, a conduta do órgão de polícia criminal que procede à revista ou à busca – tornando-se desnecessário um controlo imediato por parte da autoridade judiciária competente –, a revogação desse consentimento tornará novamente típica a conduta, logo, ilegítima a sua actuação ao abrigo daquele art. 174º nº 5 al. b) do CPP, por frustração do pressuposto que a legitimou.[439]

[439] Imagine-se, por exemplo, que existem indícios de que determinado indivíduo trafica droga e que possui, no interior da sua residência, uma certa quantidade daquele produto. Aquele traficante, convencido de que a droga se encontrava em local seguro no seu domicílio, autoriza a realização de uma busca àquele local [art. 174º nº 5 al. b), «*ex vi*» art. 177º nº 3 al. a) do CPP; ou, no período nocturno, art. 177º nº 2 al. b), «*ex vi*» art. 177º nº 3 al. b) do CPP]. A conduta do órgão de polícia criminal que procede à busca encontra-se, pois, com aquele consentimento, excluída do tipo de crime do art. 190º nº 1 do CPP (violação de domicílio ou perturbação da vida privada). Imagine-se, no entanto, que aquele órgão de polícia criminal, através da sua vasta experiência, consegue aproximar a busca do local que o traficante julgava seguro como esconderijo. Este, apercebendo-se que a continuidade da diligência probatória poderia conduzir à descoberta da droga, "*intima*" aqueles agentes policiais a retirarem-se do seu domicílio. A permanência dos órgãos de polícia criminal no domicílio, após aquela intimação, torna a sua conduta típica (art. 190º nº 1, 2ª parte, do CP, agravada pelo seu art. 378º); logo, frustrados, no âmbito processual penal, os fundamentos que legitimaram a busca, a saber, o consentimento do visado. Só poderia aquela busca prosseguir se, antes de revogado o consentimento, se verificasse, de dia, alguma das restantes situações contempladas no art. 174º nº 5 als. a) e c) e nº 6, «*ex vi*» art. 177º nº 3 al. a) do CPP; ou, de noite, a situação contemplada na alínea c) do art. 177º nº 2, «*ex vi*» art. 177º nº 3 al. b) do CPP. Estas possibilidades serão melhor explicitadas no capítulo seguinte, afecto às buscas domiciliárias. Poderia, claro está, essa busca ser realizada com a devida ordem ou autorização do juiz, nos termos do art. 177º nºs 1 e 2 do CPP.

No que concerne à prova obtida, a revogação do consentimento terá somente uma eficácia «*ex nunc*», operando desde o momento da manifestação daquela vontade pelo visado, sendo válida, no entanto, a prova obtida até então. Relativamente à prova obtida após a revogação do consentimento, será nula, "*não podendo ser utilizada*", nos termos do arts. 26º nº 1, 32º nº 8 e 34º da CRP e art. 126º nº 3 do CPP.

O consentimento é, ainda, um requisito fundamental para a realização de uma revista pessoal – pelos órgãos de polícia criminal –, noutros diplomas legais, «*et alii*», no regime jurídico do tráfico e consumo de estupefacientes e substâncias psicotrópicas.[440] Assim, havendo indícios de que alguém oculta ou transporta, no seu corpo, estupefacientes ou substâncias psicotrópicas, pode ser ordenada revista, desde que o visado nisso consinta, ou, na falta de consentimento, com "*prévia autorização da autoridade judiciária competente*" (art. 53º nºs 1 e 3 do Decreto-Lei nº 15/93, de 22 de Janeiro). Fora das exigências estabelecidas neste diploma legal, poderão, ainda, os órgãos de polícia criminal, lançar mão dos mecanismos processuais referidos ao longo do nosso estudo.

Os órgãos de polícia criminal podem também efectuar revistas e buscas – sem ordem ou autorização da autoridade judiciária competente – nos casos em que procedam a uma detenção em flagrante delito [art. 174º nº 5 al. c) do CPP], «*id est*», quando o crime está ou acabou de ser cometido, ou ainda, quando o seu autor é, "*logo após o crime, perseguido por qualquer pessoa ou encontrado com objectos ou sinais que mostrem claramente que acabou de o cometer ou nele participar*" (art. 256º nºs 1 e 2 do CPP).[441]

[440] Decreto-Lei nº 15/93, de 22 de Janeiro, alterado pela Declaração de rectificação nº 20//93, publicada no Diário da República nº 43, Série-A, de 20 de Fevereiro.

[441] O estado de flagrante delito, caso estejamos perante um crime permanente ou duradouro (cuja consumação se prolonga no tempo, por vontade do agente, *v.g.*, crime de sequestro, art. 158º do CP, e crime de violação de domicílio, art. 190º nº 1 do CP), só persiste "*enquanto se mantiverem sinais que mostrem claramente que o crime está a ser cometido e o agente está nele a participar*" (art. 256º nº 3 do CPP).

É compreensível a faculdade de proceder à realização de revistas e buscas após a detenção de alguém em flagrante delito, ainda que sem ordem ou autorização das autoridades judiciárias, dada a urgência da recolha de objectos susceptíveis de constituir prova de factos jurídicos penalmente relevantes a si imputados.[442]

Também será compreensível que não se exija a comunicação imediata daquelas diligências a quem as poderia ordenar ou autorizar, já que essa comunicação (com todo o contexto que esteve na sua origem e materialização) irá ser efectuada, em expediente próprio, aquando da apresentação do detido – a julgamento sob a forma sumária ou ao juiz competente para primeiro interrogatório judicial –, num prazo que não deverá exceder as 48 horas [art. 28º nº 1 da CRP e art. 254º nº 1 al. a) do CPP]. Como já referido supra, não faria muito sentido que se pudesse alongar a privação da liberdade dos cidadãos até às 48 horas (prazo máximo para a sua submissão a apreciação judicial), impondo-se um prazo mais curto para comunicar uma restrição menos grave dos seus direitos.

4.5.5.1. Buscas Domiciliárias

O domicílio, na esteira dos professores Gomes Canotilho e Vital Moreira, representa uma "*projecção espacial da própria pessoa*", assumindo-se o direito à inviolabilidade do domicílio (art. 34º da CRP) como um direito à afirmação da sua própria dignidade.[443]

Assim sendo, a todas as pessoas é reconhecido o direito "*à reserva da intimidade da vida privada e familiar*" (art. 26º nº 1 da CRP) e à inviolabi-

[442] Tendo os órgãos de polícia criminal tido conhecimento, via rádio, de que tinha ocorrido, momentos antes, um furto de uma mochila do interior de uma viatura, e ao abordar um indivíduo possuidor de um objecto do género do furtado, este confessa que a furtou momentos antes, indicando o local da prática do ilícito, encontra-se reputado o flagrante delito (presumido, art. 256º nº 2, 2ª parte, do CPP), logo, válida a revista efectuada, face ao teor do art. 174º nº 5 al. c) do CPP. *Cfr.* o Acórdão do TRC, de 16 de Março de 2011, proc. 3082/09.6PCCBR.C1, rel. Paulo Guerra, *in www.dgsi.pt*, acedido e consultado em 02 de Dezembro de 2011.

[443] «*Vide*» Gomes Canotilho e Vital Moreira (2007), em anotação ao art. 34º da CRP.

lidade do seu domicílio (art. 34º nº 1 da CRP).[444] Como tal, serão nulas as provas obtidas em violação desses direitos fundamentais, desde que, obviamente, se trate de uma intromissão abusiva na vida privada ou no domicílio (art. 32º nº 8 da CRP). A vontade dos cidadãos assume-se como requisito essencial para a entrada no local onde habitam, salvo quando ordenada pela autoridade judiciária competente, nos casos e segundo as formas previstos na lei (art. 34º nºs 2 e 3 da CRP e art. 126º nº 3 do CPP).[445]

Em sentido constitucional, quando nos referimos ao domicílio, referimo-nos ao local onde se habita, seja ou não de forma habitual. Serão assim considerados, para além da residência habitual (ainda que precária, *v.g.*, uma tenda ou um automóvel)[446], incluindo as suas dependências fechadas (*v.g.*, a cave, a garagem), também a residência casual (*v.g.*, um quarto de hotel).[447]

[444] Estes direitos encontram-se ainda consagrados no art. 12º da DUDH, no art. 8º da CEDH, bem como no art. 17º do PIDCP.

[445] Fora destes casos, a entrada no domicílio de alguém, sem o seu consentimento, constitui crime *p.e p.* pelo art. 190º nº 1 do CP; agravado quando praticado, *v.g.*, por um elemento policial, abusando dos poderes inerentes às suas funções (art. 378º do CP).

[446] Sobre as "*habitações móveis*", *v.g.*, uma caravana ou mesmo um mero automóvel, enquanto local afecto à vida íntima de determinado indivíduo, «*vide*» a sua consagração expressa no art. 204º nº 2 al. e) do CP, afecto ao furto qualificado: "*Penetrando em habitação, ainda que móvel (...)*". A este propósito, consultar o Acórdão do TC, nº 452/89, de 28 de Junho de 1989, proc. nº 15/87, rel. Raul Mateus, *in www.tribunalconstitucional.pt/tc/acordaos*, acedido e consultado em 02 de Dezembro de 2011. Nele foi discutida a extensão do princípio da inviolabilidade do domicílio às caravanas dos nómadas (no caso concreto ciganos). Decidiu aquele aresto que, ainda que não se encontre ninguém no seu interior, aquelas caravanas constituem a habitação dos nómadas que as conduzem ou rebocam, não podendo deixar de ser tuteladas pelo art. 34º da CRP.

[447] A busca feita ao quarto "*onde ultimamente o arguido tem pernoitado*" necessita do seu consentimento, não se bastando com o consentimento do dono da casa, seu familiar. «*Vide*» Acórdão do TRE, de 17 de Setembro de 2009, proc. 549/08.7PBBJA-A.E1, rel. Martinho Cardoso, *in www.dgsi.pt*, acedido e consultado em 02 de Dezembro de 2011. Já não será de considerar como busca domiciliária a busca realizada num quarto anexo a uma discoteca, onde habitualmente se praticam actos sexuais remunerados, já que, "*a natureza íntima*

O nosso modesto entendimento propende no sentido de que, para efeitos do art. 177º do CPP, a noção de domicílio não deverá ser interpretada de forma tão extensiva como o fazem alguns autores, a propósito do art. 34º da CRP, de modo a abranger os locais de trabalho e a sede das pessoas colectivas.[448] Entendemos que a locução "*busca domiciliária*" está intimamente ligada à inviolabilidade do espaço físico, fechado e vedado a estranhos, "*onde recatada e livremente se desenvolve toda uma série de condutas e procedimentos característicos da vida privada e familiar, ou seja, um núcleo restrito sob o signo da intimidade, de protecção da vida privada, da liberdade e da segurança individual, onde se desenrola a vivência essencial, no aspecto existencial, da pessoa*", limitado pelo próprio legislador à "*casa habitada*" ou sua "*dependência fechada*" (art. 177º nº 1 do CPP), não incluindo, o preceito, os simples lugares reservados ou não livremente acessíveis ao público, onde se não exerçam aquelas actividades e vivências.[449-450]

Tendo em consideração o exposto, podemos definir o domicílio como "*a habitação humana*", caracterizada pelo "*espaço fechado e vedado a*

ou privada dos actos praticados em certo local (nomeadamente os actos de natureza sexual, que são aqueles que o recorrente referencia) não implica a qualificação do local em causa como domicílio". *Cfr.* o Acórdão do TC, nº 364/2006, de 08 de Junho, proc. 289/06, rel. Maria Helena Brito, *in www.tribunalconstitucional.pt/tc/acordaos*, acedido e consultado em 02 de Dezembro de 2011.

[448] Entre esses autores, Gomes Canotilho e Vital Moreira (2007), em anotação ao art. 34º da CRP. Em modo de curiosidade é de referir que o Código Civil, no art. 82º, prevê o "*domicílio voluntário geral*", abrangendo a residência habitual e ocasional, bem como o "*domicílio profissional*" (art. 83º do CC).

[449] Neste sentido, «*inter alia*», o Acórdão do STJ, de 20 de Setembro de 2006, proc. 06P2321, rel. Armindo Monteiro, bem como do TRP, de 02 de Maio de 2001, proc. 0041482, rel. Conceição Gomes, ambos em *www.dgsi.pt*, acedidos e consultados em 04 de Dezembro de 2011.

[450] Na esteira de António Francisco de Sousa (2011, Jan/Mar), págs. 226/227 e 240/241, também somos tentados a considerar que, do mesmo modo, gozam do princípio da inviolabilidade do domicílio, "*os moradores em barracas ilegalmente construídas*" ou em "*prédios ilegalmente ocupados*" e até mesmo "*o arrendatário que já foi legitimamente despedido pelo senhorio ou pelo tribunal (...) enquanto não abandona a habitação*".

estranhos, onde, recatadamente e livremente, se desenvolve toda uma série de condutas e procedimentos característicos da vida privada e familiar".[451]

A inviolabilidade do domicílio, enquanto direito fundamental (art. 34º da CRP), assegura a todos os cidadãos a afirmação da sua dignidade e livre desenvolvimento, encontrando-se, aquele direito, na livre disponibilidade do seu titular.[452] Deste modo, a vontade dos cidadãos é determinante para ditar a entrada no seu domicílio. Não obstante esta autonomia da vontade por parte do titular do direito, ela não lhe confere o estatuto de direito absoluto. Pode, aquele direito à inviolabilidade do domicílio, admitir excepções à regra do consentimento, em função da protecção de outros bens jurídicos, quer individuais quer colectivos. Esta limitação tem como fundamento o facto de o Homem, destinado a viver em sociedade, ter para com os seus pares um dever fundamental de solidariedade, estando, por isso, obrigado a "*respeitar as restrições e as compressões indispensáveis à acomodação dos direitos dos outros e à realização dos valores comunitários, ordenados à felicidade de todos (...)*".[453]

No que concerne às buscas no domicílio, necessitam, em regra, de ordem ou autorização do juiz, sob pena da sua nulidade, art. 177º nº 1 do CPP (nulidade do art. 126º nº 3 do CPP), devendo, de um modo geral, ser efectuadas entre as 7 e as 21 horas (diferente das restantes que poderão ser levadas a cabo a qualquer hora). Este espaço temporal que medeia entre as 7 e as 21 horas, admissível para a realização de uma busca domiciliária, decorre do art. 34º nº 3 da CRP. Estabelece este pre-

[451] Definição fornecida pelo Acórdão do TC, nº 452/89, de 28 de Junho, proc. 15/87, rel. Raul Mateus, *in www.tribunalconstitucional.pt/tc/acordaos*, acedido e consultado em 04 de Dezembro de 2011.

[452] Neste sentido o Acórdão do «Bundesverfassunsgericht» (BverfGE), de 04 de Março de 2004, referido no Acórdão do TC, nº 274/2007, de 02 de Maio de 2007, proc. 360/2007, rel. Benjamim Rodrigues (*in* DR, 2ª Série, nº 115, de 18 de Junho de 2007, pág. 16826), acedido e consultado em *www.bundesvefassungsgericht.de/entscheidungen/rs20040303–1bvr 237898.html*, no dia 04 de Dezembro de 2011.

[453] Assim, o professor Vieira de Andrade, «*apud*» Acórdão do TC, nº 274/2007, *sup. cit.*

ceito que ninguém poderá entrar "*durante a noite no domicílio de qualquer pessoa sem o seu consentimento*", salvo nos casos aí previstos. No que concerne ao sentido e alcance do termo noite, adoptado naquele preceito constitucional, face ao período mencionado do CPP, não poderá coincidir "*com a totalidade do período de ausência da luminosidade solar*", correspondendo antes ao "*período de descanso*" ou de "*recolhimento*" da maioria dos cidadãos nacionais.[454]

Esta exigência legal da intervenção do juiz, prévia ou posterior à realização das buscas domiciliárias, assume uma "*dimensão exclusivamente garantística e não de valoração de provas*". Destina-se a sua intervenção ao controlo da legalidade das buscas, garantindo o direito à inviolabilidade do domicílio, por parte dos cidadãos por elas visados. Visa o legislador, com esta intervenção judicial, "*assegurar a garantia de um controlo preventivo através de uma instância independente e neutral que leve também em adequada consideração os interesses do titular do direito fundamental restringido pela medida*", que não teve oportunidade de se pronunciar antes da sua realização.[455]

O legislador equipara, para efeitos de busca domiciliária (art. 177º nº 1 do CPP), quer a casa habitada, quer as suas dependências fechadas, estas com a mesma protecção dispensada àquelas, «*acessorium principale sequitur*». A tarefa de caracterização de determinado espaço como "*dependência fechada*" e respectiva equiparação ao regime da inviolabilidade do domicílio terá de ser efectuada caso a caso, tendo em consideração o seu fim (protecção da liberdade e da segurança pessoais) e a permanência humana.[456]

[454] «*Hoc sensu*», M. Marques Ferreira (1989), pág. 266.

[455] «*Vide*» Acórdão do TC, nº 114/95, de 23 de Fevereiro de 1995, proc. 360/94, rel. Tavares da Costa, *in www.tribunalconstitucional.pt/tc/acordaos*, acedido e consultado em 04 de Dezembro de 2011.

[456] Não é considerada dependência fechada de casa habitada, a garagem de um prédio constituído em propriedade horizontal, onde têm acesso todos os condóminos (Acórdão do TC, nº 67/97, de 4 de Fevereiro de 1997, proc. 602/96, rel. Tavares da Costa, *in www.tribunalconstitucional.pt/tc/acordaos*, acedido e consultado em 04 de Dezembro de

4.5.5.1.1. Buscas "*Online*"

Temos, ao longo da presente subsecção, vindo a referir-nos à busca domiciliária como meio de obtenção de prova susceptível de restringir direitos fundamentais, entre eles, o direito à inviolabilidade do domicílio (art. 34º da CRP). Quando nos referimos às buscas domiciliárias, reportamo-nos àquelas que são perpetradas pelos órgãos de polícia criminal através de uma entrada (e permanência) "*física e corpórea*", excluindo-se as denominadas "*buscas online*", realizadas por intermédio dos sistemas informáticos.

Sem entrarmos em grandes pormenores, por transcender o objecto do nosso estudo, podemos caracterizar as "*buscas online*" como um método oculto de investigação, que consiste na adopção, por parte da polícia, de técnicas habitualmente usadas pelos "*hackers*", permitindo-lhes aceder a determinado sistema informático, através da internet, sem que o seu titular disso se aperceba. Através dessa intromissão oculta, conseguem aceder a toda a informação contida naquele computador, podendo copiar aquela que interessa como meio de prova no processo.

Não obstante esta intromissão, a doutrina e a jurisprudência têm entendido que as "*buscas online*" não representam uma violação do domicílio – "*enquanto ultrapassagem da fronteira física do último refúgio*" –, nem, tampouco, violação do sigilo das telecomunicações. Face a este entendimento, o «*Bundesverfassungsgericht*» (Tribunal Constitucional Federal alemão) sugeriu a institucionalização de um novo direito fundamental, sob o nome de "*integridade e confidencialidade dos sistemas informáticos*".[457]

2011). Já o será, no entanto, a garagem fechada, "*dependente da casa, local ocupante de uma relação de complementaridade com aquela (...), arrendada conjuntamente com o apartamento pelo arguido – concorrendo ambas para a realização dos fins próprios do domicílio*". *Cfr.* Acórdão do STJ, de 20 de Setembro de 2006, proc. 06P2321, rel. ARMINDO MONTEIRO, *in www.dgsi.pt*, acedido e consultado em 04 de Dezembro de 2011.

[457] *Cfr.* COSTA ANDRADE (2009), pág. 168.

Assumindo-se o computador, hodiernamente, como um repositório de informação, susceptível de revelar hábitos, gostos, ambições, orientação sexual, etc, a busca realizada naqueles termos colide inevitavelmente com direitos fundamentais, entre eles o direito à reserva da intimidade da vida privada. Embora as "*buscas online*" não tenham grande acolhimento ao nível do direito comparado, dada a sua inegável eficácia enquanto meio técnico de investigação, não é de desconsiderar, futuramente, a sua adopção no ordenamento jurídico nacional, desde que a medida seja delimitada por rigorosos critérios de proporcionalidade. Neste sentido, entendemos que ela se adequaria à criminalidade mais grave, designadamente, às condutas integradoras das noções de terrorismo, criminalidade violenta ou altamente organizada, desde que previamente ordenada ou autorizada pelo juiz de instrução.[458]

4.5.5.2. Entrada no Domicílio

Analisadas as buscas domiciliárias, cuja finalidade consiste na procura de objectos relacionados com o crime e susceptíveis de servir de prova, ou de pessoa que deva ser detida, importa-nos doravante distinguir, ainda que a lei o não faça, os casos em que as entidades policiais entram no domicílio de alguém, restringindo também o princípio da inviolabilidade do domicílio, não com aquelas finalidades probatórias, mas com o intuito de conhecer ou constatar factos.[459]

Já anteriormente referimos que o domicílio é inviolável (art. 34º nº 1 da CRP), estando, a entrada nesse local, dependente da vontade do seu titular, salvo se ordenada pela autoridade judicial competente, "*nos casos e segundo as formas previstos na lei*" (nº 2 do art. 34º da CRP). Esta norma não tutela, no entanto, as entradas no domicílio de cariz

[458] *Cfr.*, no mesmo sentido, o professor Costa Andrade (2009), págs. 168/169. Não se ignoram, contudo, os autores, *e.g.*, David Ramalho (2014), pág. 123 e sgts, que consideram que tal meio de obtenção de prova (a denominada "*busca online*") já se encontra consagrado no art. 19º nº 2 da Lei do Cibercrime (Lei nº 109/2009, de 15 de Setembro), para ser utilizado no contexto de acções encobertas em ambiente digital.

[459] Quando nos referimos, aqui, à entrada, reportamo-nos a uma introdução corporal ou física, ainda que parcial. Excluem-se, *v.g.*, as entradas através dos sistemas informáticos.

policial, especialmente vocacionadas para a prevenção e afastamento de perigos para bens jurídicos fundamentais, ainda que sem origem criminosa e sem teor investigatório. À noite, essa entrada é mesmo excluída da enumeração taxativa prevista no art. 34º nº 3 da CRP, sendo admissível, ainda que sem o consentimento do seu titular, somente nos casos de "*flagrante delito ou mediante autorização judicial em casos de criminalidade especialmente violenta ou altamente organizada, incluindo o terrorismo e o tráfico de pessoas, de armas e de estupefacientes*".[460-461]

Muitas vezes, no quotidiano policial, os profissionais são chamados a determinados locais, mesmo durante a noite, por suspeita de perigo para bens jurídicos no interior de domicílios. No entanto, face à falta de evidências (ausência, *v.g.*, de cheiros ou ruídos), e perante a ameaça penal da "*violação de domicílio*" (art. 190º nº 1 do CP) – agravada pela qualidade de "*funcionário*" (arts. 378º e 386º do CP) –, bem como do crime de dano, normalmente resultante da entrada coactiva (art. 212º nº 1 do CP), os agentes policiais optam por não proceder ao arromba-

[460] Diferentemente dispunha o Alvará de 25 de Dezembro de 1801, ao possibilitar as entradas quer diurnas quer nocturnas em casa de qualquer cidadão, nos casos de incêndio ou de inundação. *In* MASCARENHAS BARRETO (1979), pág. 120. Mais tarde, a própria Carta Constitucional de 1826, no seu art. 145º § 6º, viria a consagrar – como excepção à inviolabilidade do domicílio –, de noite, além dos casos de incêndio, de inundação ou de consentimento do seu titular, também a "*reclamação feita de dentro*". De dia, a entrada no domicílio só estaria legitimada "*nos casos, e pela maneira que a lei*" determinasse.

[461] A propósito das entradas no domicílio, o Tribunal Constitucional, no seu Acórdão nº 221/89, entendeu que era inconstitucional o Decreto-Lei nº 465/85, de 5 de Novembro, na medida em que possibilitava a entrada dos agentes de autoridade policial, "*por qualquer meio adequado*", numa residência, a fim de desligar sistema de alarme, após o seu proprietário ou possuidor não o ter feito em prazo razoável (art. 6º), ficando estes últimos responsáveis pelas despesas advenientes daquela intervenção (arts. 7º e 8º). Entendeu aquele Tribunal que, ainda que o seu proprietário tivesse emitido previamente uma declaração de autorização naquele sentido, essa seria uma "*renúncia forçada*", violadora do direito à inviolabilidade do domicílio, estabelecido no art. 34º nº 1 da CRP, bem como do direito à intimidade pessoal, art. 26º nº 1 do mesmo diploma constitucional. «*Vide*» Acórdão de 22 de Fevereiro de 1989, proc. 91/86, rel. MÁRIO DE BRITO, *in www.tribunalconstitucional.pt/tc/acordaos*, acedido e consultado em 06 de Dezembro de 2011.

mento, de modo a acautelar um processo criminal e/ou disciplinar, resultando um prejuízo irremediável para bens jurídicos fundamentais de terceiros, com reflexo na própria comunidade.[462]

Entendemos que a entrada no domicílio, por parte dos órgãos de polícia criminal, deve ocorrer somente após ordem ou autorização do juiz, salvo nos casos em que a própria lei admita a excepção, ou, ainda que a lei não o preveja, sempre que a sua actuação se situe no âmbito da cláusula geral de polícia, tendo como finalidade "*a prevenção de um perigo actual e relevante para a colectividade*" ou "*a prevenção de um perigo relevante para a vida ou a integridade física de pessoas em concreto*".[463]

Tal actuação, por parte dos órgãos de polícia criminal – à margem de habilitação legal expressa e sem ordem ou autorização prévia do juiz –, encontra justificação nas consequências negativas para bens jurídicos fundamentais, sejam individuais e concretos (*v.g.*, pessoas em risco), ou supra individuais (*v.g.*, um incêndio ou uma inundação num prédio), que adviriam no caso de uma resposta não imediata face a um perigo actual.[464]

[462] Este acautelamento por parte das entidades policiais, desencadeado pela falta de evidências, origina situações como a noticiada no dia 08 de Fevereiro de 2011, em que foram encontrados restos mortais de uma idosa, no seu domicílio, em Rinchoa, concelho de Sintra, que havia falecido em 2002. Mais tarde, no dia 11 de Fevereiro, viria a ser encontrado, no concelho de Cantanhede, outro idoso, morto na sua residência há cerca de 3 meses. Fonte "*Diário de Notícias*", *in www.dn.pt*, acedido e consultado em 07 de Dezembro de 2011.

[463] Neste sentido, António Francisco de Sousa (2011, Jan/Mar), pág. 232.

[464] Não obstante colidir com a previsão normativa do art. 34º nº 3 da CRP, encontra-se legitimada a conduta dos agentes policiais que se introduzem em domicílio alheio, mesmo durante o período nocturno, sem o consentimento do seu titular, com o intuito de procurar e desmantelar um engenho explosivo, que alguém, através de telemóvel, ameaçou fazer explodir. Também estará legitimada uma entrada forçada no domicílio, no caso de risco de desmoronamento, ou de perigo para a saúde ou segurança das pessoas, nos termos previstos na lei para o estado de necessidade [arts. 89º nºs 2 e 3 e 90º nºs 1 e 8 do Regime Jurídico da Urbanização e Edificação (RJUE) – aprovado pelo Decreto-Lei nº 555/99, de 16 Dezembro]. Tal risco ou perigo é determinante para a preterição da vistoria prévia, prevista no art. 90º nº 1 do mesmo RJUE.

Esta actuação das entidades policiais, embora enquadrável num tipo legal de crime (*v.g.*, violação de domicílio por funcionário, art. 378º do CP), beneficia do instituto do estado de necessidade justificante, se, no âmbito da teoria da ponderação dos interesses, o interesse salvaguardado se mostrar sensivelmente superior à violação do domicílio, da reserva da vida privada, ou da propriedade (nos casos em que existam danos), e se encontrem verificados os demais requisitos previstos no art. 34 do CP. Tendo em consideração essa ponderação de interesses – e fazendo um "*juízo de prognose póstuma*" –, sempre seria de supor que o titular do interesse sacrificado, se conhecesse a situação concreta de perigo, teria consentido aquele sacrifício. Por via deste consentimento presumido ou hipotético, estaria, mais uma vez, excluída a ilicitude da conduta dos agentes policiais.

Nos casos em que, face a um perigo actual, o interesse salvaguardado seja inferior ao interesse sacrificado (violação de domicílio, da reserva da vida privada, ou da propriedade)[465], mas, em tais circunstâncias concretas não fosse razoável exigir aos agentes policiais uma conduta diferente, poderá, a pena resultante do tipo legal de crime integrador da sua conduta, ser especialmente atenuada, ou excepcionalmente dispensada (art. 35º nº 2 do CP).[466]

4.5.5.3. Buscas Domiciliárias de Natureza Excepcional

Vimos «*supra*», no quadro constitucional, que a inviolabilidade do domicílio obriga a que a entrada neste local esteja dependente de uma manifestação de vontade nesse sentido, por parte dos seus residentes (art. 34º nº 2 da CRP). Na falta de consentimento, qualquer entrada deve ser autorizada ou ordenada pela autoridade judiciária competente,

[465] Exclui-se aqui o estado de necessidade desculpante (art. 35º nº 1 do CP), já que os interesses, vida, integridade física, honra e liberdade, são superiores àqueles interesses sacrificados. Sendo superiores, e desde que cumpridos os demais requisitos do art. 34º do CP, o facto não é ilícito, logo também não será culposo, daí não operar uma causa de exclusão da culpa.

[466] A propósito da atenuação especial da pena e sua dispensa, *cfr.* arts. 72º a 74º do CP.

desde que essa possibilidade esteja antevista na lei e perfilhe a forma legal (art. 34º nºs 1 e 2 da CRP). De noite, a entrada no domicílio somente poderá ocorrer após o consentimento do titular do direito à sua inviolabilidade, ou, excepcionalmente, "*em situação de flagrante delito ou mediante autorização judicial em casos de criminalidade especialmente violenta ou altamente organizada, incluindo o terrorismo e o tráfico de pessoas, e armas e de estupefacientes, nos termos previstos na lei*" (art. 34º nº 3 da CRP). Mas, vejamos como é que a lei processual penal compatibiliza as buscas domiciliárias com esta previsão constitucional.

Estabelece o art. 177º nº 1 do CPP que a busca domiciliária, em regra, "*só pode ser ordenada ou autorizada pelo juiz e efectuada entre as 7 e as 21 horas, sob pena de nulidade*". Além deste lapso temporal, ela só poderá ser levada a cabo, desde que precedida dessa mesma ordem ou autorização, nos casos de terrorismo, criminalidade especialmente violenta ou altamente organizada[467], ou então, com o consentimento do próprio visado ou perante uma situação de "*flagrante delito, pela prática de crime punível com pena de prisão superior, no seu máximo, a 3 anos*" (art. 177º nº 2 do CPP).

Como em toda a regra existe excepção, também no caso das buscas domiciliárias a exigência de ordem ou autorização do juiz de instrução poderá ser preterida, podendo, em situações excepcionais, os órgãos de polícia criminal realizá-las por sua própria iniciativa. Vejamos quais são elas.

[467] No que concerne às noções de terrorismo e de criminalidade altamente organizada, elas já foram comentadas no nosso capítulo 4.4.8, afecto à identificação de suspeitos por razões de segurança interna. Surge-nos agora um conceito novo no art. 177º nº 2 al. a) do CPP, o de "*criminalidade especialmente violenta*". Nos termos do preceituado no art. 1º al. l) do CPP, integram-se nessa noção "*as condutas previstas na alínea anterior*" [al. j) – criminalidade violenta], "*puníveis com pena de prisão de máximo igual ou superior a 8 anos*". Assim, a criminalidade especialmente violenta engloba as condutas que dolosamente se dirigem contra a vida (arts. 131º a 142º do CP), a integridade física (arts. 143º a 152º-B do CP), a liberdade pessoal (arts. 153º a 162º do CP), a liberdade e autodeterminação sexual (arts. 163º a 178º do CP), ou a autoridade pública (arts. 347º a 358º do CP), desde que puníveis com pena de prisão de máximo igual ou superior a 8 anos.

Desde logo, e no que concerne a medidas cautelares e de polícia, consultando o art. 251º nº 1 al. a) do CPP, podemos constatar que o legislador exclui, da sua previsão, as buscas domiciliárias. Assim, não poderão os órgãos de polícia criminal realizar uma busca domiciliária, por sua iniciativa, com o objectivo de garantir a conservação de objectos relacionados com o crime e susceptíveis de servirem como meio de prova, com o pressuposto de que está em iminência a fuga do suspeito que supostamente os oculta, ou a sua detenção, fora de flagrante delito.

Poderão, no entanto, em conformidade com o art. 34º da CRP, os órgãos de polícia criminal, por sua iniciativa e de forma excepcional, efectuar buscas domiciliárias, dentro dos limites do razoável, quer no período entre as 7 e as 21 horas [art. 174º nº 5, «*ex vi*» art. 177º nº 3 al. a) do CPP], quer entre as 21 e as 7 horas [art. 177º nº 2 als. b) e c), «*ex vi*» art. 177º nº 3 al. b) do CPP]. Podem as buscas domiciliárias ser ordenadas pelo Ministério Público, com os mesmos fundamentos. Mas analisemos cada uma dessas possibilidades.

Em subsecção precedente, referimos que o domicílio representa uma projecção espacial da pessoa que nele reside. Assim, representando a inviolabilidade do domicílio uma garantia da própria dignidade de quem por ela é visado, só com o seu consentimento poderá ser realizada uma busca nesse local. Então, e no caso de residirem diversas pessoas no mesmo domicílio, será necessário o consentimento de todas?

Na esteira do professor Costa Andrade[468], temos que separar, neste caso, o consentimento penal substantivo do consentimento penal adjectivo. Assim, se, por um lado, nos termos do art. 190º nº 1 do CP (ou art. 378º do CP), o consentimento de um dos residentes faz excluir do tipo de crime de "*violação de domicílio*" a conduta materializada pela busca, por outro, essa exclusão não se repercutirá automaticamente no processo penal, validando a prova daí obtida.

[468] *Cfr.* Costa Andrade (2006), págs. 51/52.

Se do ponto de vista do direito penal substantivo, o consentimento "*de um dos portadores concretos do bem jurídico bastará para dirimir a ilicitude, logo por exclusão da tipicidade*"; do ponto de vista processual, o consentimento de uma só pessoa não basta para legitimar a busca num domicílio onde residem várias, já que cada uma delas é portadora "*de um direito fundamental na forma de exigência de omissão dirigida ao Estado*". Ainda que uma daquelas pessoas possa autorizar a entrada de um terceiro no domicílio comum, essa autorização não determina a validação da prova recolhida por quem entrou com o único intuito de preparar a condenação do co-residente.[469]

Assim, para estarmos perante uma busca domiciliária legítima, o consentimento tem que ser dado pela pessoa afectada por essa diligência e respectivas implicações processuais, e que, ao mesmo tempo, tenha a disponibilidade do local onde aquela se vai realizar.[470]

[469] *Idem, Ibidem*, págs. 51/52, citando AMELUNG.

[470] No sentido de que o consentimento para realização de uma busca domiciliária tem de ser dado pelo arguido ou suspeito, não bastando a autorização de quem tem a disponibilidade do local, «*et alii*», Acórdão do TRL, de 31 de Março de 2004, proc. 8171/2003-3, rel. TELO LUCAS; e de 29 de Janeiro de 2003, proc. 0210993, MARQUES SALGUEIRO (ambos em *www.dgsi.pt*, acedidos e consultados em 11 de Dezembro de 2011). Também o TRE se pronunciou acerca deste consentimento que legitima a busca domiciliária, aludindo que aquele tem de ser dado "*pela(s) pessoa(s) cuja privacidade/intimidade se exprime e realiza atrás das quatro paredes*", que pode não coincidir com o seu proprietário (Acórdão de 17 de Setembro de 2009, proc. 549/08.7PBBJA-A.E1, rel. MARTINHO CARDOSO, *in www.dgsi.pt*, acedido e consultado em 11 de Dezembro de 2011). "*Não está aqui em causa qualquer noção de propriedade, domínio ou titularidade do domicílio, mas sim o de privacidade, direito de personalidade que apenas cabe ao próprio exercer.*" «*Vide*» Acórdão do TRL, de 22 de Outubro de 2008, proc. 6945/2008-3, rel. CARLOS ALMEIDA, *in www.dgsi.pt*, acedido e consultado em 11 de Dezembro de 2011. Assim não entendeu o STJ no seu Acórdão de 26 de Novembro de 1992, proc. 042916, rel. ALVES RIBEIRO (sumário em *www.dgsi.pt*, acedido e consultado em 11 de Dezembro de 2011), afirmando bastar o consentimento de um co-domiciliado, desde que este tenha a disponibilidade da habitação onde incide a busca. Esta duvidosa decisão deu origem ao Acórdão do TC, nº 507/94, de 14 de Julho de 1994, proc. 129/93, rel. RIBEIRO MENDES, *in www.tribunalconstitucional.pt/tc/acordaos*, acedido e consultado em 11 de Dezembro de 2011, onde se decidiu que uma interpretação nesse sentido seria inconstitucional.

Semelhante entendimento manifestou o Tribunal Constitucional, no seu Acórdão nº 507/94[471], declarando violar manifestamente a Constituição, «*rectius*» o seu art. 34º nº 2, uma interpretação dos arts. 174 nº 5 al. b) e 177º nº 2 al. b) do CPP, no sentido de que:

> "A busca domiciliária em casa habitada e as subsequentes apreensões efectuadas durante aquela diligência, podem ser realizadas por órgão de polícia criminal, desde que se verifique o consentimento de quem, não sendo visado por tais diligências, tiver a disponibilidade do lugar de habitação em que a busca seja efectuada".

Podemos, então, concluir que, após o consentimento do visado, devidamente documentado[472], podem os órgãos de polícia criminal realizar buscas no seu domicílio, seja no período temporal compreendido entre as 7 e as 21 horas [art. 174º nº 5 al. b), «*ex vi*» art. 177º nº 3 al. a) do CPP], seja no período compreendido entre as 21 e as 7 horas [art. 177º nº 2 al. b), «*ex vi*» art. 177º nº 3 al. b) do CPP], independente da infracção criminal em causa. Esta busca domiciliária, realizada por iniciativa dos órgãos de polícia criminal, com o consentimento do visado, não necessita de ser imediatamente comunicada ao juiz de instrução para a sua validação (art. 174º nº 6, «*ex vi*» art. 177º nº 4 do CPP, «*a contrario sensu*»).

Referimos anteriormente, quando nos centrámos nas revistas e buscas não domiciliárias, que, face a uma situação de urgência e perigo de demora – tendo como propósito evitar um perigo grave e iminente para a vida ou para a integridade física de qualquer pessoa, gerado por uma conduta criminosa integradora das noções de terrorismo, criminalidade violenta ou altamente organizada –, os órgãos de polícia criminal podiam realizar aquelas diligências, ainda que sem qualquer ordem ou autorização prévia da autoridade judiciária competente [art. 174º nº 5 al. a) do CPP]. Mais uma vez é de ressalvar que, ainda que estejamos

[471] Aresto referido na nota anterior.

[472] Sobre o consentimento e suas especificidades, «*vide*», no presente capítulo, a nossa subsecção 4.5.5, intitulada "*revistas e buscas de natureza excepcional*".

perante uma medida de polícia, ela é distinta das "medidas cautelares e de polícia" (arts. 248º a 253º do CPP), estas destinadas à conservação e manutenção de objectos susceptíveis de constituir prova.

Também, nas buscas domiciliárias, a lei faz ceder a garantia da reserva da intimidade da vida privada e familiar (art. 26º nº 1 da CRP) e da inviolabilidade do domicílio (art. 34º nº 1 da CRP) perante outros valores constitucionalmente reconhecidos, devendo, no entanto, a restrição daqueles direitos limitar-se ao necessário para a salvaguarda destes (art. 18º nº 2 da CRP).

Assim, deparando-se os órgãos de polícia criminal com uma infracção criminal susceptível de se reconduzir às noções de "*terrorismo, criminalidade violenta ou altamente organizada*", e havendo fundados indícios de que ela põe em grave risco a vida ou a integridade física de qualquer pessoa, podem proceder à realização de uma busca domiciliária, ainda que sem qualquer ordem ou autorização prévia da autoridade judiciária competente, «*rectius*», do juiz, desde que tal ocorra no período entre as 7 e as 21 horas [art. 174º nº 5 al. a), «*ex vi*» art. 177º nº 3 al. a) do CPP]. Devem, no entanto, essas buscas, sob pena da sua nulidade, ser de imediato comunicadas ao juiz de instrução de modo a serem por ele apreciadas e consequentemente validadas (art. 174º nº 6, «*ex vi*» art. 177º nº 4 do CPP).[473-474]

[473] O nosso CPP não estabelece qualquer prazo para os órgãos de polícia criminal comunicarem ao juiz de instrução a realização da busca, nem para a consequente apreciação dos seus pressupostos, em ordem à sua validação, contrariamente ao que sucede, «*et alii*», no ordenamento italiano. Prevê o «*Códice di Procedura Penale*», no seu art. 352 nº 4 (*in http://www.altalex.com/index.php?idnot=36800*, acedido e consultado em 13 de Dezembro de 2013), que o "*ufficiale di polizia giudiziaria*", após a realização de uma busca sem prévia autorização da autoridade judiciária, deve comunicar, a esta, a diligência no prazo máximo de 48 horas, em ordem à sua validação no mesmo prazo. Entendemos, no entanto, como já aflorado na nossa subsecção 4.5.5, que é razoável impor, também aqui, aos órgãos de polícia criminal, um prazo máximo de 48 horas para comunicação da busca domiciliária levada a cabo nos termos do art. 174º nº 5 al. a), «*ex vi*» art. 177º nº 3 al. a) do CPP.

[474] No caso de o juiz, aquando da apreciação da diligência, entender que não estão reunidos os pressupostos para a sua validação, a prova obtida não poderá ser utilizada (art. 32º nº 8

No período nocturno, «*id est*», das 21 às 7 horas, não poderão os órgãos de polícia criminal realizar uma busca domiciliária, ainda que estejam em causa crimes de extrema gravidade – terrorismo, criminalidade especialmente violenta ou altamente organizada –, sem ordem ou autorização do juiz de instrução [salvo se estiverem concomitantemente preenchidos os pressupostos do art. 177º nº 2 als. b) e c) do CPP, «*ex vi*» al. b) do nº 3 do mesmo art. 177º]. A ser levada a cabo nesse período, estamos perante um método proibido, não podendo ser utilizada a prova daí obtida (art. 32º nº 8 da CRP e arts. 122º nº 1 e 126º nº 3 do CPP), salvo para proceder contra quem a obteve nesses termos (art. 126º nº 4 do CPP).

Referimos anteriormente que é admissível, nos termos do art. 34º nº 3 da CRP, a entrada no domicílio de qualquer pessoa, ainda que no período nocturno, quando esteja em causa uma situação de flagrante delito.[475] No que concerne ao CPP, o flagrante delito, independentemente do crime praticado, é condição para os órgãos de polícia criminal, por sua iniciativa, poderem realizar buscas domiciliárias entre as 7 e as 21 horas, conforme estabelecido no art. 174º nº 5 al. c), «*ex vi*» art. 177º nº 3 al. a) do CPP. Visam os órgãos de polícia criminal, através da busca domiciliária em apreço, deter o agente do crime e proceder à apreensão de eventuais objectos que ali se encontrem ocultos, relacionados com a conduta criminosa e susceptíveis de servirem de prova (art. 174º nºs 1 e 2 do CPP).

da CRP e arts. 122º nº 1 e 126º nº 3 do CPP), salvo contra quem a obteve, no caso de a sua conduta constituir crime (art. 126º nº 4 do CPP). Como já tivemos oportunidade de referir e sustentar (subsecção 4.5.5), diferente será a omissão de apreciação/validação, após a devida comunicação da diligência por parte dos órgãos de polícia criminal, em que o acto omitido pode ser posteriormente praticado. Neste sentido, o Acórdão do TC, nº 192/2001, de 8 de Maio, proc. nº 517/2000, rel. ARTUR MAURÍCIO, *in www.tribunalconstitucional.pt/tc/acordaos*, acedido e consultado em 13 de Dezembro de 2011.

[475] O art. 34º da CRP, até à 5ª revisão Constitucional – introduzida pela Lei nº 1/2001, de 12 de Dezembro –, protegia de forma absoluta o domicílio das pessoas durante a noite, vedando a possibilidade de intromissões não consentidas. Após 2001, o art. 34º nº 3 da CRP passou a prever a possibilidade de entradas no domicílio em situações de flagrante delito, não especificando, no entanto, o tipo de flagrante delito exigível para essa introdução.

Também nos casos de flagrante delito, mas agora "*pela prática de crime punível com pena de prisão superior, no seu máximo, a 3 anos*", poderão os órgãos de polícia criminal, por sua própria iniciativa, realizar buscas domiciliárias no espaço temporal que medeia entre as 21 e as 7 horas [art. 177º nº 2 al. c), «*ex vi*» art. 177º nº 3 al. b) do CPP]. Em ambos os períodos temporais, diurno ou nocturno, a busca domiciliária não necessita de ser de imediato comunicada ao juiz de instrução, para a sua validação (art. 174º nº 6, «*ex vi*» art. 177º nº 4 do CPP, «*a contrario sensu*»), já que essa comunicação (com todos os pressupostos legitimadores) irá ser efectuada, através do correspondente Auto de Notícia por Detenção, aquando da apresentação do detido – a julgamento sob a forma sumária ou ao juiz competente para primeiro interrogatório judicial –, num prazo que não deverá exceder as 48 horas [art. 28º nº 1 da CRP e art. 254º nº 1 al. a) do CPP].

A possibilidade de realização de buscas domiciliárias com base no pressuposto do flagrante delito manifesta, segundo o professor COSTA ANDRADE[476], uma patente sobrevalorização "*dos interesses polarizadas pela perseguição penal*", visando-se uma justiça penal eficaz "*à custa da subvalorização e compressão da liberdade*"; justificada, esta atitude, por um "*estado de necessidade da investigação (Ermittlungsnotstand)*".[477]

Sobre a admissibilidade constitucional das buscas domiciliárias – efectuadas pelos órgãos de polícia criminal sem ordem ou autorização prévias do juiz – previstas nas três alíneas do art. 174º nº 4 (conteúdo igual ao actual nº 5), «*ex vi*» art. 177º nº 2 do CPP, pronunciou-se o Tribunal Constitucional[478], em sede de fiscalização preventiva, pela sua constitucionalidade. Justificou-se, alegando que o direito à inviolabilidade do domicílio (art. 34º nºs 1, 2 e 3 da CRP) deve compatibilizar-se com o direito à vida e à integridade pessoal (arts. 24º e 25º da CRP). Também, porque, havendo consentimento dos visados, não

[476] *Cfr.* COSTA ANDRADE (2006), pág. 67, § 5.2.

[477] «*Vide*» HASSEMER, «*apud*» COSTA ANDRADE (2006), pág. 68, § 5.2.

[478] Acórdão nº 7/87, de 09 de Janeiro, *in* DR nº 33, 1ª Série, de 09 de Fevereiro de 1987, ponto 1 al. e), 2.6 e 3 (6º), ou *www.tribunalconstitucional.pt/tc/acordaos*, acedido e consultado em 14 de Dezembro de 2011.

existe entrada contra a vontade, logo, não haverá violação de domicílio. Nestes dois casos, a actuação dos órgãos de polícia criminal não contende com o art. 32º nº 6 da CRP (corresponde ao actual art. 32º nº 8), por não constituir uma "*abusiva intromissão (...) no domicílio*". Considerou, porém, inconstitucional, aquele aresto, a entrada no domicílio por parte dos órgãos de polícia criminal, sem ordem ou autorização prévia de um juiz ou sem o consentimento do visado, ainda que perante uma situação de flagrante delito por crime a que correspondesse pena de prisão, susceptível de detenção.[479]

4.5.6. Conhecimentos Fortuitos

Já tivemos oportunidade de referir, «*supra*», que compete aos órgãos de polícia criminal, em especial, por sua própria iniciativa, para além da recolha da notícia dos crimes, do impedimento possível das suas consequências e da descoberta dos seus autores, "*levar a cabo os actos necessários e urgentes, destinados a assegurar os meios de prova*" (art. 55º nº 2 do CPP).

Pode suceder que os órgãos de polícia criminal, no âmbito de uma investigação, ao realizarem uma revista ou uma busca (devidamente ordenada ou autorizada pela autoridade judiciária competente)[480], se

[479] Tal inconstitucionalidade deveu-se ao facto de o art. 34º nº 3 da CRP, na sua versão originária, proteger, de forma absoluta, o domicílio das pessoas durante a noite, vedando a possibilidade de intromissões não consentidas. Estabelecia, o preceito, que: "*Ninguém pode entrar durante a noite no domicílio de qualquer pessoa sem o seu consentimento*". Com a 5ª revisão Constitucional – operada pela Lei nº 1/2001, de 12 de Dezembro – foi-lhe aditada, «*in fine*», a expressão: "*salvo em situação de flagrante delito ou mediante autorização judicial em casos de criminalidade especialmente violenta ou altamente organizada, incluindo o terrorismo e o tráfico de pessoas, de armas e de estupefacientes, nos termos previstos na lei*". Face ao aludido Acórdão nº 7/87, o art. 177º nº 2 do CPP, na sua versão originária, teve a seguinte redacção: "*Nos casos referidos no artigo 174º, nº 4, alíneas a) e b), as buscas domiciliárias podem também ser ordenadas pelo Ministério Público ou ser efectuadas por órgão de polícia criminal. É correspondentemente aplicável o disposto no artigo 174º, nº 5*". A actual redacção do art. 177º, permitindo também as buscas domiciliárias em caso situações de flagrante delito, viria a ser introduzida, mais tarde, através da Lei nº 48/2007, de 29 de Agosto.

[480] Ou realizada no âmbito de um despacho de delegação genérica de competência de investigação criminal, nos termos da Directiva da PGR nº 1/2002. *Cfr.* a nossa subsecção 1.5.2, intitulada "*delegação de competências*".

deparem com meios de prova, não relativos ao crime que motivou aquelas diligências, mas de um outro crime autónomo. Estamos perante aquilo que a doutrina e jurisprudência denominam de "*conhecimentos fortuitos*".[481]

Neste caso, contrariamente ao que sucede com as escutas telefónicas (art. 187º nº 7 do CPP), tem sido entendimento pacífico, quer por parte da doutrina, quer da jurisprudência, a admissibilidade, sem reservas, dos conhecimentos fortuitos. Desse modo, podem os órgãos de polícia criminal, no âmbito dos amplos poderes conferidos pelo art. 249º nº 2 al. c) do CPP, efectuar apreensões no decurso de uma revista ou de uma busca, ainda que os objectos apreendidos nada tenham que ver com o processo em curso e que motivou aquelas diligências.[482] A reforçar este entendimento, o facto de as revistas, buscas e apreensões poderem ser ordenadas ou autorizadas independentemente da gravidade do crime.

As razões que determinam a valoração da prova obtida, corporizada pelos conhecimentos fortuitos, são, sobretudo, de "*economia processual, de garantia da verdade material e de não adulteração dos meios de prova*",

[481] Aos "*conhecimentos fortuitos*" opõem-se os "*conhecimentos da investigação*", estes entendidos como todo o conjunto de "*factos que estejam numa relação de concurso ideal e aparente com o crime que motivou e legitimou a investigação*", como, também, "*os delitos alternativos que com ele estejam numa relação de comprovação alternativa de factos*", ou, no caso de associação criminosa, que constituem "*a sua finalidade ou actividade*". Devem ser tidas ainda em consideração "*as diversas formas de comparticipação (autoria e cumplicidade), bem como as diferentes formas de favorecimento pessoal, auxílio material ou receptação*". *Cfr.* COSTA ANDRADE (2001), pág. 401. Esta posição doutrinal vem sendo abraçada pela jurisprudência, conforme «*et alii*», o aresto do TRP, de 16 de Janeiro de 2008, proc. 0743305, rel. LUÍS GOMINHO, *in www.dgsi.pt*, acedido e consultado em 15 de Dezembro de 2011.

[482] Entendemos, contudo – à semelhança do que já referimos na subsecção 4.3.4, referente às apreensões cautelares –, que também as apreensões decorrentes de revistas e buscas ordenadas ou autorizadas pela autoridade judiciária competente devem ser sujeitas a validação, pelos motivos já tecidos, no prazo de 72 horas (art. 178º nº 5 do CPP), onde se incluem os conhecimentos fortuitamente obtidos.

visando proteger, em última instância, a própria "*realização do direito criminal*".[483]

Também relativamente às revistas e buscas levadas a cabo pelos órgãos de polícia criminal, no âmbito das medidas cautelares e de polícia (art. 251º do CPP), a doutrina e a jurisprudência não colocam entraves à admissibilidade dos conhecimentos fortuitos, valendo os argumentos anteriormente esgrimidos. Assim, independentemente do crime que desencadeia a suspeita e, consequentemente, a revista ou a busca, podem os órgãos de polícia criminal proceder à apreensão de objectos relacionados com outro crime[484], desde que essa apreensão se mostre necessária à conservação de meios de prova, devendo ser sujeita a validação pela autoridade judiciária competente, no prazo de 72 horas (art. 178º nº 5 do CPP).[485-486]

[483] *Cfr.* Acórdão do TRL, de 13 de Setembro de 2007, proc. 5724/2007-9, rel. RUI RANGEL, *in www.dgsi.pt*, acedido e consultado em 15 de Dezembro de 2011. Segundo este aresto, é de manter a apreensão de um computador e de um auto-rádio, perante as suspeitas de que constituem produto de um crime (*v.g.*, furto ou receptação), sendo que, no caso do computador, foi-lhe retirada a placa com o número (de modo a dificultar a sua identificação, logo, do seu proprietário) e, no caso do auto-rádio, encontrava-se com os fios cortados e a lateral forçada (sendo que, normalmente, o proprietário tem na sua posse dois ganchos que o permitem retirar sem necessidade de o forçar).

[484] Crime que nada tem que ver com o crime que motivou a fuga do suspeito ou a sua detenção [art. 251º nº 1 al. a) do CPP].

[485] Este amplo poder de apreensão, conferido aos órgãos de polícia criminal no âmbito das buscas, é também conferido pela «*Strafprozessordnung*» (StPO) alemã. Assim, nos termos do seu § 108 (1), poderão, no âmbito de uma busca, ser apreendidos os objectos que, embora não relacionados com a investigação que a motivou, indiciem a prática de outro crime; devendo ser, de imediato, comunicadas ao "*Ministério Público*". São, no entanto, excluídas as apreensões de conhecimentos fortuitos, nos casos do § 103, (1) parte 2, isto é, quando obtidos no âmbito de buscas domiciliárias realizadas por iniciativa da polícia, em caso de urgência, para detenção de suspeito da prática de crime previsto no § 129a e § 129b do Código Penal alemão (StGB) – formas de criminalidade mais grave.

[486] No que concerne ao direito americano – mais precisamente a 4ª Emenda à Constituição –, o legislador faz depender a realização de buscas e apreensões, «*search and seizure*»,

Embora a valoração da prova obtida através de conhecimento fortuito, no âmbito das revistas e buscas levadas a cabo pelos órgãos de polícia criminal – após ordem ou autorização da autoridade judiciária competente, ou por sua iniciativa, enquanto medida cautelar e de polícia –, não pareça causar grande discórdia, dado que aquelas diligências constituem meios de obtenção de prova admitidos na investigação de qualquer crime (art. 174º nºs 1 e 2 do CPP), o mesmo não podemos admitir quando a realização da revista ou da busca se encontra delimitada por uma finalidade específica e excepcional. Neste caso, estaríamos a abrir a porta da "*realização do direito criminal*" com uma chave que, apesar de a abrir, não foi criada para ela.

Uma dessas situações prende-se com as buscas domiciliárias efectuadas pelos órgãos de polícia criminal, de forma excepcional, entre as 21 e as 7 horas, no caso de "*flagrante delito pela prática de crime punível com pena de prisão superior, no seu máximo, a 3 anos*" [art. 177º nº 2 al. c), «*ex vi*» art. 177º nº 3 al. b) do CPP].[487]

de uma "*causa provável*" (probable cause). Assim, a busca e consequente apreensão realizadas, sem que tenham por base uma causa provável, constituem uma «*exclusionary rule*»; não podendo os objectos apreendidos ser utilizados como meio de prova no processo penal. Estabelece a 4ª Emenda americana que: *O direito do povo à segurança nas suas pessoas, nas suas casas, papéis e restantes bens, não deve ser violado, através da realização de buscas e apreensões excessivas, nem mandados deverão ser emitidos, senão baseados em causa provável, devidamente fundamentada em juramento ou afirmação, devendo em particular, descrever o local da busca, bem como as pessoas a capturar, ou as coisas a apreender. Cfr.* a versão original em *www.caselaw.lp.findlaw.com/data/constitution/amendment04*, acedida e consultada, em 17 de Dezembro de 2011. Se, por um lado, a aplicação da «*exclusionary rule*» é criticável, por ir contra a realização justiça, por outro, é defensável, visto constituir uma forma de evitar abusos policiais na realização de buscas e apreensões.

[487] Imagine-se que os órgãos de polícia criminal, após denúncia telefónica, se deslocam, pelas 23h00, a determinado domicílio, por suspeita da prática de um crime de violência doméstica (art. 152º do CP – pena de prisão com máximo de 5 anos). Naquele local, são bastante audíveis, além de objectos a partir, os gritos da vítima, proferindo asserções do tipo: "*alguém me ajude que ele mata-me*". Perante a constelação fáctica anunciada, encontra-se legitimada a entrada forçada naquele local [art. 177º nº 2 al. c), «*ex vi*» art. 177º nº 3 al. b) do CPP], para evitar a continuidade da conduta criminosa e, face ao flagrante delito,

Nesta situação, se os órgãos de polícia criminal, num domicílio, se depararem com meios de prova "*fortuitos*", isto é, sem qualquer relação com o crime que motivou a busca domiciliária (crime punível com pena de prisão superior, no seu máximo, a 3 anos), mas com um outro crime autónomo, entendemos que, aplicando analogicamente o art. 187º nº 7 do CPP[488], referente às escutas telefónicas, poderão estas últimas provas, desde que indispensáveis, ser utilizadas num outro processo, em curso ou a instaurar, estando em causa, claro está, também um crime punível com pena de prisão superior, no seu máximo, a 3 anos.[489-490]

deter o agressor [arts. 174º nº 2, 254º nº 1 al. a), 255º nº 1 al. a) e 256º nº 1 do CPP] e apreender eventuais objectos relacionados com o crime, aptos a servirem de prova (art. 174º nº 1, «*ex vi*» nº 2 do CPP).

488 Este nº 7 do art. 187º do CPP – introduzido pela Lei nº 48/2007, de 29 de Agosto – veio estabelecer de que forma os conhecimentos fortuitos, alcançados por intermédio das escutas telefónicas, podem vir a ser utilizados noutro processo, já em curso ou a instaurar. Não obstante a possibilidade de esses conhecimentos fortuitos poderem ser transmitidos ao Ministério Público, enquanto notícia de um crime (art. 248º do CPP), eles podem mesmo ser utilizados noutro processo, enquanto meio de prova indispensável, estando em causa a suspeita de um crime previsto no catálogo do art. 187º nº 1 do CPP, e a intercepção tenha incidido sobre um meio de comunicação utilizado por uma das pessoas mencionadas no nº 4 daquele mesmo art. 187º.

489 Assim, e continuando o exemplo mencionado em nota anterior, imagine-se que, após detido o agressor em flagrante delito – dados os sinais evidentes da autoria de um crime de violência doméstica –, foi ainda possível apurar que, naquele domicílio, se encontravam, «*inter alia*», 3 auto-rádios com sinais de terem sido forçados e com os fios de ligação cortados. Face às regras de experiência comum, acrescidas da própria experiência profissional dos órgãos de polícia criminal, deveriam os aludidos objectos ser apreendidos de forma cautelar [art. 249º nº 2 al. c) do CPP], perante a suspeita da prática de crime de furto qualificado [furto em interior de viatura, art. 204º nº 1 al. b) do Código Penal – pena de prisão com máximo de 5 anos], devendo, essa apreensão, ser sujeita à validação pelo juiz de instrução (no momento da apresentação do detido), de modo a que os objectos apreendidos pudessem ser posteriormente utilizados em processo a instaurar (ou já instaurado).

490 Aplica-se por analogia, com as devidas adaptações, o disposto no art. 187º nº 8 do CPP. Assim, os meios de prova obtidos fortuitamente, após a sua apreensão, deveriam

«*A contrario sensu*», estando em causa um crime punível, no seu máximo, com pena de prisão igual ou inferior a 3 anos, entendemos que não será admissível a utilização, noutro processo, de meios de prova fortuitamente obtidos, já que, mesmo em flagrante delito, aquele crime nunca legitimaria a realização de uma busca domiciliária nocturna [art. 177º nº 2 al. c), «*ex vi*» art. 177º nº 3 al. b) do CPP].

Estamos perante a "*fórmula da intromissão hipotética*", referida pelo professor COSTA ANDRADE[491], segundo a qual, são utilizáveis como meio de prova, noutro processo em curso ou a instaurar, os conhecimentos fortuitos obtidos no âmbito da busca domiciliária, validamente realizada, se, também relativamente a eles, se encontrarem preenchidos os requisitos para os quais a lei processual penal faz depender a realização daquela mesma busca. Esta fórmula encontra justificação na ponderação e proporcionalidade dos interesses em confronto: por um lado, os interesses individuais dos cidadãos e, por outro, os da própria investigação.

Além da situação exposta, existem outras em que, segundo o nosso entendimento, os conhecimentos fortuitos, obtidos por intermédio da realização de revistas e buscas, não serão admissíveis, por extravasarem o fim para que foram desenvolvidas.

Vimos, «*supra*»[492], que o legislador possibilita a realização de revistas e buscas (não domiciliárias) no âmbito das denominadas operações especiais de prevenção criminal, destinadas a "*controlar, detectar, localizar, prevenir a introdução, assegurar a remoção ou verificar a regulari-*

seguir com a detenção, visando a sua apreciação e validação pelo juiz. Após a validação, deveriam, mediante despacho, ser juntos ao processo onde iriam ser usados como meio de prova.

[491] Refere aquele douto professor [COSTA ANDRADE (2009), págs. 174 e sgts.] que os "*conhecimentos fortuitos*" obtidos por intermédio de uma escuta telefónica, validamente realizada, só podem ser utilizados e valorados noutro processo, se, também nele, se "*pudesse decretar a realização das escutas. Tudo se reconduzindo no fundo ao que os autores e os tribunais alemães designam como o princípio da intromissão sucedânea hipotética (hypothetisch Ersatzangriff)*".

[492] *Cfr.* a nossa subsecção 4.5.4, referente às revistas e buscas de carácter preventivo.

dade da situação de armas, seus componentes ou munições ou substâncias ou produtos a que se refere" o Regime Jurídico das Armas e suas Munições (RJAM).[493] «*Quid juris*» se, no âmbito dessas operações especiais de prevenção (art. 109º do RJAM), forem fortuitamente detectados objectos susceptíveis de constituir prova de outro crime, que nada têm que ver com aqueles que motivaram aquela operação?

Visa-se, com aquele tipo de operação, detectar objectos cuja detenção, transporte ou guarda, sem autorização[494], só por si, consubstancia uma conduta típica criminosa (art. 86º do RJAM)[495], e, desse modo, prevenir que o perigo abstracto que resulta da sua posse ou mera detenção se transforme num dano efectivo para bens jurídicos. Estão, pois, bem definidas as finalidades daquelas operações nas normas que as regem.

Entendemos, por isso, que, não obstante poderem constituir prova de um crime, encontra-se vedada a possibilidade de objectos fortuitamente conhecidos[496] poderem vir a ser utilizados num processo, como meio de prova, dado nada terem que ver com a finalidade (preventiva) que motivou a revista ou a busca.[497] A reforçar a nossa convicção, o facto de que, fora daquela operação especial – e inexistindo os pressupostos para uma revista ou busca de âmbito cautelar (art. 251º nº 1 do CPP) ou excepcional [*v.g.*, com o consentimento do visado, art. 174º nº 5 al. b) do

[493] Regime aprovado pela Lei nº 5/2006, de 23 de Fevereiro, alterada, pela quinta vez, pela Lei nº 50/2013, de 24 de Julho.

[494] Quando nos reportamos à autorização, estamos a referir-nos à licença de uso e porte de arma concedida pelo director nacional da PSP, em função do fim a que se destina, da sua necessidade (art. 12º nº 1 do RJAM) ou da função exercida (art. 19º do RJAM).

[495] Daí o legislador obrigar à comunicação prévia da operação ao Ministério Público (art. 110º nº 1 do RJAM), mas não à validação dos meios de prova entretanto apreendidos, já que o auto de apreensão irá ser remetido juntamente com o respectivo auto de detenção.

[496] *V.g.*, documentos aparentemente falsificados ou talões de cheques de diversas pessoas.

[497] Estamos perante o que o professor COSTA ANDRADE (2009), pág. 175, designa de "*alienação do fim*".

CPP] –, os órgãos de polícia criminal nunca poderiam realizar a revista ou a busca, por sua iniciativa.[498] Admitir a apreensão de todos os objectos fortuitamente conhecidos e susceptíveis de servirem de prova, seria deturpar as finalidades da revista ou da busca, que, de especial, só lhe restaria mesmo o nome.[499] Só assim se evita a denominada *"fraude de etiquetas"*[500], isto é, que os órgãos de polícia criminal desenvolvam investigação criminal relativamente a qualquer tipo de crime, usando como porta de acesso uma operação especial de natureza preventiva.[501]

[498] Para além das operações especiais de prevenção, previstas no RJAM, podem as forças e serviços de segurança (art. 25º da LSI), enquanto medida especial de polícia, proceder à *"realização, em viatura, lugar público, aberto ao público ou sujeito a vigilância policial, de buscas e revistas para detectar a presença de armas, substâncias ou engenhos explosivos ou pirotécnicos, objectos proibidos ou susceptíveis de possibilitar actos de violência e pessoas procuradas ou em situação irregular no território nacional ou privadas da sua liberdade"* [art. 29º al. a) da LSI]. A prova obtida, no âmbito daquelas revistas ou buscas, somente pode ser utilizada em processo penal após a devida validação pelo juiz de instrução, num prazo máximo de 8 dias; sendo-lhe, para o efeito, comunicada a medida no mais curto prazo, que não pode exceder as 48 horas (art. 33º da LSI). Este prazo é pois coincidente com o prazo de 48 horas, previsto pelo legislador para a apresentação de detidos, caso os haja [art. 28º nº 1 da CRP e art. 254º nº 1 al. a) do CPP].

[499] A propósito da busca de natureza preventiva, chamemos à colação a jurisprudência americana, designadamente o caso *Delaware v. Prouse* (1979), apreciado e decidido pelo Supremo Tribunal. Prouse, quando conduzia a sua viatura automóvel, foi mandado parar pela polícia. No âmbito da acção de fiscalização estradal, de carácter preventivo e rotineiro, a polícia encontra droga no interior da sua viatura, levando à sua detenção. Face a este resumido acervo fáctico, o Supremo Tribunal americano decidiu que a busca deveria ter por base uma "probable cause" (IV Emenda), sob pena de se estar perante uma busca ilegal, transmitindo-se essa ilegalidade, por via do *"efeito-à-distância"*, à apreensão e à correspondente detenção. *Cfr.* a decisão integral em *www.supreme.justia.com/us/440/648/case.html*, acedido e consultado em 18 de Dezembro de 2011.

[500] *Cfr.* a nossa subsecção 1.4.4, relativa à fronteira desejável entre prevenção e investigação criminal.

[501] Imagine-se, *v.g.*, que, na sequência da notícia de um crime de *"violação de segredo por funcionário"* (art. 383º do CP), é aberto o correspondente inquérito (art. 262º do CPP), este, desde logo *"condenado"* ao arquivamento, face às provas (in)existentes. A polícia, conhecendo o caso, arrisca, com o objectivo de evitar aquele previsível arquivamento, realizar uma operação especial de prevenção (art. 109º do RJAM) na via pública que liga o local de trabalho daquele funcionário ao seu domicílio. Abordado naquele local – e após

Mas, porque esta solução vai contra as necessidades de realização do direito criminal, de garantia da verdade material e de não adulteração dos meios de prova, o legislador, consciente do problema, previu, no art. 109º nº 3 do RJAM, a possibilidade de as operações especiais de prevenção criminal poderem ser acompanhadas *"na modalidade tecnicamente disponível que se revele mais apropriada, por um magistrado, o qual será responsável pela prática dos actos de competência do Ministério Público que elas possam requerer"*, entre eles, a autorização para proceder à apreensão de objectos fortuitamente obtidos, susceptíveis de constituir prova num processo em curso ou a instaurar.[502]

Situação diferente se verifica quando os conhecimentos fortuitos preenchem, «*de per si*», um tipo legal de crime (*v.g.*, droga que exceda a quantidade necessária para o consumo médio individual durante o período de 10 dias).[503] Estando perante crimes de consumação permanente[504], o flagrante delito legitima[505], além da detenção do possuidor

ser efectuada uma busca à sua viatura –, foram encontrados diversos documentos de conteúdo reservado, dentro de um envelope, sendo de imediato apreendidos e direccionados ao processo correspondente.

502 Estabelece ainda o art. 10º nº 2, da já anteriormente referida Lei nº 72/2015, de 20 de Julho [diploma que veio definir os objetivos, prioridades e orientações de política criminal para o biénio de 2015-2017, em cumprimento da Lei nº 17/2006, de 23 de Maio (Lei-Quadro da Política Criminal)], que: *"O Ministério Público acompanha, sempre que necessário, as operações especiais de prevenção referidas no número anterior"*.

503 A este propósito, os arts. 21º, 25º e 40º do Decreto-Lei nº 15/93, de 22 de Janeiro; art. 2º nº 2 da Lei nº 30/2000, de 29 de Novembro; bem como a Portaria nº 94/96, de 26 de Março. No que concerne ao art. 40º nº 2 do Decreto-Lei nº 15/93, de 22 de Janeiro, o STJ fixou jurisprudência no sentido de que, não obstante a derrogação operada pelo art. 28º da Lei nº 30/2000, de 29 de Novembro), o mesmo mantém-se «*em vigor não só "quanto ao cultivo" como relativamente à aquisição ou detenção, para consumo próprio, de plantas, substâncias ou preparações compreendidas nas tabelas I a IV, em quantidade superior à necessária para o consumo médio individual durante o período de 10 dias*». *Cfr.* Acórdão do STJ, de 25 de Junho de 2008, proc. 07P1008, rel. Carmona da Mota, *in www.dgsi.pt*. Também, sobre este assunto, o Acórdão do TC nº 587/2014, de 17 de Setembro de 2014, proc. 230/14, rel. José Barbosa, *in www.tribunalconstitucional.pt/tc/acordaos* (ambos os arestos acedidos e consultados em 31 de Maio de 2017).

504 São crimes permanentes *"aqueles em que o evento se prolonga por mais ou menos tempo, contrariamente ao que acontece nos crimes instantâneos"*. *Cfr.* o Acórdão do TRG, de 31 de Janeiro

dos objectos proibidos, a realização de revistas e buscas [art. 174º nº 5 al. c) do CPP] e as necessárias apreensões cautelares [art. 249º nº 2 al. c) do CPP]. Neste caso, a revista ou a busca (não domiciliária), com finalidade preventiva específica, é validamente substituída por outra, legitimada pelo flagrante delito resultante dos conhecimentos fortuitamente obtidos.

E se os conhecimentos fortuitos surgirem após a entrada dos órgãos de polícia criminal num domicílio, com o intuito de evitar um perigo actual, de origem não criminosa, *v.g.*, um incêndio ou uma inundação?[506]

Já anteriormente tivemos oportunidade de referir que, face a um perigo actual como o descrito, embora a conduta se possa subsumir no tipo de crime do art. 190º do CP, ou do art. 378º (no caso de funcionário com abuso de poder), ela está justificada por via do estado de necessidade justificante, ou do consentimento presumido ou hipotético do seu titular.[507]

Ainda que as proibições de produção e de valoração de prova estejam relacionadas sistematicamente com as normas substantivas, «*rec-*

de 2011, proc. 2/04.8GDFNF-A.G1, rel. Jorge Alberto Teixeira (*in www.dgsi.pt*, acedido e consultado em 28 de Dezembro de 2011), tendo como suporte o tráfico de estupefacientes; ou, o crime de detenção de arma proibida – Acórdão do TRC, de 30 de Junho de 2010, proc. 1229/08.9GBAGD.C1, rel. Paulo Valério, *in www.dgsi.pt*, acedido e consultado em 28 de Dezembro de 2011.

[505] No que concerne ao flagrante delito nos crimes de consumação permanente, estabelece o art. 256º nº 3, do CPP, que: "*só persiste enquanto se mantiverem sinais que mostrem claramente que o crime está a ser cometido e o agente está nele a participar*". Tem entendido a doutrina que, nos crimes permanentes, relativamente aos instantâneos – em cuja essência "*está a actualidade do crime e não a sua visibilidade*" (*cfr.*, «*et alii*», o Acórdão do TRL, de 25 de Outubro de 2011, proc. 219/11.09JELSB-B.L1-5, rel. Neto de Moura, sufragando a doutrina de Cavaleiro de Ferreira) –, é necessária, além da actualidade, a evidência probatória. Acórdão acedido e consultado em *www.dgsi.pt*, no dia 28 de Dezembro de 2011.

[506] Antes de prosseguirmos para a resposta a esta questão, atentemos, «*supra*», nas divisões 4.5.5.1 e 4.5.5.2, onde é diferenciada a mera entrada no domicílio – com intuito de prevenir ou afastar um perigo actual e relevante para bens jurídicos fundamentais –, da busca domiciliária, única "*chave*" admissível para se entrar no domicílio alheio com o objectivo de proceder à detenção de alguém suspeito, ou à apreensão de objectos relacionados com o crime, que ali se encontrem.

[507] *Cfr.* a nossa divisão 4.5.5.2, dedicada às entradas no domicílio.

tius», com a ilicitude penal[508], somos tentados a concluir que, ainda que justificada a entrada no domicílio, não seriam susceptíveis de ser utilizados como meio de prova, num processo em curso ou a instaurar, os conhecimentos fortuitamente obtidos, dado que a sua obtenção ocorreu à margem dos pressupostos processuais que legitimam a busca domiciliária (e consequentemente, por via do "*efeito-à-distância*", a apreensão cautelar), quando realizada por iniciativa dos órgãos de polícia criminal.[509] Não obstante a entrada se encontrar justificada, com

[508] Como manifestação expressa da relação entre a ilicitude penal e a ilicitude processual penal, encontramos estabelecido no art. 167º nº 1 do CPP que: "*As reproduções fotográficas, cinematográficas, fonográficas ou por meio de processo electrónico e, de um modo geral, quaisquer reproduções mecânicas só valem como prova dos factos ou coisas reproduzidas se não forem ilícitas, nos termos da lei penal*" (sublinhado nosso). Não serão ainda consideradas ilícitas, para efeitos de valoração de prova, as reproduções mecânicas que obedeçam às normas que regem os meios de obtenção de prova (art. 167º nº 2 do CPP). Esta norma valerá, com as devidas adaptações, para as demais provas e sua obtenção. A continuidade entre a ilicitude processual e substantiva não será assim tão "*rígida*" e "*generalizada*" quanto a "*tese da inadmissibilidade generalizada dos meios de prova que corporizem um ilícito material substantivo*", defendida, «*et alii*», por SYDOW [«*apud*» COSTA ANDRADE (2006), págs. 43/44]. Como argumento, alegam que o Estado, na sua tarefa ética de perseguição do crime, deve, ele próprio, abster-se de praticar actos daquela natureza. Só uma actuação ética dos órgãos de perseguição penal permite um apelo da mesma natureza ao sentimento de responsabilidade do agente do crime. Também não será tão permissiva quanto a "*tese da admissibilidade de princípio dos meios de prova que configurem um ilícito penal*", defendida, entre outros, por OTTO [«*apud*» COSTA ANDRADE (2006), págs. 44/45]. Segundo os defensores desta tese, estando as proibições de métodos de prova especialmente dirigidas aos órgãos de perseguição penal, "*tais provas são, em princípio susceptíveis de valoração*" quando obtidas, ainda que ilicitamente, por particulares, sem a "*intervenção pró-activa*" daqueles órgãos.

[509] Nunca uma actividade policial meramente preventiva ou até cautelar [art. 251º nº 1 al. a) do CPP] pode legitimar uma busca domiciliária. «*Vide*», *v.g.*, enquanto medidas preventivas, a não consagração dessa possibilidade nos arts. 28º e 29º da LSI; ou, nas operações especiais de prevenção, o art. 111º do RJAM. Mesmo em face a um perigo iminente, proveniente de uma conduta criminosa, a busca domiciliária só estará legitimada quando estejam em causa a vida ou a integridade de qualquer pessoa e o crime se enquadre na definição de terrorismo, criminalidade violenta ou altamente organizada [art. 174º nº 5 al. a) do CPP, «*ex vi*» art. 177º nº 3 al. a)].

base no perigo actual para bens jurídicos, ela deixa de encontrar justificação quando seja ultrapassado esse fim, considerando-se, a partir daí, uma intromissão no domicílio (art. 126º nº 3 do CPP), não podendo os objectos apreendidos, por via do "*efeito-à-distância*", ser utilizados no processo.[510]

Também aqui, à semelhança do que sucede no regime das escutas telefónicas (art. 187º nº 7 do CPP), necessidades de realização do direito criminal levam a que os conhecimentos fortuitamente obtidos sejam comunicados ao Ministério Público, enquanto notícia do crime directamente conhecida pelos órgãos de polícia criminal (art. 248º do CPP)[511]. Essa notícia do crime, por não se confundir com meio de prova, não se encontra abrangida pela proibição de utilização; dando, assim, lugar à abertura do correspondente inquérito (art. 262º nº 2 do CPP) e, consequentemente, a uma nova investigação, autónoma (relativamente aos conhecimentos fortuitos), destinada à obtenção de novos indícios da sua pratica, podendo, até, incluir uma nova busca àquele domicílio.

Não se coloca, aqui, a questão do "*efeito-à-distância*" do método proibido de obtenção de prova, sobre a prova que irá ser autonomamente obtida no inquérito, decorrente da notícia do crime. O método proibido de obtenção de prova não apontou directamente outra prova, dando, sim, origem à comunicação da notícia do crime e respectivo inquérito; sendo, a prova posteriormente obtida, fruto de uma investigação autónoma, entretanto realizada. Estamos, pois, perante uma das excepções à doutrina do "*efeito-à-distância*", caracterizada pela "*existência de uma fonte independente*".[512]

[510] Sobre a doutrina do "*efeito-à-distância*" e respectivas excepções (fonte independente, descoberta inevitável e nódoa dissipada), *cfr.* a nossa subsecção 3.3.1. Como melhor justificaremos «*infra*», entendemos que, ainda que numa entrada preventiva, conhecimentos fortuitos que, por si, geram um estado de flagrante delito constituem uma fonte independente que legitima a actividade investigatória ulterior.

[511] Sobre a comunicação da notícia do crime, *cfr.* a nossa secção 4.2.

[512] Sobre a doutrina do "*efeito-à-distância*" ou da eficácia longínqua, *cfr.* a nossa subsecção 3.3.1.

Contudo, e à semelhança do que referimos para as operações especiais de prevenção, entendemos que, no caso de a posse dos objectos fortuitamente conhecidos constituir crime (*v.g.*, droga em quantia que exceda a quantidade necessária para o consumo médio individual durante o período de 10 dias), pelos motivos aí apontados, a entrada preventiva converte-se numa busca domiciliária (de âmbito processual), art. 174º nº 5 al. c), «*ex vi*» art. 177º nº 3 al. a) do CPP, dado estarem reunidos os pressupostos para a detenção em flagrante delito (art. 256º nºs 1 e 3 do CPP).[513] A sua apreensão cautelar, enquanto meio de prova a assegurar, encontra legitimidade no art. 249º nºs 1 e 2 al. c) do CPP. Neste caso, o estado de flagrante delito constitui uma fonte independente que autonomiza a actividade investigatória da actividade preventiva, legitimando, quer a realização da busca e consequente apreensão, quer a detenção do seu possuidor, caso ele se encontre presente.

4.6. Localização Celular

4.6.1. Introdução

Iremos, doravante, centrar o nosso estudo na última "*medida cautelar e de polícia*" tipificada no nosso Código de Processo Penal, «*rectius*», no art. 252º-A, epigrafada de "*localização celular*". Intimamente ligada ao permanente progresso tecnológico, esta é uma medida cautelar recente, introduzida pela Lei nº 48/2007, de 29 de Agosto, que procedeu à 15ª alteração do Código de Processo Penal.

Quando nos referimos à localização celular, reportamo-nos à detecção da localização física do telemóvel de uma pessoa ou do percurso efectuado pelo seu possuidor, através da ligação à rede móvel telefónica.

[513] Isto no caso de a busca domiciliária decorrer no período temporal que dista entre as 7 e as 21 horas. No período restante (entre as 21 e as 7 horas), por força do art. 177º nº 2 al. c), «*ex vi*» art. 177º nº 3 al. b) do CPP, aquele meio de prova (conhecimento fortuito) só poderia ser utilizado no caso de o flagrante delito se reportar a um crime punível com pena de prisão superior, no seu máximo, a 3 anos.

Existem, desde logo, duas realidades que temos que distinguir: localização celular e localização por GPS (*Global Positioning System*). A primeira consiste na localização de determinado identificador de um telemóvel, IMEI (*International Mobile Equipment Identity*), numa rede GSM (*Global System for Mobile Communications*), bastando que aquele se encontre ligado. Esta localização do aparelho telefónico não é, no entanto, exacta, correspondendo à área de cobertura da antena da rede GSM, devidamente identificada. Quando o portador do telemóvel sai fora do alcance da área de cobertura de uma antena, de imediato é fornecida a localização para a rede a partir de uma outra.[514] Por seu turno, a localização de GPS é muito mais rigorosa, permitindo, através das coordenadas da latitude e longitude, determinar, com pormenor, onde se encontra o aparelho telefónico.

Relativamente às telecomunicações, temos que distinguir três tipos de dados: os de base, os de tráfego e os de conteúdo.[515] No que respeita aos dados de base, são "*dados relativos à conexão à rede*", ou seja, através dos quais o utilizador da rede de telecomunicações tem acesso à ligação (*v.g.*, o nº do telemóvel ou a sua morada).

Os dados de tráfego correspondem aos "*dados funcionais necessários ao estabelecimento de uma ligação ou comunicação e os dados gerados pela utilização da rede (v.g., localização do utilizador, localização do destinatário, duração da utilização, data e hora, frequência)*".[516] Por último, os dados de conteúdo são os "*dados relativos ao conteúdo da comunicação ou da mensagem*".

[514] Para mais esclarecimentos sobre o assunto, «*vide*» RUI SÁ (2007), págs. 193 e sgts.

[515] Esta classificação foi perfilhada pelo Conselho Consultivo da PGR, «*et alii*», no seu Parecer nº 21/2000 (PGRP0001246), rel. FERNANDES CADILHA (*in www.dgsi.pt*, acedido e consultado em 15 de Janeiro de 2012); e, mais recentemente, abraçada pelo Acórdão do TC, nº 486/2009, de 28 de Setembro, proc. 4/09, rel. JOÃO CURA MARIANO, *in* DR nº 215, 2ª Série, de 05 de Novembro de 2009, pág. 45122, acedido e consultado em 15 de Janeiro de 2012.

[516] No que concerne aos dados de tráfego, encontramos a sua noção também no art. 2º nº 1 al. d) da Lei nº 41/2004, de 18 de Agosto, diploma que veio transpor para a "*ordem jurídica nacional a Directiva nº 2002/58/CE, do Parlamento Europeu e do Conselho, de 12 de Julho, relativa ao tratamento de dados pessoais e à protecção da privacidade no sector das comuni-*

Entre os dados de tráfego, encontramos os dados de localização, cuja noção nos é fornecida pelo art. 2º nº 1 al. e) da Lei nº 41/2004, de 18 de Agosto[517], como sendo todos os "*dados tratados numa rede de comunicações electrónicas que indiquem a posição geográfica do equipamento terminal de um assinante ou de qualquer utilizador de um serviço de comunicações electrónicas acessível ao público*".

Ressalvemos, desde logo, o facto de que, não obstante o conhecimento da localização geográfica (não exacta) de um aparelho telefónico e, consequentemente, do seu utilizador (através dos dados de tráfego), continua a ser incógnito o conteúdo comunicacional das conversas por ele mantidas (os dados de conteúdo).

Podemos, no fundo, afirmar que a obtenção da localização de determinado indivíduo, através da localização do telemóvel de que supostamente é possuidor, não é mais do que uma adequação da vigilância policial clássica aos tempos modernos. Embora, relativamente à vigilância clássica, a localização celular corresponda a uma "*vigilância a tempo inteiro*" (bastando que o telemóvel alvo esteja ligado), ela assume um carácter menos intrusivo, já que, somente se saberá com rigor limitado a localização do possuidor do telemóvel visado, desconhecendo-se, no entanto, o que ele faz ou com quem está naquele momento, questões que terão necessariamente que ser respondidas através do recurso à vigilância policial clássica.[518]

cações electrónicas". São dados de tráfego, "*quaisquer dados tratados para efeitos do envio de uma comunicação através de uma rede de comunicações electrónicas ou para efeitos da facturação da mesma*".

[517] Diploma legal referido na nota anterior.

[518] Estes meros dados de localização celular poderão, associados, claro está, a outros meios de prova, assumir extrema importância na descoberta da verdade material dos factos. Imagine-se que alguém incendeia o automóvel novo de A. Certa testemunha, B, afirma ter visto C a cometer tal crime. Não obstante entendida, a prova testemunhal, como a rainha das provas – pela sua omnipresença em quase todos os processos –, ela pode, em termos de credibilidade e fiabilidade, denotar outra consistência quando conjugada com dados de localização do telemóvel de C, que o posicionem, à hora do crime, na zona onde o automóvel foi incendiado.

4.6.2. Regime Geral da Localização Celular

Não obstante a conclusão anteriormente aduzida, o legislador equipara, no art. 189º nº 2 CPP[519], o regime da localização celular (dados de tráfego) ao das escutas telefónicas (dados de conteúdo). Assim, em qualquer fase do processo[520], pode ser localizado determinado indivíduo através do telemóvel de que supostamente é possuidor, desde que haja uma ordem prévia ou autorização do juiz de instrução [ainda que na fase de inquérito, art. 269º nº 1 al. e) do CPP], e estejam reunidos os pressupostos exigidos para as escutas telefónicas, a saber: estar em causa um crime de catálogo [als. a) a g) do art. 187º nº 1 do CPP][521] e uma das pessoas referidas no art. 187º nº 4 do CPP.[522-523]

[519] Este art. 189º nº 2 do CPP foi introduzido pela Lei nº 48/2007, de 29 de Agosto, correspondendo o seu nº 1, com algumas alterações, ao art. 190º da versão anterior do CPP. O nº 2 vem estender o regime das escutas, além dos meios técnicos contidos no seu nº 1, aos dados de tráfego, em especial os dados sobre a localização celular e de registos da realização de conversações ou comunicações.

[520] Nesta equiparação do regime da localização celular ao regime das escutas telefónicas, o legislador consagrou a possibilidade de aquela poder ser ordenada ou autorizada "*em qualquer fase do processo*" (art. 189º nº 2 do CPP), alargando a possibilidade prevista para as escutas telefónicas, que só podem ser autorizadas durante o inquérito, mediante requerimento do Ministério Público (187º nº 1 do CPP). Considerando "*que o legislador consagrou as soluções mais acertadas e soube exprimir o seu pensamento em termos adequados*" (art. 9º nº 3 do Código Civil), tal poderá significar que o legislador entendeu que a localização celular implica uma menor ofensa aos direitos e liberdades, comparativamente às escutas telefónicas.

[521] Nos termos do art. 187º nº 1 do CPP, fazem parte do catálogo, os crimes: "*a) Puníveis com pena de prisão superior, no seu máximo, a 3 anos; b) Relativos ao tráfico de estupefacientes* (Decreto-Lei nº 15/93, de 22 de Janeiro)*; c) De detenção de arma proibida e de tráfico de armas* (arts. 86º e 87º da Lei nº 5/2006, de 23 de Fevereiro)*; d) De contrabando* (art. 93º do Regime Geral das Infracções Tributárias – RGIT)*; e) De injúria* (art. 181º do CP), *de ameaça* (art. 153º do CP), *de coacção* (art. 154º do CP), *de devassa da vida privada e perturbação da paz e do sossego* (arts. 190º nº 2 e 192º do CP), *quando cometidos através de telefone; f) De ameaça com prática de crime ou de abuso e simulação de sinais de perigo* (arts. 305º e 306º do CP)*; ou g) De evasão* (art. 352º do CP), *quando o arguido haja sido condenado por algum dos crimes previstos nas alíneas anteriores*". Parêntesis introduzidos pelo autor.

[522] Designadamente: "*a) Suspeito ou arguido; b) Pessoa que sirva de intermediário, relativamente à qual haja fundadas razões para crer que recebe ou transmite mensagens destinadas ou provenientes*

Justificação para este entendimento do legislador encontra-se nas próprias mutações tecnológicas, podendo, presentemente, a intercepção e registo de comunicações incidir não só sobre o seu conteúdo, mas também sobre todas as marcas ou sinais por si deixados. Muitas das vezes, as marcas ou sinais deixados pelos sistemas de telecomunicação proporcionam um vasto conjunto de informação, susceptível de revelar "*o comportamento e a postura do interlocutor interveniente*".[524]

4.6.2.1. Direitos Fundamentais Violados pela Localização Celular

Não obstante a equiparação do legislador, não podemos concluir, desde logo, que, tal como nas escutas telefónicas, a obtenção e junção de dados sobre a localização celular contende com o princípio da inviolabilidade do sigilo da correspondência e comunicações privadas (art. 34º nºs 1 e 4 da CRP).[525]

de suspeito ou arguido; ou c) Vítima de crime, mediante o respectivo consentimento, efectivo ou presumido".

523 Antes da introdução deste art. 189º nº 2, no CPP, resultava já da interpretação do art. 187º do CPP, a admissibilidade, para efeitos de prova, da obtenção de dados de tráfego, entre eles, os de localização, "*nos termos e pelo modo em que a lei de processo penal permite a intercepção das comunicações, dependendo de ordem ou autorização do juiz de instrução*". *Cfr.* a 2ª conclusão do Parecer do Conselho Consultivo da PGR, nº 21/2000 (PGRP0001246), rel. Fernandes Cadilha (*in www.dgsi.pt*, acedido e consultado em 15 de Janeiro de 2012). Já após a introdução do referido artigo, pronunciou-se o TC no sentido de que, "*encontrando-se o acesso à facturação detalhada e a localização celular compreendidas no real conteúdo das técnicas de ingerência nas telecomunicações expressamente previstas pelo legislador no artigo 187º, do C.P.P./87*" (admissibilidade das escutas telefónicas), quando se permite "*a intercepção e gravação das conversações ou comunicações telefónicas*", permite-se "*também, inevitavelmente, o acesso a todos os dados de tráfego inerentes à concretização dessa técnica de ingerência nas telecomunicações*", onde se inclui "*a localização celular*". «*Vide*» Acórdão do TC, nº 486/2009, de 28 de Setembro, proc. 4/09, rel. João Cura Mariano, *in* DR nº 215, 2ª Série, de 5 de Novembro de 2009, pág. 45125.

524 Neste sentido, Costa Andrade (2009), pág. 156.

525 Estabelece o art. 34º nº 1 da CRP que: "*O domicílio e o sigilo da correspondência e dos outros meios de comunicação privada são invioláveis*". Refere ainda o seu nº 4 que: "*É proibida toda a ingerência das autoridades públicas na correspondência, nas telecomunicações e nos demais meios de comunicação, salvos os casos previstos na lei em matéria de processo criminal*".

No que a esta matéria concerne, pronunciou-se o professor COSTA ANDRADE no sentido de que não só o conteúdo das comunicações cai na tutela da inviolabilidade das telecomunicações[526], mas também, pelo seu "*conteúdo de expressividade (Aussagegehalt)*" e pelas conclusões decisivas que permitem retirar, os dados por elas gerados. Refere, no entanto, o douto mestre, na senda do Tribunal Constitucional Federal alemão[527], que essa tutela pressupõe que estejamos perante «*dados autênticos de comunicação (os "echten Verbindungsdaten" de que falam os autores alemães)*». Deste modo, serão considerados "*autênticos dados de comunicação ou de tráfego*", somente aqueles "*que se reportam a comunicações efectivamente realizadas ou tentadas/falhadas entre pessoas*".[528]

[526] Note-se que o professor COSTA ANDRADE, ao longo da sua obra "*Bruscamente no Verão Passado...*", e à semelhança do que sucede com o legislador penal – *cfr.* arts. 194º e 384º do CP, respectivamente com as epígrafes: "*Violação de correspondência ou de telecomunicações*" e "*Violação de segredo de correspondência ou de telecomunicações*" – refere-se à noção de "*telecomunicações*", contrariamente ao que sucede a nível europeu, onde se vem adoptando um conceito mais amplo e moderno que o abrange, o de "*comunicação electrónica*". Esta maior amplitude é patente, *v.g.*, no art. 3º al. ff) da Lei das Comunicações Electrónicas (Lei nº 5/2004, de 10 de Fevereiro, com as alterações introduzidas pela Lei nº 15/ /2016, de 17 de Junho), onde é definido o "*Serviço de comunicações electrónicas*", como o "*serviço oferecido em geral mediante remuneração, que consiste total ou principalmente no envio de sinais através de redes de comunicações electrónicas, incluindo os serviços de telecomunicações e os serviços de transmissão em redes utilizadas para a radiodifusão*" (sublinhado nosso). No que concerne ao CP, a manutenção desta noção mais restrita (telecomunicações) leva a que, por força do seu art. 1º nº 3 (proibição da analogia incriminatória), só sejam aplicáveis aquelas normas às "*comunicações electrónicas*" que sejam concomitantemente "*telecomunicações*". Também no art. 34º da CRP é adoptada a clássica noção de "*telecomunicação*". Julgamos, no entanto, que a evolução técnico-científica, já entretanto abraçada por alguma legislação ordinária, levará, muito provavelmente, a que a noção de telecomunicação venha a ser brevemente substituída pela noção mais abrangente de comunicação electrónica.

[527] Mais precisamente, da sua decisão datada de 2 de Março de 2006, *in www.bverfg.de/entscheidungen/rk20060822_2bvr134503.html*, acedida e consultada em 20 de Janeiro de 2012.

[528] *Cfr.* COSTA ANDRADE (2009), págs. 161/162.

Exclui o autor, de forma expressa, os meros dados de localização de um aparelho de telemóvel, dado inexistir qualquer comunicação entre pessoas, bastando que aquele se encontre "*ligado e apto a receber chamadas*". Está em causa, segundo o mesmo, uma comunicação "*entre máquinas, que não goza de tutela constitucional e processual penal*" da inviolabilidade das comunicações electrónicas.[529]

Contudo, tal não significa que a localização celular, enquanto "*comunicação entre máquinas*", fique desprovida de tutela. Não obstante, como já vimos, a diferença entre a localização celular e a localização por GPS, julgamos que os regimes se aproximam quando os dados de localização celular não estão associados a qualquer comunicação pessoal, efectiva ou tentada. Está assim em causa, em ambos os regimes, o direito à reserva da intimidade da vida privada e familiar (art. 26º nºs 1 e 2 da CRP)[530], que assenta no «*right of privacy*» americano, enquanto «*right to be alone*»[531], traduzindo-se, neste caso, no direito dos cidadãos

[529] *Cfr.* COSTA ANDRADE (2009), págs. 162 e 187.

[530] Também no art. 12º da Declaração Universal dos Direitos do Homem (DUDH), art. 17º do Pacto Internacional relativo aos Direitos Civis e Políticos (PIDCP) e art. 8º da Convenção Europeia dos Direitos do Homem (CEDH).

[531] O «*right of privacy*» americano comporta, na sua formulação originária, quatro áreas diversas, a saber: o direito à solidão ou a estar sozinho («*right to be alone*»); o direito à intimidade da vida privada e familiar; o direito ao anonimato; e o direito a não conhecer interferência de terceiros. Neste sentido, *cfr.*, *v.g.*, o parecer da Comissão Nacional de Protecção de Dados (CNPD), nº 18/2007, de 13 de Abril de 2007, rel. EDUARDO CAMPOS, *in www.cnpd.pt/bin/decisoes/2007/htm/par/par018-07.htm*, acedido e consultado em 20 de Janeiro de 2012. No que concerne ao direito europeu, designadamente ao direito alemão, onde foi concebida a teoria das três esferas ou áreas, podemos encontrar expressões como «*Privatsphäre*», «*Intimsphäre*», «*Geheimsphäre*» e «*Individuellsphäre*». Assim, de acordo com a teoria anunciada, encontramos: a esfera íntima, a esfera privada e a esfera social. No que concerne à primeira, a esfera íntima, corresponde ao "*núcleo duro "inviolável e intangível*" da vida privada, "*protegida contra qualquer intromissão das autoridades ou dos particulares e, por isso, subtraída a todo o juízo de ponderação de bens ou interesses*". Relativamente à esfera privada (onde se enquadra a obtenção de dados de localização não associados a qualquer comunicação pessoal, efectiva ou tentada), admite restrições, desde que legitimadas pela necessidade, adequação e proporcionalidade em sentido estrito. Por último, na esfera social,

à livre deslocação e fixação, de forma anónima, secreta e desacompanhada.[532]

Estando em causa, em ambos os regimes, a restrição de direitos fundamentais dos cidadãos, deve qualquer ingerência estatal encontrar uma lei habilitante, de carácter geral e abstracto; devendo ainda, essa restrição, mostrar-se como necessária, adequada e proporcional à salvaguarda de outros direitos ou interesses constitucionalmente protegidos (art. 18º nºs 1 e 2 da CRP). De outro modo, estamos perante um método proibido de prova (art. 126º nº 3 do CPP), não podendo a prova obtida ser utilizada, salvo com a finalidade exclusiva de proceder criminalmente contra quem a obteve nesses termos (art. 126º nº 4 do CPP).[533]

entramos no âmbito do direito à imagem e à palavra. Neste sentido, *cfr.* Costa Andrade (2006), págs. 94/100, 189/190, 197/202 e 265 e sgts.

[532] No mesmo sentido, relativamente à localização por GPS, parece apontar o professor Paulo Pinto de Albuquerque (2008), na sua anotação ao art. 125º do CPP, considerando que a colocação de um receptor de GPS, dada a colisão com o direito à privacidade do visado, não é admissível no nosso ordenamento jurídico, por falta de previsão legal. Em sentido diferente, o Acórdão do TRE, de 07 de Outubro de 2008, proc. 2005/08-1, rel. Martinho Cardoso, *in www.dgsi.pt*, acedido e consultado em 22 de Janeiro de 2012, entendendo que não existe qualquer restrição de direitos, liberdades ou garantias, já que o GPS "*é um aparelho surdo e cego no sentido de que não escuta as conversas dos ocupantes do carro, nem identifica quem lá vai e o que estão a fazer, apenas informa aonde está o veículo, circunstância que é visível a olho nu para quem olhe para o carro e lhe vê a matrícula*". No entanto, parece-nos que quando se coloca um receptor de GPS numa viatura, é para saber o percurso ou localização do seu usuário (suspeito ou arguido); portanto, essa intrusão tem um destinatário específico, titular de direitos, liberdades e garantias. Diferente também será a localização permanente por GPS da simples visualização pontual da matrícula de uma viatura.

[533] No que concerne ao direito nacional, embora a localização por GPS não encontre lei habilitante, a localização celular – independente de qualquer comunicação efectiva ou tentada – é permitida, como veremos, nos termos do art. 252º-A do CPP. Relativamente ao direito alemão, quer a localização por GPS, quer a localização celular dita "*entre máquinas*" são reconduzidas aos §§ 100c 1 (b), 100h 1 (2), 163 e 163f da *StPO*, devendo estes meios de vigilância técnica ser utilizados somente quando estejam em causa crimes de considerável importância e, de outra forma, a investigação ou a determinação do paradeiro do suspeito se revelaria muito difícil ou mesmo impossível. No que concerne ao § 100c 1 (b) da *StPO*, atribui competência, no âmbito da investigação criminal, para usar os meios

Face ao exposto, parece-nos que o legislador, ao sujeitar, no art. 189º nº 2 do CPP, a obtenção e junção aos autos de dados sobre a localização celular, aos exigentes requisitos das escutas telefónicas, pretende somente referir-se aos dados de localização celular (dados de tráfego) gerados pelas comunicações efectivamente realizadas ou tentadas entre pessoas, através do telemóvel de que são portadoras. Fora destas comunicações e exceptuados os casos previstos no art. 252º-A do CPP, como veremos «*infra*», a obtenção e junção de dados de localização fica sem lei habilitante, sendo, por isso, ilegal.

4.6.3. Âmbito de Aplicação da Medida

Conforme já referido, desde que é efectuada uma chamada telefónica, ou pelo menos ela é tentada, existe uma tutela da sua inviolabilidade por terceiros, não só relativamente ao seu conteúdo, mas aos dados por si gerados.[534] Como corolário dessa tutela, toda a pessoa tem o direito

técnicos necessários à execução de medidas de acompanhamento e vigilância, onde se inclui o uso do GPS, desde que eles se mostrem proporcionais aos fins visados. Não é, pois, inconstitucional, a inclusão do GPS na previsão legal do § 100c 1 (b) da StPO, conforme decisão do Tribunal Constitucional Federal alemão, «*Bundesverfassungsgericht ou BVerfG*», datada de 12 de Abril de 2005 (*in http://www.bverfg.de/entscheidungen/rs20050412_2bvr058101.html*, acedido e consultado em 12 de Junho de 2012). Alerta, no entanto, o «BVerfG», no aludido aresto, que a utilização deste método oculto de investigação, dado o seu rápido desenvolvimento e potencial de intrusão nos direitos fundamentais dos cidadãos, requer uma atenção cuidada do legislador; o qual deve adoptar, futuramente, medidas correctivas, se necessário através de legislação suplementar, sob pena de a legislação processual vigente não assegurar, de forma apropriada, esses mesmos direitos fundamentais.

[534] Como resulta claro do art. 189º nº 2 do CPP, encontram-se excluídos os denominados "dados *de base*" (*v.g.*, a morada dos utilizadores da comunicação electrónica), já que assumem uma certa autonomia e "*instrumentalidade relativamente às eventuais comunicações e, por isso mesmo, não pertencem à área de tutela do sigilo das telecomunicações*" (*Cfr.* o *sup. cit.* Acórdão do TC, nº 486/2009, de 28 de Setembro de 2009). Estes dados (de base) encontram no entanto protecção no sigilo profissional a que estão obrigados os operadores da rede de comunicação. Neste caso, contrariamente ao que sucede no art. 189º nº 2 do CPP, não será necessária ordem ou autorização do juiz para a sua obtenção, mas do Ministério Público, nos termos do art. 267º do CPP. Existem, contudo, autores, como ANA M. S. CLARO OUBIÑA (2009), págs. 16/17, que consideram que os dados de base, assim como os

de não ver violadas ou devassadas as suas comunicações privadas, nem divulgadas por quem, por razões funcionais, a elas tenha acesso (*v.g.*, os funcionários dos serviços de comunicações electrónicas). Emerge daqui um "*dever de segredo profissional*" como garantia do sigilo da correspondência e dos outros meios de comunicação privados, "*que não pode ser violado*".[535]

Sendo assim, incumbe às "*empresas que oferecem redes e ou serviços de comunicações electrónicas*", nos termos do art. 4º nº 1, da já referida Lei nº 41/2004, de 18 de Agosto, o dever de garantir a "*inviolabilidade das comunicações e respectivos dados de tráfego realizadas através de redes públicas de comunicações e de serviços de comunicações electrónicas acessíveis ao público*", mediante a adopção de medidas técnicas e organizacionais adequadas (arts. 3º nº 1 e 4º nº 1). Devem ainda, aquelas empresas, nos termos do art. 6º nº 1, do mesmo diploma legal, proceder à eliminação dos dados de tráfego tratados e armazenados ou torná-los anónimos "*quando deixem de ser necessários para efeitos da transmissão da comunicação*". No que concerne aos dados de localização celular, o seu tratamento está dependente de prévio anonimato (art. 7º nº 1).[536]

dados de conteúdo e de tráfego, se encontram abrangidos pela tutela do sigilo das comunicações electrónicas (art. 34º nºs 1 e 4 da CRP).

[535] Neste sentido, o Acórdão do TRE, de 18 de Outubro de 2011, rel. Fernando Ribeiro Cardoso, *in www.dgsi.pt*, acedido e consultado em 20 de Janeiro de 2012. A violação do segredo das telecomunicações pelos funcionários afectos àquele sector é punível nos termos do art. 384º do CP. Para os cidadãos em geral, encontra-se proibida a intromissão no conteúdo de telecomunicações, seu conhecimento e divulgação (art. 194º nºs 2 e 3 do CP).

[536] Como bem nos refere Costa Andrade (2009), pág. 158, [al. b)], a garantia do sigilo das telecomunicações permite aos cidadãos confiarem nas operadoras em quem depositaram as suas comunicações (conteúdo e dados), na esperança da sua integridade e confidencialidade. Desse modo, "*não haverá violação do sigilo das telecomunicações, quando um dos intervenientes, à revelia do seu interlocutor, permite que um terceiro (por exemplo um agente policial) tenha acesso à conversação, a escute e a registe*". Como bem salienta em nota de rodapé, pode a informação assim obtida, não obstante a ausência daquela tutela, não ser valorada enquanto meio de prova, dado estarmos perante um meio enganoso e violador do princípio «*nemo tenetur se ipsum accusare*».

4.6.3.1. Conservação de Dados de Localização Celular

Após assumida a importância significativa dos dados de localização na investigação, detecção e repressão da criminalidade, essencial se tornou garantir a sua obtenção e junção no processo penal, assegurando a sua conservação pelas operadoras dos serviços de comunicações electrónicas. Assim, durante o prazo de um ano – a contar da data da conclusão da comunicação –, as entidades fornecedoras de serviços de comunicações estão obrigadas, nos termos do art. 6º da Lei nº 32/2008, de 17 de Julho[537], a assegurar e conservar os dados de comunicação[538], de modo a serem transmitidos às entidades competentes, após ordem ou autorização do juiz.[539-540]

[537] A Lei nº 32/2008, de 17 de Julho (*in* DR nº 137, 1ª Série, de 17 de Julho de 2008, págs. 4454 e sgts.), veio transpor para a ordem jurídica interna a Directiva nº 2006/24/CE, do Parlamento Europeu e do Conselho, de 15 de Março (acedida e consultada no dia 22 de Janeiro de 2012, em *www.eur-lex.europa.eu/LexUriServ/LexUriServ.do?uri=OJ:L:2006:105:0054:0063:PT:PDF*), relativa à conservação de dados gerados ou tratados no contexto da oferta de serviços de comunicações electrónicas publicamente disponíveis ou de redes públicas de comunicações. A previsão de um ano, contida no art. 6º da Lei nº 32/2008, surgiu na sequência do disposto no art. 6º da Directiva nº 2006/24/CE, que obrigou os Estados-Membros a assegurar a conservação dos dados de comunicação "*por períodos não inferiores a seis meses e não superiores a dois anos, no máximo, a contar da data da comunicação*".

[538] Repare-se que a Lei nº 32/2008 só obriga as entidades fornecedoras de serviços de comunicações a assegurar e conservar os dados gerados pelas comunicações efectivamente realizadas ou tentadas entre pessoas.

[539] Esta necessidade de conservação surge como instrumento de luta contra o terrorismo, acelerada com os ataques terroristas em Londres (07 de Julho de 2005). Assim, tendo em vista, não só o terrorismo mas todos os crimes graves (como tal definidos no direito nacional de cada Estado-Membro), foi lavrada pelo Parlamento Europeu e pelo Conselho, em 15 de Março de 2006, a Directiva nº 2006/24/CE (alterando a anterior Directiva 2002/58/CE), visando harmonizar a legislação interna dos Estados Comunitários, no que concerne à conservação de dados relativos às comunicações electrónicas.

[540] É de referir que a Lei nº 32/2008 tem em vista dados em suporte electrónico, facilitadores da imediata transmissão às autoridades competentes – por via electrónica –, após despacho fundamentado do juiz [art. 7º nº 1 al. a)]. Não estando em causa dados de tráfego em suporte electrónico, mas em suporte de papel, será de aplicar a Lei nº 67/ /98, de 26 de Outubro, relativa à Protecção de Dados Pessoais, devendo esses dados,

Repare-se, no entanto, que, nos termos do art. 3º nº 1 da Lei nº 32/ /2008, a transmissão de dados conservados tem por finalidade exclusiva a investigação, detecção e repressão de crimes graves, como tal considerados pelo seu art. 2º nº 1 al. g).[541] Analisando os crimes integradores desta noção, podemos concluir que, de um modo geral, eles encontram-se abrangidos pelo catálogo de crimes previsto no art. 187º nº 1 do CPP, nomeadamente pela sua alínea a), aplicável à localização celular por via do art. 189º nº 2 do CPP. Por outro lado, no entanto, existem crimes que não obstante suficientemente graves para poderem determinar a realização de uma escuta telefónica, não o serão para efeitos de obtenção e junção de dados sobre a localização celular.[542]

nos termos do seu art. 5º nº 1 al. e), ser conservados, apenas, "*durante o período necessário para a prossecução das finalidades da recolha ou do tratamento posterior*". Não obstante o art. 23º nº 1 al. f) da Lei nº 67/98, de 26 de Outubro, atribuir competência à Comissão Nacional de Protecção de Dados para fixação do "*tempo de conservação dos dados pessoais em função da finalidade, podendo emitir directivas para determinados sectores de actividade*", desconhece-se que ela o tenha feito relativamente à conservação de dados pessoais de tráfego em suporte de papel. Conforme alude Fernando Bento – em declaração de voto ao Parecer do Conselho Consultivo da PGR, nº 79/2008 (PGRP00003023), rel. José Coutinho (*in* DR nº 192, de 02 de Outubro de 2009) –, esse período de conservação dos dados pessoais ter-se-á como o período razoável, em caso de extravio, à nova interpelação por parte da autoridade judiciária, tendo em vista o pedido por si precedentemente formulado. Este prazo, claro está, nunca poderá ultrapassar o prazo legalmente estipulado para preservação dos dados em suporte electrónico (1 ano, nos termos do disposto no art. 6º da Lei nº 32/2008).

[541] O art. 2º nº 1 al. g) da Lei nº 32/2008, de 17 de Julho, define, para os seus efeitos, crime grave como englobando os crimes de terrorismo, criminalidade violenta, criminalidade altamente organizada (sobre estas noções, «*vide supra*» a nossa subsecção 4.4.8, afecta à identificação preventiva de suspeitos), sequestro, rapto e tomada de reféns (arts. 158º, 161º e 162º do CP), crimes contra a identidade cultural e integridade pessoal (arts. 240º a 246º do CP), contra a segurança do Estado (arts. 308º a 346º do CP), falsificação de moeda ou de títulos equiparados (arts. 262º a 271º do CP) e crimes abrangidos por convenção sobre segurança da navegação aérea ou marítima.

[542] Entre o catálogo de crimes do art. 187º nº 1 do CPP, não serão considerados crimes graves, para efeitos do art. 2º nº 1 al. g) da Lei nº 32/2008, os crimes puníveis com pena de prisão superior, no seu máximo, a 3 anos, quando não integradores da noção de "*crime*

Tendo em consideração o exposto, parece que o legislador, na ânsia de transpor uma Directiva Comunitária[543], não teve em consideração a própria ordem jurídica interna. Neste sentido, não obstante a equiparação, no art. 189º nº 2 do CPP, do regime da localização celular ao das escutas telefónicas, no que concerne ao catálogo de crimes, as entidades fornecedoras de serviços de comunicações somente estão obrigadas a transmitir dados de localização celular, previamente conservados, quando o crime de catálogo do art. 187º nº 1 do CPP seja concomitantemente um crime grave na acepção do art. 2º nº 1 al. g) da Lei nº 32/2008, de 17 de Julho.

Esta é uma questão que tem que ser repensada pelo legislador. Ora, se os crimes constantes no catálogo do art. 187º nº 1 do CPP revelam suficiente gravidade para determinar a intercepção e gravação de dados de conteúdo, não vemos razão para que não possam integrar a noção de "*crime grave*" do art. 2º nº 1 al. g) da Lei nº 32/2008, para efeitos de conservação e transmissão de dados de tráfego.[544]

Não obstante o art. 189º nº 2 do CPP remeter somente para as alíneas do art. 187º nº 1 (catálogo de crimes), o legislador vai mais longe no art. 9º nº 1 da Lei nº 32/2008, sujeitando a transmissão de dados de localização ao critério estabelecido para as escutas telefónicas (art. 187º nº 1 do CPP). Deve, assim, a transmissão de dados de localização, revelar-se como indispensável para a descoberta da verdade ou para a prova,

grave" [art. 187º nº 1 al. a) do CPP], o crime de detenção de arma proibida [al. c], de contrabando [al. d], de injúria, de ameaça, de coacção de devassa da vida privada e perturbação da paz e do sossego, quando cometidos através de telefone [al. e)], de ameaça com prática de crime ou de abuso e simulação de sinais de perigo [al. f)] e de evasão [al. g)].

[543] Dizemos "*ânsia de transpor uma directiva comunitária*", já que ela deveria ter sido transposta – conforme decorre do art. 15º nº 1 da Directiva nº 2006/24/CE –, o mais tardar, até 15 de Setembro de 2007. Portugal viu, assim, reforçado o seu estatuto de "*país incumpridor*", no que concerne à transposição de directivas comunitárias.

[544] Tal discrepância também não encontra justificação na Directiva nº 2006/24/CE. Ainda que a Directiva Comunitária seja um acto jurídico obrigatório em todos os seus elementos, no que concerne à definição de "*crimes graves*", a Directiva em apreço, no seu art. 1º nº 1, deixa essa tarefa ao legislador nacional de cada Estado-Membro.

que, de outro modo, seria impossível ou de muito difícil obtenção no âmbito da investigação, detecção e repressão de crimes graves.

Mas não se ficam por aqui as desconformidades do art. 189º nº 2 do CPP com o regime estabelecido na Lei nº 32/2008. Referimos, anteriormente, que os dados de base, dada a sua autonomia e instrumentalidade relativamente às eventuais comunicações, não pertencem à área de tutela do sigilo das telecomunicações. Como tal, e contrariamente ao que sucede com os dados de tráfego no art. 189º nº 2 do CPP, não será necessária ordem ou autorização do juiz para a sua obtenção e junção ao processo, mas do Ministério Público, nos termos do art. 267º do CPP.[545]

Contudo, o legislador, ainda que estando em causa dados de base [art. 4º nº 1 als. a) e b) da Lei nº 32/2008], obriga a que a sua transmissão seja precedida de autorização do juiz de instrução, devendo ainda, à semelhança do que sucede com os dados de tráfego, essa transmissão revelar-se indispensável para a descoberta da verdade ou para a prova, que, de outra forma, seria impossível ou muito difícil de obter no âmbito da investigação, detecção e repressão de crimes graves (art. 9º nº 1 da Lei nº 32/2008).[546-547]

Por último e no que concerne ao destino a dar aos dados de localização obtidos e juntos ao processo, após o trânsito em julgado da decisão que puser termo ao processo, parece-nos que a Lei nº 32/2008 não consagra a solução mais ponderada.

[545] Estabelece o art. 267º do CPP que: "*O Ministério Público pratica os actos e assegura os meios de prova necessários à realização das finalidades referidas no nº 1 do artigo 262º*", designadamente, "*investigar a existência de um crime, determinar os seus agentes e a responsabilidade deles*".

[546] Assim, como corolário da Lei nº 32/2008, ainda que estejamos perante dados de base [art. 4º nº 1 als. a) e b)], o Ministério Público apenas poderá requerer ao juiz de instrução autorização para a transmissão desses dados (art. 9º nº 2). Só após despacho fundamentado do juiz de instrução, é que os fornecedores de serviços de comunicações electrónicas estão obrigados a transmitir esses dados de base por si conservados (art. 9º nº 1).

[547] Também, mais uma vez, não encontramos justificação para esta discrepância na Directiva nº 2006/24/CE, já que ela, no seu art. 4º, deixa margem de manobra aos Estados, estabelecendo, somente, que os dados conservados devem ser transmitidos às "*autoridades nacionais competentes em casos específicos e de acordo com a legislação nacional*".

Embora, no que toca a este assunto, os arts. 189º nº 2 e 252º-A do CPP nada digam, entendemos que, à semelhança do que sucede no art. 188º nºs 12 e 13 do CPP, para as escutas telefónicas, os dados de localização obtidos e juntos ao processo devem ser destruídos após o trânsito em julgado da decisão que lhes puser termo, no caso de não terem servido de fundamentação na decisão, ou então, no caso contrário, "*guardados em envelope lacrado, junto ao processo, só podendo ser utilizados em caso de interposição de recurso extraordinário*".[548]

Esta nossa posição vem contrariar, no entanto, o disposto na referida Lei nº 32/2008, que determina, no seu art. 11º nº 1, a destruição dos dados de localização [art. 4º nº 1 al. f) e nº 7] que estejam na posse das autoridades competentes, "*logo que os mesmos deixem de ser estritamente necessários para os fins a que se destinam*". Refere ainda o mesmo diploma que, entre outras circunstâncias, aqueles dados deixam de ser estritamente necessários para o fim a que se destinam em caso de "*condenação, transitada em julgado*" [al. c) do seu art. 11º nº 2].

Entendemos, contudo, que, à semelhança do que sucede com o já aludido 188º nº 13 do CPP, tendo aqueles dados servido de fundamentação à decisão condenatória, devem ser preservados junto do processo, já que, após aquela decisão, poder-se-á descobrir que na sua obtenção foi utilizado um método proibido (art. 126º nº 1 a 3 do CPP). A ser assim, haverá fundamento para o recurso extraordinário de revisão [art. 449º nº 1 al. e) do CPP], invocando-se a prova obtida nesses termos.[549-550]

[548] Poderá ser, eventualmente, interposto recurso extraordinário de revisão, para o STJ, ainda que a sentença tenha transitado em julgado, *v.g.*, no caso de terem servido "*de fundamento à condenação provas proibidas*", como tal entendidas no art. 126º nºs 1 a 3 do CPP, «*ex vi*» art. 449º nº 1 al. e) do CPP.

[549] No que concerne à Directiva nº 2006/24/CE, apenas obriga, no seu art. 7º al. d), a que os dados devam ser destruídos no final do período de conservação, excepto aqueles que tenham sido facultados e preservados. Quanto a estes, devem ser destruídos após determinação do juiz (art. 11º nº 1 da Lei nº 32/2008), salvo, no caso de condenação transitada em julgado [al. c) do seu art. 11º nº 2]. Incumbirá, no entanto, ao legislador, proceder à referida alteração, eliminando aquela al. c) do art. 11º nº 2, viabilizando, assim, um eventual recurso extraordinário de revisão para invocação de prova proibida [art. 449º nº 1 al. e) do CPP].

4.6.4. Localização Celular de Âmbito Cautelar

Após termos analisado o regime geral da localização celular, iremos agora debruçar-nos sobre a localização celular de âmbito cautelar, prevista no art. 252º-A do CPP.

Ao longo do nosso estudo, temos vindo a referir que as medidas cautelares e de polícia destinam-se a acautelar a obtenção de meios de prova, face à susceptibilidade de se perderem ou alterarem. Por este motivo, podem ser levadas a cabo pelos órgãos de polícia criminal, mesmo sem ordem ou autorização prévias da autoridade judiciária competente.

[550] A Directiva 2006/24/CE, que temos vindo a referir, foi recentemente declarada inválida pelo Tribunal de Justiça da União Europeia (TJUE). *Cfr.* Acórdão de 08 de Abril de 2014 (Grande Secção), acedido e consultado em *http://curia.europa.eu/juris/document/document.jsf?docid=150642&text=&doclang=PT*, no dia 08 de Maio de 2014. Esta decisão surge na sequência de dois reenvios prejudiciais, procedentes do «*High Court*» irlandês e do «*Verfassungsgerichts*» austríaco, processos C-293/12 e C-594/12, respetivamente. Embora reconhecendo a sua relevância na investigação, detecção e repressão de crimes graves, em especial de terrorismo e criminalidade organizada, ainda assim, o TJUE entendeu que a sua aplicação viola o direito à reserva da intimidade da vida privada e familiar, o direito à proteção de dados pessoais e o princípio da proporcionalidade, arts. 7º, 8º e 52º nº 1 da Carta dos Direitos Fundamentais da União Europeia (2010/C 83/02), acedida e consultada em *http://eur-lex.europa.eu/LexUriServ/LexUriServ.do?uri=OJ:C:2010:083:0389:0403:pt:PDF.*

Tendo esta declaração de invalidade resultado de questões prejudiciais, art. 267º do Tratado sobre o Funcionamento da União Europeia (TFUE) – e não de um recurso de anulação, art. 263º TFUE –, significa que, formalmente, a Directiva 2006/24/CE manter-se-á em vigor até à sua alteração ou revogação; assim como a Lei nº 32/2008, de 17 de Julho, diploma que a transpôs (a alteração ou revogação daquela Directiva determinará que se proceda também à sua modificação. Até lá, poderá, no entanto, o Tribunal Constitucional pronunciar-se pela inconstitucionalidade de alguma da suas disposições, se solicitado para o efeito). Embora a decisão prejudicial se dirija directamente e apenas aos tribunais dos Estados-Membros da União Europeia que suscitaram o reenvio, por uma questão de aplicação uniforme do direito no espaço comunitário, entendemos que ela deverá ser tida em consideração pelos tribunais portugueses aquando da aplicação do regime normativo que transpôs a Directiva; devendo, por isso, ser recusada a aplicação de alguma das suas disposições, quando possa estar em causa a sua inconstitucionalidade (art. 204º da CRP).

Não obstante a inserção do referido art. 252º-A do CPP no capítulo afecto às medidas cautelares e de polícia, esta medida, na verdade, à semelhança do que vimos anteriormente no art. 174º nº 5 al. a) do CPP (revistas e buscas)[551], visa prioritariamente, não acautelar a obtenção de meios de prova, mas bens jurídicos fundamentais, «*in casu*», a vida e a integridade física dos cidadãos (arts. 24º e 25º da CRP).

Assim, nos termos do nº 1 do referido art. 252º-A, poderão as autoridades judiciárias[552], bem como as autoridades de polícia criminal[553], estando em causa um perigo para os bens jurídicos anunciados, obter, por sua iniciativa, dados sobre a localização celular, quer do seu titular[554], quer do seu ofensor, sempre que essa medida se revele necessária para o afastamento desse perigo.

A iniciativa, quando parta das autoridades de polícia criminal ou do Ministério Público [autoridade judiciária, art. 1º al. b) do CPP], deve ser sempre comunicada ao juiz do tribunal onde o processo está a correr, no prazo máximo de quarenta e oito horas (art. 252º-A nº 2 do CPP), sob pena da sua nulidade (art. 252º-A nº 4 do CPP). Inexistindo um processo em curso, a comunicação deverá ocorrer no mesmo prazo, sob pena da mesma consequência jurídica, mas agora "*dirigida ao juiz da sede da entidade competente para a investigação criminal*" (art. 252º-A nº 3 do CPP).

[551] *Cfr.* a nossa subsecção 4.5.5, denominada "*revistas e buscas de natureza excepcional*".

[552] Considerando-se como tais, nos termos do disposto no art. 1º al. b) do CPP: "*o juiz, o juiz de instrução e o Ministério Público, cada um relativamente aos actos processuais que cabem na sua competência*".

[553] Conforme estabelecido no art. 1º al. d) do CPP), consideram-se autoridades de polícia criminal, "*os directores, oficiais, inspectores e subinspectores de polícia e todos os funcionários policiais a quem as leis respectivas reconhecerem aquela qualificação*". Para mais desenvolvimentos sobre as autoridades de polícia criminal, «*vide supra*» a nossa secção 1.5, intitulada "*a polícia no processo penal*".

[554] No que concerne ao titular dos bens jurídicos, esta actuação restritiva, tal como sucede nas escutas telefónicas [art. 187º nº 4 al. c) do CPP], sempre estaria justificada por via do consentimento presumido (art. 39º do CP). Assim, se alguém foi sequestrado com ameaça de morte, desconhecendo-se a sua localização, presume-se, perante os interesses jurídicos em confronto, que, naquela situação concreta, daria o seu consentimento para o localizarem através do seu telemóvel.

À semelhança do que já referimos «*supra*», em sede de revistas e buscas de carácter excepcional – realizadas ao abrigo do art. 174º nº 5 al. a) do CPP –, ainda que se venha a obter um meio de prova por via do recurso a esta medida (prevista no art. 252º-A do CPP), ela, na sua essência, visa proteger a vida ou a integridade física das suas agressões mais graves, sendo essa protecção requisito essencial para que ela se assuma, num segundo momento, como meio de obtenção de prova de âmbito cautelar.

Vimos, na subsecção precedente, que só os dados de localização associados a uma comunicação efectiva, ou pelo menos tentada, entre pessoas, gozam da tutela da inviolabilidade das comunicações electrónicas (art. 34º nºs 1 e 4 do CPP), ficando os restantes sob a alçada da reserva da intimidade da vida privada e familiar (art. 26º nºs 1 e 2 da CRP). No que concerne à localização celular prevista no art. 252º-A do CPP, não existe qualquer comunicação entre pessoas, mas entre máquinas, ou seja, entre o equipamento terminal de um assinante (telemóvel) e os lacetes locais das redes de telecomunicações móveis. Desse modo, somos levados a concluir que a obtenção de dados de localização do art. 252º-A cai fora do âmbito da tutela da inviolabilidade das comunicações electrónicas.[555-556]

Está em causa, contudo, como já referimos, uma restrição do direito à reserva da intimidade da vida privada e familiar (art. 26º nºs 1 e 2 da

[555] Diferente entendimento o sufragado por BENJAMIM SILVA RODRIGUES (2010), pág. 87; e por PAULO PINTO DE ALBUQUERQUE (2008), nota 3, pág. 672. Também, aquando da discussão e votação, na especialidade, do art. 252º-A do CPP, o Deputado João Oliveira (PCP). *In* DAR nº 108, 1ª Série, de 20 de Julho de 2007, [(X Legislatura – 2ª Sessão Legislativa (2006-2007)], pág. 52; acedido e consultado em *www.parlamento.pt/DAR/Paginas/DAR1Serie.aspx*, em 08 de Fevereiro de 2012.

[556] Não obstante a Lei nº 32/2008 só obrigar as entidades fornecedoras de serviços de comunicações a assegurar e conservar os dados gerados pelas comunicações efectivamente realizadas ou tentadas entre pessoas, é garantida a obtenção cautelar de dados de localização celular à margem dessas comunicações. Assim, estabelece o art. 9º nº 5, daquele diploma legal, que: "*O disposto nos números anteriores não prejudica a obtenção de dados sobre a localização celular necessários para afastar perigo para a vida ou de ofensa à integridade física grave, nos termos do artigo 252º-A do Código de Processo Penal*".

CRP). Essa restrição encontra legitimidade no art. 18º nºs 2 e 3 da CRP, sendo uma medida prevista na lei e que se revela como necessária, adequada e proporcional à salvaguarda da vida e da integridade física dos cidadãos, bens jurídicos tidos como mais importantes na Constituição.

No que concerne à nulidade prevista no art. 252º-A nº 4 do CPP[557], parece-nos que, de um modo geral, só faz sentido quando a obtenção cautelar de dados de localização celular é motivada por um "*perigo para a vida ou de ofensa à integridade física grave*", desencadeado por uma conduta humana.[558]

Estando em causa a restrição de direitos fundamentais, a integração desses dados no processo, instaurado ou a instaurar, está sempre dependente da apreciação dos seus pressupostos e fundamentos, bem como da sua validação pelo juiz do processo ou da sede da entidade competente para a investigação criminal; devendo, para o efeito, ser-lhe comunicada a medida no prazo máximo de 48 horas (art. 252º-A nºs 2 e 3 do CPP).[559-560] Assim, ainda que se venha a obter um meio de prova por via do recurso a esta medida, prevista no art. 252º-A do CPP, ela, na sua essência, visa proteger a vida ou a integridade física das suas

[557] Estabelece o art. 252º-A nº 4 do CPP que: "*É nula a obtenção de dados sobre a localização celular com violação do disposto nos números anteriores*".

[558] Nos casos em que o "*perigo para a vida ou de ofensa à integridade física grave*" não advenha de conduta humana, mas, *v.g.*, de acidente ou catástrofe, não haverá necessidade de cautelas probatórias, nem o risco de se estar perante um método proibido de prova (art. 32º nº 8 da CRP e art. 126º nº 3 do CPP), logo, não fará sentido a nulidade prevista no art. 252º-A nº 4 do CPP, enquanto consequência jurídica para a obtenção de dados sobre a localização, em violação dos nºs 1, 2 e 3 do mesmo preceito legal.

[559] O mesmo sucede, *v.g.*, nas revistas e buscas de carácter excepcional, previstas no art. 174º nº 5 al. a) do CPP (*vide* a nossa subsecção 4.5.5), devendo a sua apreciação e validação ocorrer ao abrigo do nº 6 do mesmo art. 174º. Também, *v.g.*, nas revistas e buscas preventivas (*cfr.* a nossa subsecção 4.5.4), a migração da prova obtida, para o processo penal, está dependente, sob pena de nulidade, de validação por parte do juiz de instrução do local onde a revista ou a busca foi realizada, devendo, para o efeito, ela ser-lhe comunicada no mais curto prazo, que não pode exceder as 48 horas (art. 33º da LSI).

[560] No caso de se proceder à detenção de suspeito, essa comunicação ocorrerá aquando da sua apresentação, nos termos do art. 254º nº 1 al. a) do CPP, no mesmo prazo de 48 horas.

agressões mais graves, sendo a necessidade dessa protecção requisito essencial para que ela se assuma, num segundo momento, como meio de obtenção de prova de âmbito cautelar, escapando à nulidade do art. 252º-A nº 4 do CPP (reflexo do art. 32º nº 8 da CRP e art. 126º nº 3 do CPP) e, consequentemente, por via do "*efeito-à-distância*", também toda a prova obtida à sua custa.[561]

Para os autores que entendem que está em causa, na obtenção de dados de localização do art. 252º-A do CPP, a inviolabilidade do sigilo das comunicações electrónicas, a norma do art. 252º-A nº 3 do CPP é inconstitucional, por violação do art. 34º nº 4 da CRP[562], na medida em que permite a localização celular "*para efeitos de pura prevenção criminal*", onde a norma constitucional o não faz.[563]

Para estes, ainda assim, se do ponto de vista substantivo a medida se encontra justificada, pela sua necessidade, quer relativamente ao titular dos bens jurídicos em perigo, quer ao seu ofensor – por via, respectivamente, dos institutos do consentimento presumido (art. 39º do CP) e do estado de necessidade justificante (art. 34º do CP)[564] –, e o que é

[561] Sobre a doutrina do "*efeito-à-distância*" ou da eficácia longínqua, *cfr.* a nossa subsecção 3.3.1.

[562] Estabelece o art. 34º nº 4 da CRP que: "*É proibida toda a ingerência das autoridades públicas (...), nas telecomunicações e nos demais meios de comunicação, salvos os casos previstos na lei em matéria de processo criminal*".

[563] «*Vide*» Paulo Pinto de Albuquerque (2008), nota 3, pág. 672.

[564] O recurso a estas causas de exclusão da ilicitude – justificativas da obtenção de meios de prova proibidos pelos órgãos formais de controlo e repressão, quando esteja em causa um perigo para bens jurídicos "*transprocessuais-penais*" (ainda que "*encabeçados em portadores individuais*") – tem sido excepcionalmente aceite pela jurisprudência alemã, mas gerado discussão entre a sua doutrina. No que concerne à jurisprudência, de um modo geral tem entendido que se pode, de forma excepcional, recorrer ao § 34 da «*Strafgesetzbuch*» (StGB) para justificar a obtenção de prova proibida, desde que a medida tenha sido utilizada com o intuito de prevenir um perigo para aqueles bens jurídicos; já não, quando ela teve em vista, pura e simplesmente, a posterior condenação de um suspeito. *Cfr.* Costa Andrade (2006), págs. 81/82. Relativamente à doutrina, aceitando este regime de extensão e aplicabilidade das causas de justificação, *v.g.*, Schaffstein, Lange ou Gössel. Em sentido contrário, *v.g.*, Amelung ou Hirsch. *Cfr.* Costa Andrade (2006), págs. 82/83.

justificado não é ilícito; sob uma perspectiva dogmática de continuidade entre licitude substantiva e processual, ela será valorável no processo penal.

4.7. O Relatório

Temos vindo a analisar as medidas cautelares e de polícia, medidas estas levadas a cabo pelos órgãos de polícia criminal em caso de necessidade e urgência, tendo como objectivo assegurar meios de prova na eventualidade de se perderem ou alterarem. Tais pressupostos possibilitam àquelas entidades policiais uma actuação imediata, prévia a qualquer ordem ou autorização da autoridade judiciária competente.

Estando em causa os direitos e liberdades dos cidadãos, deve, essa actividade policial de âmbito cautelar, obedecer aos rigorosos pressupostos e limites estabelecidos na lei. Incumbe, à autoridade judiciária competente, exercer o controlo efectivo dessa actuação, por intermédio do relatório previsto no art. 253º do CPP, cujo envio é obrigatório sempre que esteja em causa a realização daquelas medidas cautelares. É através deste instrumento, de conteúdo resumido (mas minucioso), que a autoridade judiciária vai conhecer as "investigações levadas a cabo"[565], "*os resultados das mesmas, a descrição dos factos apurados e as provas recolhidas*".

Ainda que a medida cautelar, levada a cabo pelos órgãos de polícia criminal, seja reduzida a auto (*v.g.*, identificação de suspeito, art. 250º nº 7 do CPP), tal não se confunde com a obrigatoriedade da realização do referido relatório, que deve ser apenso àquele.

Estabelece o art. 253º nº 2 do CPP que o relatório deve ser "*remetido ao Ministério Público ou ao juiz de instrução, conforme os casos*". Regra geral, o relatório é remetido à autoridade judiciária que seria competente para ordenar ou autorizar a medida entretanto realizada por iniciativa dos órgãos de polícia criminal.

[565] Esta investigação levada a cabo pelos órgãos de polícia criminal, deverá ser entendida em sentido restrito, enquanto investigação cautelar destinada a apurar a identidade dos agentes do crime (que motivou a actuação policial), das testemunhas, etc.

CONCLUSÃO

Não obstante as reflexões e conclusões mais relevantes terem já sido expostas ao longo do presente trabalho, visar-se-á sobretudo aqui, de forma sintética, inserir as conclusões que julgamos imporem-se.

1 – Assim, analisando a polícia na sua origem, levou-nos a concluir que ela sempre existiu, pelo menos a partir da mais remota antiguidade civilizada. Encontrar, por isso, um conceito de polícia tem necessariamente, como condicionantes, factores espácio-temporais e civilizacionais que, em cada momento, moldam o seu conteúdo e forma.

2 – Actualmente, a "*polícia*" assume-se, no nosso ordenamento jurídico, como parte integrante da Administração Pública, podendo a sua noção ser encarada, quer numa perspectiva funcional ou material, quer numa perspectiva orgânica ou institucional.

3 – Seguindo um critério material ou funcional, a polícia (seja administrativa, «*lato sensu*», ou judiciária) tem, como função, garantir o respeito e o cumprimento das leis em geral, assegurar a ordem, a segurança e a tranquilidade públicas, proteger pessoas e bens, prevenir e reprimir a criminalidade, ajudar a assegurar o normal funcionamento das instituições democráticas e garantir o normal exercício dos direitos, liberdades e garantias fundamentais dos cidadãos.

4 – Podemos distinguir, no âmbito da actividade policial, quer funções de prevenção, quer de repressão da criminalidade; sendo, na prática, muito ténue a linha que as separa, já que, de um modo geral, as entidades policiais possuem-nas concomitantemente e existem medidas que se assumem como de dupla função.

5 – A fronteira entre prevenção e investigação criminal deve assentar no perigo jurídico-penalmente relevante, susceptível de dar origem a uma investigação. Se, no âmbito de uma acção de prevenção, a polícia se depara com uma suspeita justificativa de um processo, a sua actuação, em observância das regras gerais sobre polícia, deve, a partir desse momento, ser conforme com as normas do processo penal.

6 – Não obstante toda a direcção do inquérito impender sobre o Ministério Público, reconhece-se uma crescente, necessária e compreensível «*policialização*» desta fase processual.

7 – As medidas de polícia, dada a susceptibilidade de colidirem com direitos fundamentais dos cidadãos, devem ter a sua previsão contemplada na lei, devendo o benefício retirado da sua adopção ser equivalente ou superior ao sacrifício por elas imposto (arts. 18º nº 2 e 272º nºs 2 da CRP).

8 – Admitimos, contudo, que face a um perigo para o interesse público surgido de forma inesperada – e inexistindo na lei uma medida de polícia apta a afastá-lo –, poder-se-á, em caso de necessidade e urgência, justificar um escape normativo, desde que a medida adoptada se mostre adequada e proporcional.

9 – Quanto à sua natureza, não podemos deixar de considerar as medidas cautelares e de polícia como verdadeiros actos processuais, que se projectam no processo em sentido formal, motivando a sua preparação e desenvolvimento, e fundamentando a sua conclusão.

10 – Relativamente à prova penal, permite alcançar um juízo de certeza sobre os factos jurídico-penalmente relevantes para o processo.

11 – É com base na prova produzida que o juiz vai fundamentar a sua decisão, de forma objectiva e motivada, vinculado aos princípios que regem o direito probatório e às demais regras de experiência comum, de lógica e de raciocínio, e de natureza técnica e científica.

12 – No que concerne à actividade de obtenção de prova dos órgãos de polícia criminal, deve encontrar limites, quer na dignidade da pessoa humana (art. 1º da CRP), quer no pleno respeito pelos direitos fundamentais dos cidadãos (art. 2º da CRP), sendo nulas as provas resultantes da sua violação (art. 32º nº 8 da CRP).

13 – As proibições de prova – onde se incluem os métodos proibidos da sua obtenção – resultam de um sistema normativo próprio, logo, independente do regime geral das nulidades. Sendo assim, a consequência para a prova obtida por intermédio de um método proibido, seja a proibição absoluta (art. 126º nºs 1 e 2 do CPP) ou relativa (art. 126º nº 3 do CPP), é a inutilidade, não podendo ser valorada no processo.

14 – No entanto, o facto de estarmos, no art. 126º nº 3 do CPP, perante direitos relativos, leva-nos a concluir que somente a violação dos pressupostos materiais de obtenção de prova implica a proibição da sua valoração, sendo de remeter a violação de pressupostos formais ou procedimentais para o regime das nulidades (art. 120º do CPP) e das irregularidades (art. 123º do CPP).

15 – Quando nos referimos à proibição de valoração da prova obtida, referimo-nos não só à prova alcançada com recurso a métodos proibidos, mas também aquela que, não obstante lícita, com ela mantém um nexo de dependência funcional e substancial, causal, lógica e jurídica (art. 122º nº 1 do CPP).

16 – Toda a actividade de obtenção de prova, em particular a desenvolvida pelos órgãos de polícia criminal no âmbito das denominadas medidas cautelares, deve ser precedida de uma suspeita justificativa de um processo, ou seja, de uma notícia do crime. Somos, pois, levados a concluir que, verdadeiramente, a primeira fase do processo coincide com a própria notícia do crime.

17 – Sendo assim, é de concluir também que o prazo de 10 dias que pode mediar entre a notícia do crime e a sua comunicação (arts. 243º nº 3, 245º e 248º nº 1 do CPP, e art. 2º nº 3 da LOIC) é inconstitucional por violação do art. 219º nº 1 da CRP; sendo, ainda, violador das garantias de defesa do arguido (art. 32º nº 1 da CRP).

18 – Dada a importância da preservação do local do crime, admite-se que os órgãos de polícia criminal possam cominar com o tipo de crime do art. 348º nº 1 al. b) do CP, eventuais desobediências à proibição, necessária, de entrada e circulação naquele local.

19 – No que concerne à recolha cautelar de informações [art. 249º nº 2 al. b) do CPP] junto do próprio agente do crime, sem que se saiba, no entanto, dessa sua qualidade, não impede que os órgãos de polícia criminal, em sede de produção de prova em audiência de julgamento, venham a depor sobre elas, desde que corroboradas ou esclarecidas por diligências investigatórias posteriores.

20 – Relativamente às apreensões, entendemos que, estando em causa direitos fundamentais dos cidadãos, devem ser sujeitas, no prazo máximo de 72 horas, à apreciação e controlo da sua legalidade pela autoridade judiciária competente, ainda que esta as tenha ordenado ou autorizado (art. 178º nº 5 do CPP).

21 – A falta de validação das apreensões por parte da autoridade judiciária competente – ainda que de forma implícita ou tácita – representa uma violação de meros pressupostos formais ou procedimentais, configurando uma irregularidade processual, sujeita ao regime do art. 123º do CPP.

22 – No que concerne à Lei nº 5/95, de 21 de Fevereiro – que obriga ao porte de documento de identificação –, encontra-se revogada tacitamente desde a entrada em vigor da Lei nº 59/98, de 25 de Agosto, mais precisamente com a redacção dada, por esta última, ao art. 250º do CPP, com fundamento na sua incompatibilidade e na posterioridade desta.

23 – Relativamente à recusa de identificação por parte de um suspeito da prática de crime, entendemos que, perante a possibilidade legal de deter um indivíduo pelo tempo indispensável para identificação – que se poderá alongar até às 6 horas [art. 250º nº 6 do CPP, *cjg.* art. 27º nº 3 al. g) da CRP] –, não se justifica a cominação com o crime de desobediência [art. 348º nº 1 al. b) do CP], que, verificado em flagrante delito, legitimaria uma detenção que se poderia prolongar até às 48 horas [art. 254º nº 1 al. a) do CPP], sob pena de se violar o princípio da subsidiariedade ou intervenção mínima do direito penal (art. 18º nº 2 da CRP).

24 – Tendo em consideração o princípio «*supra*» mencionado, e perante a falta de formalismos na exigência de identificação estabelecida no art. 49º do RGCO, propendemos em considerar que, no âmbito contra-ordenacional, serão aplicáveis as directrizes do art. 250º do CPP, por força da subsidiariedade patente no art. 41º nº 1 do RGCO, sempre que o seu autor não seja possuidor de documento de identificação ou se recuse a identificar.

25 – A identificação de suspeitos assume-se, actualmente, como uma medida de dupla função: preventiva [art. 28º nº 1 al. a) da LSI] e repressiva (art. 250º do CPP). A maior amplitude da identificação preventiva, a aplicação menos exigente e sem controlo judiciário, pode levar as entidades policiais a privilegiar o seu uso em detrimento da medida prevista no art. 250º do CPP.

26 – Face ao exposto, perante a colisão da medida preventiva com os direitos, liberdades e garantias dos cidadãos por ela visados, incumbirá às autoridades judiciárias competentes o controlo dos seus limites e pressupostos legitimadores, através de instrumento semelhante ao relatório previsto no art. 253º do CPP.

27 – Além das revistas e buscas (não domiciliárias) realizadas com finalidades cautelares probatórias [art. 251º nº 1 al. a) do CPP], existem outras com finalidades preventivas ou de segurança [*v.g.*, art. 29º al. a) da LSI].

28 – Estas devem conformar-se com os pressupostos que lhe são próprios, designadamente a sua necessidade, adequação e proporcionalidade, relativamente aos fins preventivos por elas visados (arts. 18º nº 2 e 272º nº 2, «*in fine*», da CRP). A migração das provas assim recolhidas, para o processo penal, está dependente da apreciação desses pressupostos pela autoridade judiciária competente, em ordem à sua validação.

29 – No que concerne às revistas e buscas previstas no art. 174º nº 5 al. a) do CPP, não conseguimos compreender o seu alcance prático, porquanto muito raros serão os casos em que a prática iminente daquelas condutas criminosas não resulte num flagrante delito (art. 256º do CPP), susceptível de detenção [art. 255º nº 1 al. a) do CPP], encontrando-se legitimada a realização de revistas e buscas pelos órgãos de polícia criminal, por via do art. 174º nº 5 al. c) do CPP.

30 – Encontrando-se os direitos fundamentais restringidos pelas revistas ou buscas na disponibilidade do seu titular, é necessário, para a sua realização, o seu consentimento prévio (mas que espelhe a vontade actual), livre, esclarecido e documentado.

31 – Quando nos referimos a buscas domiciliárias, reportamo-nos àquelas que são perpetradas através de uma entrada e permanência física e corpórea, não se encontrando abrangidas as entradas de cariz policial, especialmente vocacionadas para a prevenção e afastamento de perigos para bens jurídicos fundamentais sem origem criminosa e sem teor investigatório, nem as denominadas buscas online.

32 – Embora a valoração de conhecimentos fortuitos, quando obtidos no âmbito das revistas, das buscas e das apreensões, não cause desaguisados entre a doutrina e a jurisprudência – dada a sua admissibilidade como meios de obtenção de prova na investigação de qualquer crime –, o mesmo não podemos admitir quando a realização da revista ou da busca se encontra delimitada por uma finalidade específica e excepcional.

33 – Admitimos, contudo, que, no caso de a posse de objectos fortuitamente conhecidos constituir crime, o estado de flagrante delito constitui uma fonte independente que autonomiza a actividade investigatória da finalidade primitiva da revista ou da busca, legitimando a realização de revistas e buscas de natureza processual [art. 174º nº 5 al. c) do CPP], de apreensões cautelares [art. 249º nºs 1 e 2 al. c) do CPP] e, eventualmente, a detenção do seu possuidor, caso ele se encontre presente.

34 – No que concerne à obtenção e junção de dados sobre a localização celular, não obstante a equiparação do legislador no art. 189º nº 2 do CPP, não podemos concluir, desde logo, que, tal como nas escutas telefónicas, ela contende com o princípio da inviolabilidade do sigilo da correspondência e comunicações privadas (art. 34º nºs 1 e 4 da CRP).

35 – O legislador, ao sujeitar a obtenção e junção aos autos de dados sobre a localização celular, aos exigentes requisitos das escutas telefónicas, pretende somente referir-se aos dados gerados pelas comunicações efectivamente realizadas ou tentadas entre pessoas, através do telemóvel de que são portadoras.

36 – Fora destas comunicações, exceptuando a localização celular de âmbito cautelar (art. 252º-A do CPP), a obtenção e junção de dados de localização fica sem lei habilitante, sendo, por isso, ilegal.

37 – No que concerne à Lei nº 32/2008, de 17 de Julho – relativa à conservação de dados gerados pelas comunicações electrónicas –, merece uma intervenção por parte do legislador, de modo a compatibilizá-la com as demais normas legais, entre elas, com o art. 189º nº 2 do CPP, evitando, desse modo, dificuldades interpretativas.

Após tecidas as pertinentes conclusões, o autor conclui a sua motivante jornada investigatória, aproveitando o ensejo para referir que, ao longo do trilho traçado, nunca foi seu objectivo criticar orientações doutrinais ou jurisprudenciais, mas servir-se da sapiência nelas contida para edificar e consolidar a sua própria posição, procurando, em cada medida de polícia, encontrar o desejável ponto de equilíbrio entre razão de ser e limite.

Para terminar, convém ter sempre presente que o bom polícia não é aquele que simplesmente fomenta a estatística com resultados (*v.g.*, detenções, revistas ou buscas), mas aquele que alcança esses resultados observando as normas e princípios que regem a sua actividade. Só desta forma os profissionais de polícia conferem prestígio e credibilidade à instituição que representam e, consequentemente, legitimam a sua autoridade no panorama democrático contemporâneo.

BIBLIOGRAFIA

Albuquerque, Paulo Pinto de. (2008). *Comentário do Código Penal à luz da Constituição da República e da Convenção Europeia dos Direitos do Homem.* 2ª Edição, Universidade Católica, Lisboa.

Amaral, Diogo Freitas do. (1994). *Curso de Direito Administrativo.* Vol. I, 2ª Edição, Almedina, Coimbra.

– (2001). *Curso de Direito Administrativo.* Vol. II, 1ª Edição, Almedina, Coimbra.

Andrade, Manuel da Costa. (1999). *In, Comentário Conimbricense do Código Penal.* Dir. Jorge de Figueiredo Dias, Tomo I, Coimbra Editora, Coimbra.

– (2001). *"Sobre o Regime Processual Penal das Escutas Telefónicas". In* Revista Portuguesa de Ciência Criminal, Ano 1, Nº 3, Coimbra Editora, Coimbra.

– (2006). *Sobre as Proibições de Prova em Processo Penal.* Reimpressão, Coimbra Editora, Coimbra.

– (2009). *"Bruscamente no Verão Passado" a reforma do Código de Processo Penal.* Coimbra Editora, Coimbra.

Andrade, Manuel de. (1976). *Noções Elementares de Processo Civil.* Coimbra Editora, Coimbra.

Antunes, M. A. Ferreira. (1983, Fev). *"A Polícia Judiciária e o Ministério Público". In* Boletim do Ministério da Justiça, nº 323.

Barreto, Irineu Cabral. (2005). *A Convenção Europeia dos Direitos do Homem.* 3ª Edição, Coimbra Editora, Coimbra.

Barreto, Mascarenhas. (1979). *História da Polícia em Portugal: Polícia e Sociedade.* 12ª Edição, Braga Editora, Braga.

Beleza, Teresa. (1992). *Apontamentos de Direito Processual Penal.* Volume II, AAFDL, Lisboa.

– (2000). *Direito Penal.* Volume II, Editora A.A.F.D.L., Lisboa.

Beleza, Teresa & Pinto, Frederico da Costa. (2001). *Direito Processual*

Penal. Os Sujeitos Processuais e as Partes Civis. Tópicos de Estudo, Secção de Textos da Faculdade de Direito da Universidade Nova de Lisboa, Lisboa.

BOA MORTE, José Pereira Barbosa. (1841). *Condensação de Política, Moral, Economia, Administração, Polícia, execução & Cª*. Typografia Commercial Portuense, Porto.

BORGES, José Ferreira. (1856). *Diccionario Juridico-Commercial*. Typographia de Sebastião José Pereira, Porto.

CAETANO, Marcello. (2008). *Manual de Direito Administrativo*. Vol. II, 9ª Reimpressão da 10ª edição, Almedina, Coimbra.

CANOTILHO, J. J. Gomes & MOREIRA, Vital. (2007). *Constituição da República Portuguesa Anotada*. Vol. I, 4ª Edição, Coimbra Editora, Coimbra.

– (2010). *Constituição da República Portuguesa Anotada*. Vol. II, 4ª Edição, Coimbra Editora, Coimbra.

CASTRO, Catarina Sarmento. (1999). *A Questão das Polícias Municipais*. Dissertação de Mestrado em Ciências Jurídico-Políticas, Faculdade de Direito da Universidade de Coimbra, Coimbra.

COLOMER, Juan-Luis Gómez. (1985). *El Proceso Penal Aleman – Introducción y Normas Basicas*. Barcelona: Bosch Casa Editorial.

CORREIA, João Conde. (1999). *Contributo para a análise da inexistência e das nulidades processuais penais*. Coimbra Editora, Coimbra.

CORREIA, J. M. Sérvulo. (1982). *Noções de Direito Administrativo*. Vol. I, Edª Danúbio, Lisboa.

– (1994). *Dicionário Jurídico da Administração Pública*. Volume VI, Lisboa.

COSTA, José Francisco de Faria (1992). *O Perigo em Direito Penal (Contributo para a sua Fundamentação e Compreensão Dogmáticas)*. Coimbra Editora, Coimbra.

– (1994). "*As Relações entre o Ministério Público e a Polícia: A Experiência Portuguesa*". *In* Boletim da Faculdade de Direito, Vol. LXX, Coimbra.

CUNHA, Damião. (1993). *O Ministério Público e os Órgãos de Polícia Criminal no novo Código de Processo Penal*. Porto.

DIAS, Jorge de Figueiredo. (1995). *Jornadas de Direito Processual Penal*. Centro de Estudos Judiciários, Almedina, Coimbra.

– (1998). *Sobre os sujeitos processuais no novo Código de Processo Penal. In O novo Código de Processo Penal*. CEJ, Almedina, Coimbra.

– (2004). *Direito Processual Penal*. Clássicos Jurídicos, Reimpressão, Coimbra Editora, Coimbra.

– (2007). *Direito penal – Parte geral. Questões Fundamentais – A doutrina geral do crime*. Tomo I, Coimbra Editora, Coimbra.

DIAS, Jorge de Figueiredo & ANDRADE, Manuel da Costa. (1992). *Criminologia – O Homem Delinquente e a Sociedade Criminógena*. Coimbra Editora, Coimbra.

FERNANDES, José Pedro. (1994). *Dicionário Jurídico da Administração Pública*. Volume VI, Edição de Autor, Lisboa.

FERREIRA, M. Cavaleiro de. (1986). *Curso de Processo Penal*. Vol. II, Edª Danúbio, Lisboa.

– (1989). *Lições de Direito Penal. Parte Geral*, II – Penas e Medidas de Segurança, Editorial Verbo, Lisboa/São Paulo.

FERREIRA, Manuel Marques. (1989). *"Meios de Prova"*. *In* Jornadas de Direito Processual Penal – O Novo Código de Processo Penal, CEJ, Almedina, Coimbra.

GONÇALVES, M. L. Maia. (1997). *O novo Código de Processo Penal*. Jornadas CEJ, Almedina, Coimbra.

– (1999). *Código de Processo Penal Anotado*. 10ª Edição Revista e Actualizada, Almedina, Coimbra.

HENRIQUES, Leal & SANTOS, Simas. (1999). *Código de Processo Penal Anotado*. Vol. I, 2ª Edição, Rei dos Livros, Lisboa.

– (2004). *Código Penal Anotado*. Vol. II, Rei dos Livros, Lisboa.

LE CLERE, Marcel. (1947). *Histoire de la Police. Presses Universitaires de France*. Paris.

LOPES, José Mouraz. (2005, Out/ /Dez). *"Escutas Telefónicas: seis teses e uma conclusão"*. *In* Revista do Ministério Público nº 104, SMMP, Lisboa.

MELLO, Celso Antônio Bandeira de. (2007). *Direito Administrativo*. Edª Malheiros, São Paulo.

MENDES, Paulo de Sousa. (2004). *"As Proibições de Prova no Processo Penal"*. *In* Jornadas de Direito Processual Penal e Direitos Fundamentais, Almedina, Coimbra.

MESQUITA, Paulo Dá. (2003). *Direcção do Inquérito Penal e Garantia Judiciária*. Reimpressão, Coimbra Editora, Coimbra.

MIRANDA, Jorge. (2004). *Manual de Direito Constitucional*. Tomo III, 5ª Edição, Coimbra Editora, Coimbra.

MIRANDA, Jorge & MEDEIROS, Rui. (2005). *Constituição Portuguesa Anotada*. Tomo I, Coimbra Editora, Coimbra.

– (2007). *Constituição Portuguesa Anotada*. Tomo III, Coimbra Editora, Coimbra.

MONIZ, Helena. (2004). *O Crime de Falsificação de Documentos – Da Falsificação Intelectual e da Falsidade em Documento*. Coimbra Editora, Coimbra.

MONTEIRO, Cristina Líbano. (2001a, Jan/Mar). *"O consumo de Droga na política e na técnica legislativa: Comentário à Lei nº 30/2000"*. *In* Revista Portuguesa de Ciências Criminais, Ano 11, nº 1, Coimbra Editora, Coimbra.

– (2001b). *Comentário Conimbricense do Código Penal*. Tomo III, Coimbra Editora, Coimbra.

MORÃO, Helena. (2006, Out/Dez). *"O Efeito-à-distância das Proibições de Prova"*. In Revista Portuguesa de Ciência Criminal, Ano 16, nº 4, Coimbra Editora, Coimbra.

MOURA, José Souto de. (1988). *"Inquérito e instrução"*. *In* Jornadas de Direito Processual Penal, O novo CPP, Centro de Estudos Judiciários, Almedina, Coimbra.

– (1991). *"Inexistência e Nulidades Absolutas em Processo Penal"*. Textos, CEJ, Lisboa.

NEVES, Castanheira. (1968). *Sumários de Processo Criminal*. Coimbra: João Abrantes.

OUBIÑA, Ana M. S. Claro. (2009). *"As telecomunicações, a vida privada e o direito penal"*. *In* Direito Penal Hoje – Novos desafios e novas respostas", Org. Manuel da Costa Andrade e Rita Castanheira Neves, Coimbra Editora, Coimbra.

PEREIRA, António Beça. (2007). *Regime Geral das Contra-Ordenações e Coimas Anotado*. 7ª Edição, Almedina, Coimbra.

PEREIRA, António Pinto. (1999). *O Regime de Extradição*. Rei dos Livros, Lisboa.

PEREIRA, Rui. (2006). *"A reforma do Processo Penal"*. *In*, II Congresso de Processo Penal, Almedina, Coimbra.

PIMENTA, José da Costa. (1991). *Código de Processo Penal Anotado. Lisboa*, 2ª Edição, Rei dos Livros, Lisboa.

PINHEIRO, Alexandre Sousa & OLIVEIRA, Menezes de. (1994, Out/Dez). *O Bilhete de identidade e os controlos de identidade*. Revista do Ministério Público, Ano 15, Nº 60.

RAMALHO, David Silva. (2014). *"A recolha de prova penal em sistemas de computação em nuvem"*. *In* Revista de Direito Intelectual nº 2014-II (APDI), Almedina, Coimbra.

RAPOSO, João. (2006a). *"O Regime Jurídico das Medidas de Polícia"*. *In* Estudos em Homenagem ao Professor Doutor MARCELLO CAETANO no Centenário do seu Nascimento, Tomo I, Lisboa.

– (2006b). *Direito Policial*. Tomo I, Almedina, Coimbra.

RODRIGUES, Anabela Miranda. (1998). *O Inquérito no novo Código de Processo Penal*. Jornadas de Direito Processual Penal, O novo Código de Processo Penal, CEJ, Almedina, Coimbra.

– (2001). *"A fase preparatória do processo penal – tendências na Europa. O caso Português"*. STVDIA IVRIDICA, nº 61, Coimbra Editora, Coimbra.

– (2002, Out/Dez). *A defesa do arguido: uma garantia constitucional em perigo no "admirável mundo novo"*. RPCC, Ano 12, Fasc. 4º, Coimbra Editora, Coimbra.

RODRIGUES, Benjamim Silva. (2010). *Da Prova Penal*. Tomo II, 1ª Edição, Edª Rei dos Livros, Lisboa.

SÁ, Rui. (2007). *Sistemas e Redes de Telecomunicações*. FCA – Editora informática, Lisboa.

SAMPAIO, Adrião Pereira Forjaz. (1858). *Novos Elementos de Economia Política e Estadista*. Tomo I, Imprensa da Universidade, Coimbra.

SILVA. Germano Marques da. (1990). *Do Processo Penal Preliminar*. Editorial Minerva, Lisboa.
- (2000). *Curso de Processo Penal*. Vol III. 2ª Edição, Verbo, Lisboa.
- (2001). *Curso de Processo Penal*. Vol II, 3ª Edição, Verbo, Lisboa.
- (2008). *Curso de Processo Penal*. Vol. I, 5ª Edição, Verbo, Lisboa.

SOUSA, António Francisco de. (2011, Jan/Mar). "*Entrada e busca domiciliárias no Direito Policial*". *In* Revista do Ministério Público nº 125, SMMP, Lisboa.

VALENTE, Manuel Monteiro Guedes. (2004). *Processo Penal*. Tomo I, Almedina, Coimbra.
- (2009). *Teoria Geral do Direito Policial*. 2ª Edição, Almedina, Coimbra.

INDICE REMISSIVO

A

Acção(ões) de prevenção - 44, 46, 51, 54-55, 61-62, 64, 76, 130, 284;

Autoridade(s)

- de polícia - 36-38, 70-71, 89-90, 197-199, 215-216;
- de polícia criminal - 37-38, 51, 68-70, 78-79, 81-82, 90, 137, 176;
- judiciária(s) - 24, 44, 46, 48, 55, 57, 60-63, 66-68, 70-77, 79, 82, 85, 90, 93-95, 125-128, 130-134, 136-137, 139-144, 149-159, 162-163, 165, 176, 181, 198-200, 208-209, 212-213, 216, 220, 225-226, 229-233, 241, 245-246, 249-252, 272, 276-277, 281, 286-287;

Apreensão(ões)

- cautelar(es) - 24, 149, 152, 158-159, 216, 250, 258-259, 261, 288;
- de correspondência - 150, 158-163;

Autonomia

- táctica - 73, 76;
- técnica - 73, 76;

B

Busca(s)

- domiciliária(s) - 25, 146, 157, 230, 232-238, 241-249, 251-254, 258-259, 261, 288;
- domiciliária(s) de natureza excepcional - 241;
- não domiciliária(s) - 202, 206, 208, 212-213, 215, 217, 220, 245;
- *online* - 25, 237-238, 288;

C

Coadjuvação - 72-73, 76;

Competência(s)

- delegação de ... - 76-77, 79, 83, 137, 249;
- específica - 67-68, 80-81;
- genérica - 58, 67-68, 78, 80-81;

Comunicações electrónicas - 25, 263, 266-267, 270-271, 274, 278, 280, 289;

Conhecimentos fortuitos – 25, 249-251, 253-254, 257-258, 260, 288;
Consentimento – 25, 103-104, 106-108, 111, 137, 141, 160, 217, 220, 226, 228-231, 233, 235-236, 239-245, 248-249, 255, 258, 265, 277, 280, 287;
Contra-ordenação – 24, 186-192;
Conversas informais – 144, 147;
Criminalidade
– altamente organizada – 75, 90, 132, 196, 214, 221-223, 238-239, 242, 245-247, 249, 259, 272;
– especialmente violenta – 239, 242, 247, 249;
– violenta – 75, 90, 132, 196, 214, 221-223, 238, 242, 245-246, 259, 272;

D

Dados
– conservação de ... – 271-272, 289;
– de base – 262, 269, 274;
– de conteúdo – 262-264, 270, 273;
– de localização – 263, 267, 269-271, 273-275, 278-280, 288;
– de tráfego – 262-265, 269-271, 273-274;
Dependência funcional – 44, 57, 60, 68, 70, 72-74, 76-77, 130;
Direito
– à integridade física – 34, 41, 48, 102-104, 106-107, 112, 121, 143-144, 174, 189, 196, 205, 220-222, 229, 240-242, 245-246, 277-279;
– à integridade pessoal – 100, 103, 141, 143, 248, 272;
– à inviolabilidade da correspondência – 108, 159, 161, 163;
– à inviolabilidade do domicílio – 108, 232-239, 243, 246, 248;
– à inviolabilidade do sigilo das comunicações privadas – 265, 269-270, 274, 280, 288;
– à liberdade – 30-31, 34, 41, 60, 86, 167, 171, 174-176, 179, 182, 184, 189, 194-197, 199, 203, 215, 222, 225, 232, 234, 236, 241-242, 248;
– à reserva da intimidade da vida privada e familiar – 55, 100, 121, 171, 232, 234-235, 246, 267, 276, 278;
– à segurança – 30-31, 34, 40-43, 53, 60, 167, 171, 195, 197, 234, 236, 283;
– à vida – 41, 45, 48, 90, 104, 132, 168, 196-197, 214, 220-223, 240-242, 245-246, 248, 259, 277-279;
Direitos dos cidadãos – 36, 39-42, 49, 54, 57, 61-63, 86;
Domicílio
– entrada no ... – 233, 238-240, 242, 247, 249, 258-259;
– noção de ... – 234;

E

Efeito-à-distância – 114-115, 117-118, 120-121, 256, 259-260, 280;

Estado de direito democrático - 12, 23, 36, 100-101, 105, 187;
Exame(s) - 123, 133-144, 148;
Expulsão
- administrativa - 172, 174-175;
- judicial - 174;
Extradição - 170, 172-174;

F
Flagrante delito - 70, 185, 189, 191, 206, 209-210, 213, 221-223, 225, 231-232, 239, 242-243, 247-249, 252-254, 257-258, 260-261, 286-288;
Fraude de etiquetas - 15, 63-65, 256;

I
Identificação
- coactiva - 178, 184-185, 192;
- de menores - 179;
- de suspeito(s) - 24, 71, 166-167, 181, 186, 242, 287;
- do autor de uma contra-ordenação - 24, 186-187, 189-191;
- pressupostos de ... - 170;
- preventiva - 194, 221, 272, 287;
- procedimento de ... - 71, 167-168, 170, 178, 180-181, 184-186, 191, 193, 195, 200-201;
- meios de ... - 176, 180;
- recusa de ... - 181-183, 185-187, 193, 195, 200, 286;
Indício(s) - 50, 56, 59, 66, 83, 99, 118, 132-133, 135-138, 140, 146, 172, 197, 201, 203-207, 210, 221, 223, 230-231, 246, 260;
Informações
- recolha de ... - 49, 60, 144-145;
- solicitação de ... - 12, 15, 24, 71, 166;
Investigação criminal - 12-13, 15, 23, 45-46, 49, 53-59, 63-64, 67, 73-74, 76-79, 81-82, 84, 94, 114, 121, 130, 133, 137, 139, 151, 154, 166, 209, 249, 256, 268, 277, 279, 284;

J
Justiça
- realização da ... - 23, 101, 202;

L
Legalidade democrática - 36, 39-42, 49, 57, 86;
Localização
- celular - 12, 15, 24-25, 261-265, 267-273, 276-280, 288;
- celular de âmbito cautelar - 276;
- por GPS - 262, 267-269;

M
Mandado de detenção - 170, 173, 176;
Medida(s)
- cautelar(es) e de polícia - 12, 15, 23, 62-63, 72, 74, 85, 93-95, 125-126, 130, 132, 136, 139, 166, 170, 200-202, 211, 213, 243, 246, 251, 276-277, 281, 284;
- de polícia - 34, 36, 43, 49, 51, 53, 61-62, 70, 85-92, 95, 171, 196-197, 214-216, 227, 284;

- preventiva(s) - 45, 48-49, 59, 61-65, 217, 259;
- repressiva(s) - 49, 64-65;
Meio(s) coercivo(s) - 33-34, 36, 90--92, 139;

N
Notícia do crime - 12, 15, 24, 45-46, 58, 74, 82, 96, 126-127, 129-132, 260, 285;
- comunicação da ... - 12, 15, 24, 74, 126, 129, 260;

O
Ordem pública - 29-31, 42-43, 87, 152, 175, 194-195, 197;
Órgão(s) de polícia criminal - 25, 57--58, 63, 66-77, 79-86, 92-97, 116, 126-133, 136-137, 139-140, 142, 144-158, 161-163, 167, 170, 172, 177-184, 186, 195, 202, 204, 206--213, 217, 220-221, 223, 225, 228--232, 237, 240, 242-243, 245--253, 256, 258-260, 276, 281, 284--287;

P
Perícia - 78-79, 82, 104, 133-139, 141, 157, 179, 204-205;
Polícia
- conceito de ... - 27, 30, 283;
- função(ões) de ... - 28, 39, 42--43, 45, 56-57, 129;
- medida(s) de ... - 34, 36, 43, 49, 51, 53, 61-62, 70, 85-92, 95, 171--172, 195-197, 203, 209, 211, 214--216, 227, 246, 284, 289;
- modalidade(s) de ... - 43-44, 66;
Policialização - 83, 284;
Prevenção criminal - 12, 23, 45-46, 48, 50-51, 53-56, 61-62, 195, 200--201, 217, 254, 257, 280;
Prevenção do perigo - 49;
Princípio
- da adequação - 88, 91, 197, 199, 201, 204, 215-216, 267, 287;
- da legalidade - 13, 30, 49, 61, 70, 75-77, 79, 86, 89, 100, 102, 107, 125, 132, 140-141, 151, 155, 183, 202, 216, 223-224, 236, 286;
- da necessidade - 48, 58, 62, 87--88, 91, 93-94, 113, 121, 139, 197, 199, 201, 204, 211, 215-217, 267, 280-281, 284, 287;
- da oportunidade - 49-50, 60, 63;
- da proibição de excesso - 62, 88, 91, 197;
- da proporcionalidade - 30, 43, 49, 62, 88-89, 91, 113, 121, 141-142, 193, 197, 199, 201, 204, 206, 215--216, 218, 254, 267, 276, 287;
Prova
- meio(s) de ... - 15, 24, 58, 62-63, 83, 93, 96, 99-100, 102, 110, 113, 118, 120, 122, 125-127, 129, 131-134, 137, 144-147, 149-150, 152, 181, 202-203, 208, 224, 228, 237, 243, 249-255, 257, 259, 263, 270, 274, 276-281;

- meio(s) de obtenção de ... – 12, 25, 83, 99, 101, 112, 122-123, 125, 133-134, 155, 158, 201-203, 207, 209-210, 212, 237-238, 252, 259, 278, 280, 288;
- método(s) proibido(s) de ... – 12, 101, 103, 105-106, 109, 114-116, 121, 163, 268, 279;
- proibida – 106-107, 110-111, 113, 115-121, 158, 164, 275, 280;

R

Revistas e buscas – 12, 15, 24-25, 53, 65, 79, 82, 123, 170, 201-202, 208-214, 216-217, 219-220, 225, 229, 231-232, 245, 250-252, 254, 258, 277-279, 287-288;
- cautelares – 12, 170, 201, 208, 213, 216;
- de carácter preventivo – 211, 213, 216, 254, 279;
- de natureza excepcional – 220, 245, 277-279;

Recolha de informações – 49, 60, 144-145;

S

Segurança interna – 20, 25, 36-41,43, 49, 53, 57, 65, 70-71, 76, 86, 89-91, 167-168, 195-200, 202, 213-214, 242;

Suspensão de correspondência – 162-163;

T

Telecomunicações – 102, 104-108, 112, 161, 229, 237, 262, 265-266, 269-270, 274, 278, 280;

Terrorismo – 90, 132, 174, 196, 214, 221-223, 238-239, 242, 245-247, 249, 259, 271-272, 276;

V

Validação
- das apreensões – 24, 151-158, 162-164, 286;
- das revistas e buscas cautelares – 132, 209, 211-212;
- das revistas e buscas preventivas – 215-216, 287;
- das revistas e buscas de natureza excepcional – 132, 223-224, 244-245;
- dos dados de localização celular – 279;

Verdade
- descoberta da ... – 23, 75, 95, 98, 106, 117, 136, 139, 145, 161, 263, 273-274;

ÍNDICE GERAL

RESUMO/ABSTRACT 15
RELAÇÃO DE SIGLAS E ABREVIATURAS 19
INTRODUÇÃO 23

CAPÍTULO 1 – A POLÍCIA 27
1.1. Evolução do Conceito de Polícia 25
1.2. Conceito de Polícia no Ordenamento Jurídico Nacional 30
1.2.1. Sentido material e institucional de polícia 32
1.2.1.1. Sentido material 32
1.2.1.2. Sentido institucional 36
1.3. Conceito Constitucional de Polícia 38
1.3.1. Fins da actividade policial 38
1.3.1.1. Defesa da legalidade democrática 39
1.3.1.2. Garantia da segurança interna 39
1.3.1.3. Defesa dos direitos dos cidadãos 41
1.3.1.4. Manutenção da "ordem pública" 42
1.3.2. Modalidades de polícia 43
1.4. Funções de Polícia 45
1.4.1. Introdução 45
1.4.2. Função de prevenção criminal 46
1.4.2.1. O princípio da oportunidade na prevenção do perigo 49
1.4.2.2. As acções de prevenção criminal no ordenamento jurídico nacional 51

1.4.3. Função de investigação criminal 56
1.4.4. A fronteira entre prevenção e investigação criminal 59
1.4.5. Medidas de dupla função 64
1.5. A Polícia no Processo Penal 66
1.5.1. A sua competência no âmbito do Processo Penal 71
1.5.2. Delegação de competências 76
1.5.2.1. Considerações finais 82

CAPÍTULO 2 - MEDIDAS CAUTELARES E DE POLÍCIA 85
2.1. Constitucionalidade das Medidas de Polícia 85
2.1.1. Manifestação do princípio da tipicidade nas medidas de polícia 88
2.1.2. Medidas de polícia e uso de meios coercivos 90
2.2. Medidas de Polícia Cautelares no Processo Penal 92
2.2.1. Natureza das medidas cautelares e de polícia 94

CAPÍTULO 3 - A PROVA PENAL 97
3.1. Noção e Âmbito 97
3.2. Métodos Proibidos de Prova 101
3.3. Efeitos da Prova Proibida 106
3.3.1. Doutrina do *"efeito à distância"* ou da eficácia longínqua 114
3.4. Meios de Obtenção de Prova 122

CAPÍTULO 4 - MEIOS DE OBTENÇÃO DE PROVA NO ÂMBITO DAS MEDIDAS CAUTELARES E DE POLÍCIA 125
4.1. Introdução 125
4.2. Comunicação da Notícia do Crime 126
4.2.1. A notícia do crime 126
4.2.2. A comunicação 127
4.2.3. O prazo 129
4.3. Providências Cautelares 131
4.3.1. Actos imediatos e urgentes para salvaguarda dos meios de prova 131
4.3.2. Conservação e exame dos vestígios 133
4.3.2.1. Exame vs perícia 134

4.3.2.2. Preservação cautelar dos vestígios 138
4.3.3. Recolha de informações 144
4.3.3.1. Informações junto dos suspeitos – das conversas informais 144
4.3.4. Apreensões cautelares e sua conservação 149
4.3.4.1. Validação das apreensões 153
4.3.4.2. Forma de validação 156
4.3.4.3. Consequências da omissão de validação 157
4.3.5. Apreensões de correspondência 159
4.4. Identificação e Solicitação de Informações 166
4.4.1. Introdução 166
4.4.2. Lei nº 5/95, de 21 de Fevereiro 167
4.4.3. Pressupostos da identificação 170
4.4.4. Procedimento e meios de identificação 176
4.4.5. Identificação coactiva 178
4.4.6. Recusa da identificação de suspeito da prática de crime 181
4.4.7. Procedimento de identificação do autor de uma contra-ordenação 186
4.4.8. Identificação preventiva de suspeitos 194
4.5. Revistas e Buscas Cautelares 201
4.5.1. Introdução 201
4.5.2. Revistas e buscas não domiciliárias 202
4.5.2.1. As revistas 203
4.5.2.2. As buscas não domiciliárias 206
4.5.3. Revistas e buscas cautelares 208
4.5.3.1. A validação 211
4.5.4. Revistas e buscas de carácter preventivo 213
4.5.5. Revistas e buscas de natureza excepcional 220
4.5.5.1. Buscas domiciliárias 232
4.5.5.1.1. Buscas *"online"* 237
4.5.5.2. A entrada no domicílio 238
4.5.5.3. Buscas domiciliárias de natureza excepcional 241
4.5.6. Conhecimentos fortuitos 249
4.6. Localização Celular 261
4.6.1. Introdução 261

4.6.2. Regime geral da localização celular 264
4.6.2.1. Direitos fundamentais violados pela localização celular 265
4.6.3. Âmbito de aplicação da medida 269
4.6.3.1. Conservação de dados de localização celular 271
4.6.4. Localização celular de âmbito cautelar 276
4.7. O Relatório 281

CONCLUSÃO 283
BIBLIOGRAFIA 291
ÍNDICE REMISSIVO 297